台灣地域與社會叢書 L004

台灣舊慣生活與飲食文化

卓克華　著

蘭臺出版社

謹以本書敬獻給

高賢治　先生

　　先生古亭書屋居停也，名醫之後，世家子弟，風流倜儻，年少有五陵之遊，老而彌健。尤擅計然之術，買賣古書，經營有成，仍有淵雅之風。近年編輯《大台北古契字》書，凡四集，更是享譽學界。嘗自稱一生編書、著書、讀書、印書、賣書，與書結下不解之緣，凡我輩治台史者，莫不知其名，受其惠。余生也晚，有幸識荊，結成忘年之交，數載以還，常相歡聚，或訪寺廟，探勝蹟，或嗜小吃，品咖啡，或聊掌故、敘往事，於學界杏壇軼聞故事，尤津津樂道，其中固有佳話，亦有醜聞不足為外人道者。數年過從，相偕共遊，遊興不淺，雅道猶存，彼固不知「老」之將至，余則相忘中風身「殘」，一「老」一「殘」，其樂融融，此段佳緣奇遇，無以名之，姑曰《新老殘遊記》。

生活處處皆學問，信手拈來有古意

　　克華兄要出書了！而且一口氣出二本。這些文章多是多年前應邀，在我主編的台北縣救國團刊物《青年世紀》（北縣青年）專欄中的文章，當時共邀克華兄開了二個專欄，其一「古蹟探源」，其一「風土民俗」，每期各一篇，多年累積下來，數量可觀，但囿於各種因素，就是未見集結出版，如今大作終於有機會付梓，前者結集成《古蹟探源》，後者則是本書《台灣舊慣生活與飲食文化》，深為克華兄慶。

　　本書共分三大部分：歲時節慶篇、生命禮俗篇、飲食文化篇。

　　「歲時節慶篇」中介紹十個傳統的節慶與禮俗，有大家熟知的，也有年輕人較陌生的，透過克華兄生花妙筆的介紹，可以古今對照，尤其其中的「七月七日情人節」，更可以和現今已非常商業化的西洋情人節對比，發思古幽情一番。

　　「生命禮俗篇」則偏重一個人出生、命名、懷孕及嫁娶等人生大事，這些古老的禮俗不但承繼古禮，如嫁娶部分，《儀禮》中說：「昏有六禮，納采、問名、納吉、納徵、請期、親迎」，本書中都有詳細發揮及對應，同時亦能細說典故，以今視之，令人莞爾。有些禮俗即使在百無禁忌的現在，依然盛行，如命名、婚嫁的忌諱等，可不因時代而稍歇。透過這些禮俗的介紹，讓我們知道前人的生活風貌及生命情調，在看是無意中，卻處處有智

慧及學問在焉。

　　「飲食文化篇」則是以前的飲食大全,有傳統的小吃介紹,也有食補大全;有的令人垂涎,有的令人回味,但不管哪一種,都將「吃」與文化或風土結合,透過「吃」這個「小道」彰顯先民如何在困苦環境中經營出來的一種生活「哲學」。

　　時代在進步,過往的一些生活與飲食文化,或許不容於廿一世紀的現代,但它絕對不是迂腐的,反之,每一個生活習慣與飲食背後都代表一種先民經營生活的智慧;每一生活習慣,都是過去代代相傳的一種「古意」,這些生活習慣及飲食文化,表面看來稀鬆平常,但仔細推敲,卻仍有可觀處,而且歷久彌新,在倥傯的現代生活中,它無異是一種清新,在以「復古」為流行的另一股現在時尚中,祖先的這些生活習慣及智慧,正可以給我們「簡單就是美」、「簡約就是高貴」的另類思考。

　　本來與克華兄規劃本專欄時,乃計畫概括食、衣、住、行、育、樂等依序寫就,然因客觀環境改變,以及克華兄抱恙而停筆,因此暫無以為繼,深感遺憾,第以克華兄學養之富,且今身體全安,日後當可以將其他內容補齊,以饗讀者,我願意做這樣的期待。

林繼生

（序者為武陵高中校長）

咀味美食　咀味人生

　　從事歷史與俗民文化研究多年，總有些不平之氣，百姓最關注的日常生活事務，卻在學院與研究論著中被視為小道而輕忽之，相隔遙迢瞬息萬變的「國之大事」，卻總是得到最多的矚目。其原因固有研究上的難度，但也反映著學界的知識偏食，以致佔據社會多數的庶民身影與文化反而模糊不清，所幸近年來，台灣史學界留意到這方面的缺憾，故也展開了生活史、民俗文化等相關課題之討論。

　　有關台灣俗民文化的書寫與記錄早已有之，但真正形成有系統、學術性的理解，還是在日本殖民時期，在官方與民間大量的調查、記錄、研究之下，累積了相當可觀的研究成果，眾所周知的《台灣舊慣調查》、《台灣風俗誌》、《台灣日日新報》、《民俗台灣》等，是為其中最著者。當然，這些成果有許多是殖民者基於統治管理之考量而為，卻為台灣留下豐富的庶民文化研究資產。這樣的庶民文化研究工作必須經常性的進行，否則隨著社會變遷便可能杳然無蹤。克華兄新著此書，品項繁多，大抵從歲時節令、生命禮俗、飲食、舊慣風俗幾個面向來介紹，書中兼顧著知識性與趣味性，可作為一般社會大眾及學生對台灣庶民文化極好的入門書，相信識者可以好好品味，毋須筆者贅言。

　　本書是克華兄於二十年前的專欄集結，此書問世，固然是他

的研究興趣使然，也有其對台灣斯土斯民的一分感情，但我以為這更與他的生命情性有關。識者多知，克華兄快人快語，即思即為，言談行事履現劍鋒逼人之勢；但百煉鋼處藏繞指柔，一入飲食風花之境卻也流連再三，倒似幾分晚明文人的風姿；植基於此情性，於焉寫出油條入詩、檳榔身世、台菜流變、大江南北菜系等引人入趣之雜文，這不單是信手之作，更有許多作者味覺探險的自況。本書以歷史文化性為主軸，主人翁的感受不免收攝其中，爾後若有機緣，克華兄不妨反向書寫，直書自身生命經驗，對照台灣的庶民文化變遷，當別具一番風采。克華兄飽歷人生起落悲歡，兼之縱浪廟堂與江湖、穿梭海峽兩岸，觥酬交錯之間，牽引幾多生命的糾纏與快意，遍嘗大江南北美食之餘，翻滾十丈紅塵更有一番體會，流淌於食物百味與人生百味，如何入口？也唯有飲者自知。草就一序，不禁私揣對本書可有何貢獻？其實難飽讀者之腹，但好有一比，一鍋蚵仔湯上桌，總是得滴上幾滴香油，多少使味道齊備些吧。

李世偉

目　次

三、飲食文化篇

肉山酒池慶中元

　　在台灣，陰曆七月又稱鬼月，禁忌最多，諸事不宜，因為民間習俗七月初一地獄「開鬼門」，眾多「好兄弟」（即陰間的餓鬼孤魂）至陽間到處嬉遊乞食，至七月三十日才「關鬼門」，這一個月要作「普度」，至七月十五日達到最高潮，這天是中元節，道士要誦經作法，以三牲五菓普度十方孤魂野鬼；佛教僧侶則以百味五果供養佛祖，作「盂蘭盆會」。此等習俗傳之久遠，然而日久積非紛詠，至今一般大眾已將普度、中元、盂蘭盆會混在一起了。

　　在我國傳統習俗，一年之中，除新年祭祖外，每年還有利用清明節舉行「春祭」，中元節舉行「秋祭」，屆時家家戶戶，陳列祭品，子孫依序向祖先牌位上香行禮；而巨宗大族，則在宗祠祭祖，儀式隆重，依古禮進行。後來，推而廣之，則舉行「普度」，以牲醴酒食祭祀不相干的孤魂野鬼。但是道教興起之後，對傳統的中元節另有解說，他們以為正月十五「上元」是天官賜福日；七月十五「中元」是地官赦罪日；十月十五「下元」是水官解厄

日，三元乃三官之別稱，也即是「天官紫微大帝」、「地官清虛大帝」，「水官洞陰大帝」，俗稱「三界公」。《修行記》云；「七月中元日，地官下降，定人間善惡，道士於是月夜誦經，餓鬼囚徒亦得解脫」，於是眾囚徒餓鬼俱飽滿，免於眾苦，得還人中。可知中元佳節是道教一大盛節。

可巧的是佛教在七月半也舉行「盂蘭盆會」，遂與普度、中元全混淆在一起了。據《盂蘭盆經》所記，僧侶從四月十五日起在廟中持誦經咒，以參佛學，經過九十天後，在七月十五日解制自恣，可以四出行走。由於這一天是功德圓滿之日，「此日修供，其福百倍」，加上受目蓮救母的故事影響，於是在七月十五日，以有味飲食，安盂蘭盆中，供養十方佛僧，祈願使現在父母，壽命百年無病，無一切苦憐之患，乃至七世父母，脫離餓鬼苦道，福樂無窮。

盂蘭盆會的習俗，極其久遠，早在南北朝時已流行，據說梁武帝曾到同泰寺去開「盂蘭盆齋」，布施食物，祈求七代祖先的冥福，因此「盂蘭盆會」乃供養僧佛，非施鬼神食也，其後進一步演變為布施餓鬼的「普度」，乃理所必然的，因為凡大法會之後，多有施食法事，原不必限在七月十五日。而七月十五日「盂蘭盆會」之時受供養的僧眾，悲愍一般無主無後的孤魂野鬼，以受供養的餘食，設台施放焰口，為孤魂野鬼普施法食，建立功德，沿習而起，留傳且廣，遂成習俗。

明白了中元普度的由來，我們來看看台灣民間如何在七月裡陳設牲醴，延僧誦經，普施餓鬼的情形。

七月一日開鬼門，當天下午家家戶戶在門口，供設五味碗（魚、肉、雞、鴨、菜五類）、糕、粿等，祭物上各插一枝香，

並燒銀紙、經衣，稱為「拜門口」。另外在門口懸掛「普度公燈」，上書「陰光普照」、「普度陰光」或「慶讚中元」等字句，下寫「弟子某某」，此即普度的開始。各大寺廟也建「燈篙」，點「冥燈」，以招荒魂野鬼，並自本月起至三十日止，舉行建醮法事，每醮二、三日，或五、六日。

七月十四日，中元前夕，舉行放水燈。水燈分水燈排、水燈頭兩種。水燈頭有圓型和屋型二種。圓型寺廟所置，屋型屬頭燈首和一般民眾所用，其形狀是用竹條與紙糊成盒子狀的「紙厝」，在紙厝門上寫「水燈首」或「水燈頭」，厝內貼紅紙寫有「慶讚中元」或「普度陰光」，裏面插上一對臘燭與線香。水燈排又稱水燈筏，用竹木或鐵桿紮成數百個方格，每格之間都掛上燈罩，大的懸掛六、七百盞，小的一、二百盞。有紙燈、玻璃燈、煤油燈，近年則改成乾電池發電。放水燈是在日落後，屆時燈陣遊行，包括各種陣頭及遊藝表演，按照路關所定，繞行各街後，遊行至河邊，由僧道在河邊設祭，誦經作法，焚燒經衣銀紙，隨後鳴炮，首由爐主施放「水燈頭」，繼放水燈排，剎時只見幽暗河中，各式燈綵，光影迷離，幽幽蕩蕩，往前流去。放水燈的目的在於照明九幽，藉此引請溺死孤魂，浮出陽間，以便普施，享屋祭品。

七月十五日又稱七月半，為中元節，是地官大帝誕辰，亦為盂蘭會。習俗以是日祖宗歸家，每家自中午開始，在神佛和祖先神位前上供、焚香、燒金、鳴炮祭拜。七月半祭祀最隆重，是一年中，規模最大，花錢最多的一個節日，各地爭相舉行普渡，施食演戲，鬥奢爭奇，所以清人王凱泰作詩諷吟：「道場普渡妥幽魂，原有盂蘭古意存，卻怪紅箋貼門首，肉山酒池慶中元。」

普度分「公普」和「私普」，寺廟舉辦的普度稱為「廟普」，

亦稱「公普」，祭典規模較大。街庄自行舉辦的稱為「街普」、「庄普」；另有各市場所辦的「市仔普」，樂社舉行的「子弟普」，及各行各業的普度，均屬於私普。私普日期並無一定，按習俗輪流，由各村各業私定日期舉行，並不是集中在七月半這一天，造成財物浪費，台諺俗云「七月和尚、司公無個閒」、「七月半鴨，不知死活」。光復後，經政府勸導統一拜拜，集中在中元日舉行，至今年輕一輩還以為只有七月十五這一天才作普度，殊不知過去是七月整整一個月，每天都有各村庄各行業輪辦的普度。

普度以公普（廟普）最為熱鬧，主要活動有豎燈篙、設普度壇、孤棚、䙄棚、舉行廟祭和搶孤。

豎燈篙又稱「起燈腳」、公普前夕在廟前立一根長約一丈的竹竿，上懸以燈，燈籠一亮，招聚左近鬼魂，通知前來享食，好比是信號燈。至於水中孤魂，則是上述放水燈來通知。

此時廟前設有普渡壇，俗稱「結壇」，壇中央懸一掛圖硃書「盂蘭盆會」，道家則掛三官大帝圖像，壇前搭神桌兩層，上桌放斗燈三盞，下桌置滿諸神像、香爐。斗燈是在米斗內盛白米，上插寶劍、小秤、剪尺、紙傘、銅鏡、油燈等物在桌前方，排列祭案，往往長達十餘丈，以供居民奉獻牲醴之用。祭案左右排置紙紮的山神騎獅、土地跨虎，及「拜亭」、「大士山」，拜亭中有吐舌的鬼王，其側設有金山、銀山，大士山是紙紮的山林，上立觀音佛祖、善財玉女。再來左側有一紙屋，稱「寒林所」，民間作為上流知識分子鬼魂的宴宿地方；右側為「同歸所」，作為下等俗夫的孤魂寓處。

廟前除了祭壇外，另搭建「孤棚」，以便排設供桌。桌上排滿三牲、五牲、漢席、粿粽、水果、菸酒等祭品，供品上著寫有

「普醴陰光」、「慶讚中元」、「敬奉陰光」等字樣的三角小旗和線香。「孤棚」中另供「孤飯」，由負責人事先持「孤飯籠」，向商戶捐募米飯供祭於孤棚，上亦插有三角旗，祭畢散發貧苦人家或乞丐。孤棚中央，豎有一丈高的竹竿，竿頭繫有金牌一面，並掛三面大紅旗。也有懸長幡一串，名為「招魂幡」。

在廟庭內另設轆棚，中有「轆」架，轆為竹製圓環，直徑約二、三尺，長約五、六尺，中央穿有一圓木軸，可以轉動，轆共有五個轆，上糊有紅紙（祭難產死者）和白紙（溺死者），並貼有各種船舶圖片，祭拜時，多由婦女「拜轆腳媽」，將香插在地上，轉動轆軸，使冤魂自血池、陰河中浮出，重新投胎轉世。除此，在廟內大雄寶殿或前殿，搭有「燄口台」，僧尼敲法器，誦陀羅尼經「化食」、「放燄口」，以求祭品由一化十，以十化百，百而千，千而萬，讓眾家無祀孤魂普享供祀，並消除口中燄火以利下咽。燄口道塲，極為莊嚴，整個儀式進行下來需要八個小時才能結束。

廟普祭祀結束時，尚有「搶孤」、「搶旗」儀式，使整個活動達到最高潮，過去以板橋接雲寺的「搶孤」聞名北部。當普度儀式結束後，一聲鑼響，或放燄火，剎時之間，群眾爭先恐後推擠搶祭拜的祭品，一片混亂，稱為「搶孤」。「搶旗」則是搶孤棚中央的三面紅旗——頭旗、二旗、三旗，奪得紅旗，可獲賞金和白米。而俗信搶到供品，一年諸事順遂，以供品飼豬、豬會長得特別肥壯；如果不搶孤，則會遭到不幸，或流行瘟疫，更造成搶孤風潮。尤其三面紅旗，俗稱將旗插在船上，航行必會平安，所以船家爭相購買，一面紅旗在清代可賣至白銀四十兩，日據時代賣至日幣十二圓到三十圓，搶旗爭奪更為激烈，屢滋事端，劉

銘傳當年曾下令禁止，日據時期，則不得不派出大批警察和壯丁去維持秩序，直至光復後，在政府勵行勸導之下，此風不再，未嘗不是一件憾事。

七月三十日為「關鬼門」，又稱「謝燈腳」，孤魂野鬼經過一個月的供養飽餐，於今日返回冥府陰間，寺廟撤去燈篙，並焚燒路燈，再度舉行祀儀，家家戶戶也焚燒銀紙，七月普度至此結束。

丹桂飄香話中秋

　　中國人是個喜愛節日的民族，節日可以帶給我們許多生活情趣，全家團聚，親友往來增添人情溫馨。舊曆八月十五日是「中秋節」，在古代中國農業社會，秋天是個涼爽悠閒的季節，人人心情都輕鬆愉快，有許多饒富情趣的娛樂，有許多祭祀的慶典，也有許多歡樂節目，其中以中秋節最吸引人也最富樂趣。

　　傳統的古老中國，農事與四時有莫大的關連，在播種時祭祀土地神祈求豐收，在收成時也要祭祀土地以謝豐收，前者稱「春祈」，後者叫「秋報」，所以八月十五家家拜土地公，這是「秋報」的遺俗，經過後人踵事增華，而漸漸熱鬧起來。

　　中秋風俗，始自唐代，至宋代已極盛況，有各種民俗娛樂及活動，過去台灣在中秋節這一天，各地張燈演戲，祀土地神，士子羣集歡讌，吃月餅，擲四紅奪餅，設燈猜；婦女賞月娘、聽香卜心事，摸秋嫁好尪，連小孩子也要玩個通宵，徹夜不眠的嬉耍呢！

　　這些活動，至今未有多大改變，讓我們來看中秋節的熱鬧習

俗：

十五日傍晚，各家以三牲（牛豬羊）、年餅（俗稱潤餅，為疏菜作成的餡餅）和米粉芋來敬奉土地及祖先。中秋節吃芋頭的用意在於俗傳「吃米粉芋，給子孫有好頭路」。因為「芋頭」當「好頭」音，取其吉利。

應景的吃食，除了吃芋頭外，最普遍的是吃月餅。月餅又稱中秋餅、狀元餅，圓如滿月的月餅象徵了月圓和團圓的意義。台灣早期所製的月餅，餅面有狀元遊街、狀元拜相的模型，屆時玩「鬥四紅」奪狀元餅的遊戲。

鬥四紅的遊戲規則是：事先向餅店購買一組「餅單」，換取大小共十三個狀元餅，以餅的大大小定功名高低。玩時，參加者團聚一桌，擲六顆骰子比賽，一顆骰子有六面，其中一和四是紅點，其餘黑點，誰擲出一個「四紅」，稱「一秀」，得最小的餅；擲出二個四紅，稱「二舉」，得較大的餅；擲出三個四紅或四個相同點數，叫「四進士」，拿更大的餅；如得四個四紅，便是奪得狀元，獲得最大的餅，但此時要讓參加者各人再輪流擲一次，若有擲出五個相同點數，稱「五子登科」，已奪狀元者又要轉讓。此時要再輪擲一次，倘有擲出六個相同點數，稱「六轂」，不但狀元要再讓出，所有參加者贏得的餅單，全部都要由他取得，一人通吃，惟一例外的是，在遊戲過程中，曾經擲出六個不同點數，稱之「六不同」，獲得採花餅，榜眼餅者，可以不必讓出。

吃芋頭、月餅外，最特殊的是吃柚子。柚子為本省名產，俗言吃柚子可以使眼睛明亮，柚皮擦臉可潤滑皮膚，所以家家都以柚子拜月。其中以台南縣麻豆鎮出產的柚子最為著名。麻豆文旦的由來，傳說是雍正年間有黃灌其人，由福建移植而來；到了道

光末，麻豆北勢里人郭藥（別名廷輝），分數株於宅園，不想結實美味，因此左右鄰居，競相培植，遂使麻豆成為柚子的名產。清代時，郭家文旦曾作為貢品，上獻清廷。日據時期，亦受指定為「御用文旦」，馳名內外。

中秋夜，闔家歡聚，吃完了團圓月餅，正是郊遊賞月的開始。中秋夜晚，秋高氣爽，明月當空，散發著柔和的光芒，普照大地，此時山阪水崖，人影幢幢，男唱女和，大家徹夜不眠地尋歡作樂，更何況本省風俗，相信子女在中秋夜愈晚睡，父母愈可獲得高壽，也相信結過婚的婦女，被中秋月光照過，很快的會懷孕，更使大家連宵嬉聚。

婦女在這天，也有特殊的活動。是夕在院子排設供桌焚香點燭，以柚子、西瓜、月餅等「拜月娘」，拜完後，一家人圍坐庭中，一邊賞月，一邊分食供神的祭品。不久婦女們便相邀到郊外賞月。盡興而歸，俗稱「踏月」或「走月亮」，並且有「聽香」、「摸秋」的有趣風俗。

昔日台灣的中秋節，鄉村婦女喜歡以聽香來占卜吉凶。聽香的方法是由婦女在家中向神明點香禱告，說明欲卜測的事情，如問財運、或問子息，或問丈夫歸期，在請示過出門後前往的方向，便拈香出門。凡在路上所聽到的談話，或在別人窗外偷聽人家的談話，作為吉凶的判斷。其實就是宋代「聽響卜」的習俗，也叫「聽口彩」。

在台灣，還有「摸秋」（或「偷秋」）的風俗。青少年們，三五成羣，趁著月色，到野外田間去偷摘人的瓜果蔬菜，以偷摘所得的多寡好壞，來測定是否聰明伶俐，或健康、運氣如何，而菜園主人也知道這是年輕人是來摸秋，會故意嚇他們，製造一些

緊張刺激氣氛，事後也就算了。未婚少女也會在中秋夜前往菜園「偷秋」，如果偷得的是蔥或青菜，則諺云「偷著蔥，嫁好尪，偷著菜，嫁好婿」；至於偷到別種蔬菜，會嫁到什麼老公，那就天曉得了。

重陽過後是冬至

八月十五中秋過後，緊接而來的是九月九日重陽節。中國人自古把一、三……九等奇數視為陽數，所以九九這天就稱為「重陽」，又稱「重九」。又因為九為數之極點，在陰陽卜卦術數中，稱為「老陽」，由一數到九，到了盡頭，又得回到一，陽極必變，盛極必衰，所以「上九」為易經乾卦中最末的一爻，因此中國人過生日過十，不過九的原因即在此。

九是不吉之數，九九更是大大不吉，所以中國自昔便相信重陽節這天必會有災厄降臨，習俗流傳，這天攜老帶幼，登高避難，此後進一步演變成在重陽節登山，一面欣賞秋色美景，一面飲酒賦詩。自漢至晉，遂產生「登高」、「讌飲」、「採茱萸」、「飲菊花酒」等節日。到了宋代，熱鬧尤盛，登高、聚飲外，也有餽贈糕類、舉行齋會之舉。明清之際，重陽節日，傳入本省，各地也有舉行登高、放紙鳶等行事。

在前清時代，文人常相邀聚會，如新竹的潛園、北郭園、板橋的林家花園，艋舺的龍山寺、台南的竹溪寺、法華寺、開元寺、

小西天等寺廟，每逢重陽，各備酒肴，相遊寺中庭園，詩酒韻事，流連忘返。小孩則競放風箏比賽，比賽方法有二：一是比賽誰飛得高，決定勝負。一是相鬥，俗稱「相咬」。鬥時，大風箏自然較佔便宜，但是小風箏如善操縱，咬住大風箏的尾巴，使其失去平衡墜落下來，勝利更覺光采。有的風箏更是附上小鋸子或竹片，俗稱「暗掛弓」，可把對方線兒切斷，尤為刺激。不過，本省民間，似乎不重視這個節日，現在除了偶爾有客家人在這天以麻薯、甘蔗、柿子祭祀神明祖先外，已不見其他活動了。

重陽過後，台灣下一個重要的大節日是冬至。冬至是農曆二十四節氣之一，冬至在那一天？每年不一定，有時是陽曆的十二月廿二日或廿三日，但總在農曆的十一月，因而有「冬至不離十一月」的俗語。

冬至這天，北半球白日最短，夜最長；南半球白日最長，夜最短，冬至一過，冬盡春回，一陽來復，大地開始暖和，所以稱為「冬至」。這個節日又有冬節、亞歲、至節、長日、長至、日至、南至、如正、周正、履長節等等的不同稱呼。冬至是個古老的節日，早在周代已有冬節，這一天皇帝率領百官到城外迎冬祭至，此後歷朝官家在冬至都有郊祀祭天的典禮，禮成後百官還互賀冬節。官家有郊祀的典禮，民間也有賀節的活動，交賀往來，一如年節，所以俗諺「冬至大如年」。

大概自漢而後，歷代冬至過節，都有舉行「祭天」、「祀神」、「拜神」、「賀冬」等的行事。在清末的台灣，冬至那一天，家家戶戶都要做湯圓，祀神祭祖，若有祠堂，還要張燈演戲，舉族去祭祀祖先，叫做「祭冬」。各家門戶各黏一個米丸祭祀，叫做「餉耗」。祭畢，還要向長輩「賀冬」，而後一家團圓，圍吃湯

圓，叫做「添歲」，和除夕的全家圍爐團聚，完全一樣。是以俗云「冬節不返無祖，過年不返無某」，就是說：冬至不回去過節的人，是沒有祖先的；除夕不回去做節的人，是沒有妻子的。「清明」、「中元」、「冬至」是本省三大鬼節，家家都要祭祀祖先，子孫在外，不論經商、讀書、旅遊，都要趕回家參加。

　　還記兒時，冬至前數天便開始準備應節祭品，其中不可或缺的是糯米磨成的「圓仔棲」。冬至節前夜，全家婦女小孩集合，圍著一張大桌搓圓仔，搓成紅、白兩色的小圓仔，或大的圓仔母，一家大小，閒話聊天，其樂融融。聽說以前還有用「圓仔棲」捏塑成雞、鴨、狗、牛、羊、豬等鳥獸花果形狀，俗叫「做雞母狗仔」，倒是未曾見識過，實在遺憾。第二天，冬至清晨，家家以煮熟的圓仔湯敬奉大廳的神明和祖先，然後燒壽金、放爆竹，家人醒來，都要吃圓仔湯，表示從此又添一歲了。

　　除此，孕婦也有以圓仔來占卜生男生女的有趣迷信。其法是將圓仔以火烤，若圓仔脹而不裂，表示將生男；如果脹裂則生女。另外一種方法是抓一把圓仔放在篩裏，每次取兩顆，最後剩下一顆（奇數）則預卜生男；剩兩顆，則可能生女。只是今日不知還有此種習俗否，在台灣，過節的活動愈來愈少，味道也愈來愈淡了。

年豐歲稔度臘月

　　過了冬至，不久便進入臘月（十二月），大家都開始忙碌了，迎接著春節的來臨，在本省，臘月有那些習俗，且聽我一一道來：

　　台灣之商業界，盛行祭祀福德正神或關公，每月初二、十六，必準備一些祭品拜拜，事後將之發給員工食用，稱為「做牙」。牙祭的由來是古人作買賣，定於每月朔、望兩日，集合一地，互相交換物品，稱為「互市」。互市前商人要先拜福德正神，祈求生意興隆，大發利市。然後設讌招待顧客職工，以為拉攏感情慰勞辛苦，稱為「互祭」，後因將「互」字誤傳為「牙」字，所以稱為牙祭。

　　十二月十六日是「尾牙」，正與二月初二「頭牙」為終始，這天商號農家都要備牲醴祭拜福德正神，並決定明年是否繼續雇用職員或加薪，按照習俗，宴席間以雞頭朝向誰，就暗示老板要解僱誰，一切盡在不言中，免去言語的爭執尷尬。所以——俗云「食尾牙面憂憂，食頭牙撚嘴鬚」。不過如今勞基法的實施，以及社會繁榮，員工不易聘請等等原因，雞頭都朝向老板，「老板

難為」，難怪流行「要做快樂的伙計，不要做痛苦的老板」。

　　到了十二月廿二是「尾期」，這一天為商家本年最後結算日，因此要四處去催討帳款，忙到深夜多是的，假如在尾期這天收不到帳，直到除夕還可以去催討，不過從除夕晚上直到正月二十二日，絕對不能向人家催討債務，見面還要互道恭禧發財。

　　十二月二十四日是百神上天述職的日子，稱為「送神日」，至次年正月初四返回人間，稱為「接神日」，諺云「送神早，接神遲」，也即是在這一空檔，人們可以為所欲為，不怕「舉頭三尺有神明」的監視，人類還真的蠻邪惡的！

　　十二月二十四日，地上所有的神佛都要升上，向玉皇大帝報告這一年來人間的善惡作為，所以這天家家戶戶一大早開始送神的行事，上供、燒金、鳴炮、焚紙馬作為諸神上天的交通工具——恨不得早點離開，人類好自由自在的。但是衍變到如今，各地送的神幾乎都是「灶神」，所謂「送神」、「接神」，只是「送灶」、「接灶」而已。

　　祭灶是個古老的習俗，《論語》中有「與其媚於奧，寧媚於灶」，可見遠古已有灶神和祭灶的傳統。為何要諂媚灶神呢？傳說灶神是玉皇大帝的兒子，主司一家人的平安福祿，並負有監察一家人的善惡行跡，每年年底上天報告，再決定這家人下一年度的福祥或惡運，所以家家戶戶在廿四日祭拜祂，都希望祂「上天言好事，下界保平安」，祭品一定要有糯米甜果之類以塞灶神的嘴巴喉嚨，說一些「糖甘蜜語」的好話。

　　在本省雖有奉祀灶神，但不如大陸各省那樣的鄭重其事，大部分家庭在大廳懸有灶神版畫，不過附屬於觀音、媽祖、土地公諸神，有的簡單在大灶上用紅紙寫著「司命灶君」貼黏著，每年

八月初三灶君神誕，祇供奉一些清茶、壽麵，並敬獻香燭壽金而已。

十二月廿四日除了送神外，家家戶戶也要開始大掃除，把家裡打掃的煥然一新，乾乾淨淨，這在本省稱為「掃垢」、「掃殘星」、「筅黗」或「掃黗」。本省俗信家屋內外所有地方所有器具都有神明，平常不可以亂移動或清掃，否則會觸怒神靈而生病，這天因諸神已昇天，搬動任何東西加以清掃當然不會受神祟。

愈接近年關，街頭各種賣年貨的店舖，生意愈加興隆，家家戶戶堆積如山的年貨，讓人感染了年豐歲稔的過年氣氛。當然，最辛苦的是家庭主婦了，從廿四日起就開始準備作年糕，貼春聯。按照本省舊俗，年糕分成四種，即甜粿、發粿、包仔粿、菜頭粿。所謂甜粿就是甜年糕，是用糯米磨成水粉，混以砂糖蒸熟；所謂發粿，即以在來米磨成水粉，加進砂糖、酵素使其發酵，蒸熟後會膨脹，所以稱為「發粿」，意味發財、大發利市；至於包仔粿，裡面裝有豆沙餡或肉餡，是取「包金」的吉祥意；菜頭粿是用蘿蔔和米粉作成，準備過年期間吃。

國人在過新年時都有貼春聯的習慣，是中國特有文化之一，充分顯示中國人討采頭，求吉祥的心態。廿四日起，街舖就出現賣春聯了，此時家家戶戶都要貼春聯，貼在大門、房門，屋裡屋外各處，就是舉凡櫃箱、缸、牛圈、豬圈、雞窩，也要貼「黃金萬兩」、「六畜興旺」等等春聯。春聯用紙都是紅色。如果家中有喪事而未滿三年，不得貼紅色春聯，如果死者是男性就用藍紙，反之是女性則貼黃色春聯，近年來這種習俗已經少有人遵守了。

除夕前數日，親友之間，相互餽贈送禮，稱為「餽歲」或「送

年」。至十二月三十日「除夕」，則有辭歲、圍爐、守歲、吃春飯等的行事。「除夕」之意是舊的一年至十二月最後一晚而除去除盡，隔天又迎接新的一年。這天，在外鄉工作者，再忙也得趕回家，與家人團聚和拜祖以辭歲。

除夕前，家家正廳都要更換新神像的版畫，連歷代祖先牌位也要清洗乾淨，神像前的八仙桌披上紅巾，然後再點燃兩側紅燭，使得家裡充滿吉祥如意，喜氣洋洋的歡樂氣氛。除夕當日，天色未晚，每家張燈結綵，準備牲醴菜碗粿糕等豐富供品，祀神祭祖，感謝一年來的庇佑平安，並祈求新的一年順利多福，稱為「辭歲」或「辭年」。此時供桌上還有「春飯」，就是用小碗盛飯，飯上插紅紙人造花，這種花叫「春仔花」或「飯春花」，「春飯」台語發音同「剩飯」，目的是求個吉利，餐餐有餘有「剩飯」。

祭拜完畢，全家大小圍集一桌聚餐，俗呼「合家歡」，桌下放置「烘爐」，稱為「圍爐」，也叫吃「年夜飯」。古時行軍，數人共同一竈，而稱一火，演變至今，本省仍稱一家人為「一家火」或「一口竈」，溯源於此。烘爐必弄得炭火熊熊，表示來年一家興旺。吃時越慢越好，取意長久，準備的菜色也有吉祥意，如芥菜，取名「過年菜」，又名「長生菜」，取意長命百歲。菜頭諧音「采頭」的吉利。魚丸、蝦丸、肉丸，三丸音同「三元」，取意三元及第。蚶擅長繁殖，故名蚶子蚶孫。另外，本省習慣，吃飯時男人先吃，婦女最後才能吃，也即是平時男女不得共同進餐，只有除夕夜才享有這種特權。

圍爐時，爐畔環錢，取意「萬事如意」。吃完年夜飯，就要分發紅包，俗稱「壓歲錢」，由長輩給晚輩，勉勵他們明年更用功更努力，其實本意在鼓勵大家儲蓄存錢。除夕夜，習慣上不睡

覺或晚睡，稱之為守歲、守夜，在年長者是辭舊歲以珍惜即將逝去的一年；年輕者有為父母祈福延壽意思。此外，嚴禁罵人或說髒話，免得新的一年都不吉利。

　　當子時一到，十二點正，第一聲爆竹聲響起，由遠而近，由稀落而大響，新的一年便來臨了。

迎春接福賀新年

　　由農曆正月一日起，至正月五日，台灣習俗稱之為「新春」，但依舊時風俗，春節長達半個月，到正月十六日拆燈棚後，才算結束春節。在中國人的習俗裏，元月是一年中最熱鬧的時候，從正月初一到正月十五，有不同的活動行事，台灣民謠「新年歌」是最足以形容這種歡度新春的情景：

　　初一早、初二巧、初三無通巧、初四頓頓飽、初五隔開、初六挹肥、初七七元、初八原金、初九天公生、初十有食食、十一概概、十二漏屎、十三關老爺生、十四月光、十五元宵暝、十六拆燈棚。

　　以下依據這首新年歌，分別介紹正月初一到十五，民間過的種種禮俗。

　　正月初一——農曆一月一日，有的地方叫做「新年」，有的叫做「新歲」，或「新正」、「新春」、「元旦」、「發歲」、「獻歲」、「正旦」，是一年的開始。新年的序幕是由「開正」開始的，所謂開正也叫「開春」，開正時間是根據農民曆記載而

決定。當時刻一到時，就要鳴放炮竹，迎接新的一年，剎時爆竹聲響。連續不斷，孩童們在睡夢中被吵醒，就知道新的一年來到了。此時在神佛前要供上「甜料」的紅棗、冬瓜、花生糖等，並燒金紙祭拜，這就叫「開正」、「開春」。天亮以後，首先在神佛、祖先牌位前點燭焚香上供，供品包括清茶、甜茶、花生糖、橘子、米飯、發粿、甜粿、雞肉、豬肉、魚肉等，鳴放爆竹，全家一起祭拜。拜過神佛、祖先，再向尊長拜年，祝其長壽福康，長輩備有紅包賞賜。而各家主婦尚要到寺廟進香，祈求一家一年的大小平安，正午還要預備茶碗祭祀祖先，俗稱「拜公媽」，慎重的，有的連續祭祀五天，直到「隔開」初五那天。

元旦這天，男人都要出門拜年，俗稱「賀正」。見面時說聲諸如「恭喜發財」、「四季如意」等吉祥話、主人也要預備甜茶或糖菓接待，賀客必用手拿起來吃，並說吉祥話，對主人可說「食甜乎汝大趁錢」，向孩子可說「食甜乎汝賢大漢」，向小姐說「乎汝嫁好厝」……等。因為這是一年中第一天，俗云「新年頭，舊年尾」，要特別注重吉祥，嚴禁吵架打罵，說不吉祥話、髒話，不得毀壞器具，不得丟棄垃圾，不可煎年糕、向人討錢，不能吃稀飯等等。

正月初二 —— 初二這天，嫁出去的女兒回娘家「做客」，照例是由父母兄弟來婆家接回去，台灣俗諺「有父有母初二、三，無父無母門靜靜」，意思是父母在的媳婦，在年初二後，娘家人必然來接回去團圓的，只有那些無父無母的媳婦，自然不會有人來接。

正月初三 —— 台灣俗信今天是老鼠聚親日，所以大家提早熄燈休息，以免打擾了老鼠的喜事。而且這天又是「小年朝」、「赤

狗日」，「小年朝」例應祀祖祭神，赤狗是指眾怒之神，遇之不
吉，所以本省習俗年初三大多不出門、不宴客，無所事事，不如
早早就寢睡個飽。

　　正月初四 —— 臘月二十四日「送神」日，正月初四則是「接
神」、「迎神」日，從下午四點起家家戶戶供上牲醴、酒菜、果
品，並且焚香、點燭、燒金放炮外，同時還要燒全副武裝的「神
馬」、「甲馬」、天兵神將，以便迎接諸神，供其座騎搭乘，迎
駕返回下界。

　　正月初五 —— 這天俗傳是五路財神誕辰，從年前就開始休業
的商店，多半挑在這天開張，一大早金鑼爆竹，牲醴羅陳以迎接
財神。由於本省俗信關公為財神，正月初五給關公供牲醴、鳴爆
竹、燒金紙，商家並擺設筵席，招待眾親友諸同業、及老主顧，
更以「大減價」、「大拍賣」招徠顧客，叫做「開張減價大俗賣」。

　　此外，新正到此告一段落，這天起撤去元旦以來所有供品，
不再用甜料招待客人，恢復普通正常的家居生活。

　　正月初六 —— 在台灣習慣，元旦至初五期間不可掃地，否則
會將好運道掃光，因此初六這天才可以掃地清垢。而開正以來，
廁所中糞便已積得差不多，這天挑肥農民會上門清理，所以稱「初
六挹肥」。

　　正月初七 —— 這天俗稱「人日」或「七元」，我國民間相傳：
天地初闢，上帝造物，新年的第一天造雞，二日造狗，三日造豬，
四日造羊，五日造牛，六日造馬，七日作人。往昔在台灣，人日
這天家家戶戶各點蠟燭七支，供奉生果三到五色，吃麵線延壽。
泉州人以雜蔬和羹祀神，名曰「七寶羹」；客家人則煎些甜的或
鹹的年糕祀神，稱為「補天穿」，因人日多陰，好像天穿了洞下

雨要給它補一補，以免整年天雨為災。

　　正月初八 —— 初八並無什麼節日行事，與平日一樣，故稱「原金」。

　　正月初九這天是玉皇上帝誕辰，俗稱「天公生」。玉皇上帝是主宰宇宙萬物，眾神之尊，向為本省人最敬畏信仰，故祭典最稱莊嚴隆重，從初九年夜零時起至凌晨四點鐘，各戶敬備五牲（豬、鷄、鴨、魚、蛋）及拴紅線的甘蔗或麵線，清茶三杯，全家大小個個整肅儀容，按尊卑長幼，依次上香行三九叩的大禮。

　　正月初十 —— 初九祭天公後，供拜的佳餚所剩尚多，初十可以飽食一頓，故說「初十有食食」。

　　正月十一 —— 今日無什麼節目，故稱「概概」，但有些地方十一日是岳父宴請女婿的日子，俗稱「子婿日」，故諺云「十一請子婿，十二查某子返來拜」。

　　正月十二、十三 —— 這兩天並沒有值得一述的年俗，反而因元旦以來天天吃油膩的東西，吃壞了瀉肚子，故云「十二漏屎」，或因吃膩了油葷，改吃清淡些食物，故云「十三食暗糜配芥菜」。

　　正月十四是上元前夕，這天起開始搭蓋燈棚，預備元宵節日，這其中種種熱鬧的民俗，我們留待下一篇介紹吧！

煙花火樹話元宵

　　農曆正月十五是「上元」，加上七月十五的「中元」，十月十五日「下元」，合稱三元。其後配合三官說，定為「上元為天官賜福之辰，中元為地官赦罪之辰，下元為水官解厄之辰」，天官、地官、水官合稱「三官」，即民間崇祀的三官大帝，俗稱三界公。三官大帝是誰？有人說：天官是堯帝、地官是舜帝，水官是禹帝。又有人說：三官都是周幽王的諫臣；一名唐宏、一名葛雍、一名周實，其實三官是創始於漢末張魯的五斗米道。凡人有所祈禱或生病時，書寫事狀三通，一焚於山上，謂上達於天官，一埋於地，可下達於地官，一沈於水中，可通達於水官。北魏時道士寇謙之，襲取張氏之說，配以節侯，以正月、七月、十月之望為三官日，流傳至今。

　　唐代以前，正元之日並無特殊行事，只不過漢代時在正月上元祭祀太一北極神，那天夜不禁行，民間可自由外出。晉代作膏粥祀門戶。直到唐代開元以後，以三元的三個月為齋月，禁止一切漁獵或肉食，在本省民間習俗也有一、七、十月斷葷吃素，俗

名「三官素」，就是唐代的遺俗。這個祭日傳到明代，已經相當盛大，到清代本省各地廟宇延請僧道拜誦《三界經》，設醮祈安，點燈結綵，演戲迎神，俗號「打上元」。到今日，民間已把三界公和天公混淆，有人在正初九不拜天公，反而集中在正月十五拜三界公，儀式隆重，極其珍視。

上元之夜，一稱元宵，又稱燈節，起源古時夜晚祀神須用到「燔燎」（即火把），至漢代佛教傳入，漢明帝命人於上元燃燈放夜祈福，以表佛法大明，後代傚仿，至三元都放燈，舉行燈節。歷代以來，以唐宋二代的燈節最盛，各地爭奇鬥巧，製成各種華麗奇巧的燈品，演變至清代，本省過元宵也不多讓唐宋熱鬧。清代本省元宵這天，各地各家門首，懸燈結綵，各種音樂陣頭遊街遶衢。有鬧傘、粧扮故事、龍燈、獅燈弄球等百戲。寺廟紮有花卉人物的各種花燈，供人欣賞乞求回家供奉。也有設燈猜作詩謎，任人猜射，正顯出煙花火樹、結綵燃燈，弦管歌曲，絲竹簫鼓，喧闐達旦，鬧聽街市的盛況。

日據時期，每年元宵，各地多有放燈，歲時仍舊，其中以台北市的行事特別壯盛，各種民間藝陣，雇用紙匠製作種種精巧花燈，遨遊街市，爆竹震耳，鑼鼓喧天，觀燈人士，蜂湧而至。光復以來，因經濟繁榮，每每元宵燈會，一年比一年熱鬧，雖然看不到大規模花燈遊行。但是到處都有人出售各式花燈，蔚為燈市。到了正月十四日上元前夕，各地紛紛搭燈棚，懸花綵，簫鼓殷闐，獅龍並舞，預慶元宵，稱為「試燈」。十五日算是「正燈」，不但各處有燈會，比賽花燈，小孩們紛紛提著燈籠或拖著車燈，四處遊行玩耍。有些地方要一直到鬧到正月十八日「落燈」才結束。

　　近年政府提倡觀光，元宵恰逢為觀光週，推動全省各地區舉辦花燈競賽、民俗展覽、示範旅遊，使元宵更多彩多姿，如鹿港的龍山寺、天后宮、中壢的仁海宮、關渡的天后宮、北港的朝天宮、北市的龍山寺、青山宮等，每年依照干支生肖，創作活動燈座，大受激賞，年年花燈比賽期間，從正月十五至二月，觀燈人潮，絡繹不絕，為數多達數十萬之眾。

　　元宵節民間的各種娛樂活動，除了前述的舞龍、舞獅、藝閣粧扮故事、乞龜、偷蔥、聽香、猜燈謎，玩花燈外，也少不了應時的食品──元宵（湯圓）。湯圓是南方人用糯米製成一顆顆圓圓雪白像珍珠的圓子；至於北方人作的圓子較大，裏面摻有各式餡子稱之為「元宵」。元宵的餡分為甜的和鹹的兩種，甜的有豆沙、芝麻、棗泥、百果、花生、杏仁、山楂等等，鹹的有酸菜、肉丁、火腿丁、蝦米、豆干、茼蒿等等。家裏做元宵的方法極似包餃子一樣，而街頭上賣的元宵則是以事先做好的餡粒，一顆顆整個放在大籮筐中的乾糯米粉上，搖搖晃晃使餡粒滾來滾去蘸上糯米粉，撈起蘸水再滾，直到一層層裏上厚厚的糯米粉，稱為搖元宵。元宵節晚上一家人圍桌齊聚一起吃元宵，月圓人圓食圓。象徵著一切都圓圓滿滿，順順利利。

　　婦女們在元宵節除了觀燈、觀戲、等活動外，還有一些有趣的習俗及迷信。譬如正月十五元宵晚，已婚婦女可到市街或寺廟觀看花燈，並從燈座下鑽過，祈求順利生個「丁男」，俗云：「貫（鑽）燈腳生男巴（男孩）」。或者在神前擲杯，求乞香花、燈果、麵龜，回家供奉祈禱神佛保佑生個男孩。甚至去偷竊別人家的餵豬盆，「故意」被人發現，被罵得愈兇，表示愈會生男之兆。而未婚的女子，必偷他人的蔥菜，諺云：「偷得蔥，嫁好尪，偷

得菜，嫁好婿。」在澎湖，未娶的男人，則竊取他人家牆頭的砣砧石，諺云：「偷老古，得好某。」另外還有「聽香」、「聽鏡」的習俗，我們在「丹桂飄香話中秋」一篇已約略介紹過了，茲不重複。

　　除此，最典雅的當然是文人遊戲的「燈謎」、「燈猜」。過去用白紙或白布，作成一個長方形的燈籠，裏面點火，外面貼著紙條，上寫詩句、文句、人名、地名、俗語、曲牌等，供人猜射，風雅不絕。被猜中時，就擊鼓三響為號，贈送賞品。近年來，除在各大寺廟暨眾家電視台轉播的燈猜文虎外，各大公司行號也有舉行，或以公司行號的名稱，或以公司出品產物的品名為謎底，猜中者贈送公司的產品，既可廣告，又可酬謝猜謎者，真是一舉兩得。

三月初三祀祖先

　　在台灣，舊曆三月初三日，南部人稱之為「三日節」，北部人多稱為「三月節」，是祀祖的一個節日。不論是「三日節」或「清明節」，每年一到這節日，家家戶戶，攜老帶幼，舉家去祖墳清掃墓地，祭祀祖先。三月節拜過的，清明節就不去了，反之亦然。

　　三日節的由來，有好幾種說法，茲舉兩種說法，以明緣起：

　　（一）台灣俗說，「三日節」是漳州人的節日，「清明節」是泉州人的節日，而在古早並不是如此的。本來閩南的漳州人和泉州人均在清明祭祖，有一年清明節，兩籍人士因為買菜發生糾紛，釀成一場大械鬥，雙方死傷纍纍，從此官府調解分派，規定漳州人做三日節，泉州人做清明節，避免同日相見再撩起舊恨導致衝突，自此後，兩籍人士就分開日子祭祀自己的祖先，相安無事。其實此種說法有待商榷，因為做三日節的也有泉州人，連橫有一首詩說：

　　「夜香扇影林投路，細雨輕風楝子天；最是城南三日節，踏

青齊到斗山前。」

斗山是台南城南的魁斗山，該地多為泉人的墳墓，可知台南的泉州人也有做三日節的。但是因漳泉械鬥，而影響兩籍人士此後分開祭祖，這在清代械鬥風氣極盛下，倒是頗有可能的。

（二）傳說明清鼎革之時，鄭成功正率義軍反清復明，有次在故鄉南安縣石井，看見家家戶戶，都上山祭掃祖墳，才想起「清明節」已到，一想到「清──明」二字，便不愉快，因為「清」在「明」上，有損反清復明復國義舉，就下令鄉人改在「上已日」登山祭掃祖墳。因為上已節是三月初三日，此後本省人也多在三月初三的三日節祭掃祖墳。

當然，後一種說法較有可能，因為三日節是上已節演變而來，鄭成功是愛國親民的忠烈英雄，不致於違反習俗，下令取消「清明節」，最多鼓勵大家改在上已節祭祖，以轉移風俗。

所謂「上已」就是三月的第一個已日。三月上已是周朝以前就有的節日，古時每到三月上已日，在水邊舉行招魂禳災儀式，在溪中沐浴，拔除不祥，稱之為「修禊」。到了漢朝，三月上已更為重視，放假一天，大家一起到郊外河邊去修禊，屆時洗濯垢疢，大宴賓客，而花樣越來越多，其中以「曲水流觴」最具特色。曲水流觴是承襲古時在水邊執簡招魂的習俗演進而來。「觴」是橢圓形有把手的淺木盤，裏面可以盛酒，把盛酒的觴從上源飄下，當觴流到面前時，便從水中撈來飲。

「上已」原無一定日子，魏晉以後，才規定三月三日為上已節，演變既久，於是和三月五日的寒食節，及三天後的清明，因日子接近，年深代遠，混淆一起，全成了祭祖掃墳的節日。

上已節這天，各家門上都有插柳，男女頭上均插戴柳枝，並

且採鼠麴草，和米粉為粿，備牲設醴，祭享祖考，或結伴郊遊，猶如古代踏青。總之，「上墳」、「祭祖」、「掃墓」、「踏青」、「讌飲」是上巳節必有節目，和清明節完全相同，僅有以鼠麴粿祀祖和親友相贈，為清明節所沒有。

　　鼠麴草所做的粿，其實就是上巳節的應節祭品──草餅所演變來的。據說周幽王有一年在上巳日修禊吃了草餅，突然憬悟體知當年伯夷叔齊的「採薇歌」，明白他們恥食周粟，甘願進山，採食蕨薇過活的意義，從此發奮勤政，每年修禊時，以草餅供奉宗廟，自我儆惕，從此演化為民間祭祖都要敬奉草餅。當然，周幽王是個只愛美人（褒姒）不愛江山的昏君，這故事的真假不必詳考，我們只從幽王吃了草餅就能覺悟而發憤勤政而言，我們寧可相信它是真的！

五月五日扒龍船

　　舊曆的五月五日是端午節，又稱端陽節，端五節、重五節、重午節、五月節、天中節、解粽節、或蒲節、午日等。本省南部居民多說「五月節」，北部人則說「五日節」。

　　這個節日的由來，相傳是為弔祭楚人屈原而來，其實不是，大約在周朝時，五月五日已經是個特別日子。此時正值春夏節氣之交，五月盛陽，便視五月為惡月，五月五日陽上加陽尤為凶日，所在這一天要上山採草藥佩掛在身上，或以香草煎湯洗澡，以辟除邪穢，或舉行競渡以驅除瘟疫。

　　漢朝以後，端午或因弔祭屈原緣故，漸漸變成一個節日，並舉行種種民俗活動，供奉不同的特別祭品，使得端午成為一年三大節之一，而受民間重視的程度，凌駕清明、中秋兩節，有各種熱鬧繽紛的習俗，各具特色。

　　過端午節的習俗多采多姿，為一般人所熟知的有吃粽子、佩香包、划龍船、插蒲艾、飲雄黃等，其中以「扒龍船」最受台灣居民重視。據說划龍船有超度亡魂，以免水鬼找替身，並有紀念

屈原和表彰勇武的意義，所以端陽競渡，在清代以來就很激烈。只是清代競渡用的龍舟，為平日討海所用的舢舨漁船，日據時代以來，大事踵華，已出現專供競渡的大龍舟。

清代經常舉行競渡的地方，以安平、鹽水港、笨港（今北港）、鹿港、竹塹（今新竹）為著，今日則以高雄、台北、基隆、宜蘭頭城等處聞名，近年在文化復興的復古提倡下，鹿港、安平等地也恢復競渡的古風了。台北競渡地點捨淡水河不作第二考慮，因為淡水河是新店溪和大嵙崁溪匯流而成，河面寬闊，水流也深。至於划龍船的人，以往在洲尾、社子、水湳、和尚洲、加納仔、溪州等地的漁民船伕為多。

台灣龍船構造，大多樟木製成，長的有十八公尺，短的也有十一、二公尺，中央寬約一公尺半，舷高一公尺多。由斜、側四片，加上底面一片共五片所構成。艫有龍頭，舳有龍尾，兩舷繪畫彩色龍鱗，並有旗、鼓、鑼、笛等等儀仗。龍船全身的裝飾繪畫，係按「繪龍九法」所畫：一、龍角似鹿角，二、龍眼似蝦眼，三、龍鼻似獅鼻，四、龍嘴似牛嘴，五、龍鬚似獅鬚，六、龍麟似魚麟，七、龍身似蛇身，八、龍腳似雞腳，九、龍騰之火似天火。此外，船的首尾各插一繪有紅底黑、白色的太極圖和八卦圖。不過後來因比賽關係，將阻撓行動、速度的龍頭、龍尾都折除了，只將龍的全身畫在兩舷。船中有杉木作為龍骨，上有四角橫木十支至十五支，作為划船人員座位。

划龍船的划手，每艘約十五、六名至三十名左右，視船的大小而定。船頭（艫）一名，鳴鑼領航，並負責搶標旗，全船船員須配合他的鑼聲來划船，聲急則速，聲慢則緩。其次是位於船尾的舵手，俗稱把舵，負責執旗、打鼓、把舵，必須熟諳水性，穩

操尾舵。再次是前一、二排的先鋒划手，全船的推動衝速，全看他們，均須挑選體格、技術上等者。船槳是用楠木製成，取其輕便不易折斷，長約四尺五寸。銅鑼直徑約一尺，在凹面寫上「水仙尊王」以及各社團建置年月等字樣。另在船頭插着紅色的三角旗，稱為「龍舌旗」，代替龍舌；或是一對長方形的紅旗，叫做「龍目旗」，上面寫著「四時無災」、「八節有慶」、「風調雨順」、「國泰民安」等吉祥語。船尾還插著一隻大型紅色三角旗，上書「水仙尊王」。

　　端陽競渡當天，一大清早敲打龍船鼓，競渡有關人員全來到收藏龍舟的「龍船厝」或寺廟，把裝修好的龍舟移到寬曠地面，舉行拜龍舟儀式，先點線香，插在船頭的兩個孔中，全體誓約在比賽中決不做「不正不義」的事情，並祈求競渡獲勝。然後由所有划手扛著龍船，一面敲打鑼鼓沿街遊行，一面走向河岸，而沿途民眾燒香祈福，故台灣俗諺有「五月五。船鼓滿街路」。

　　競渡的場所，或在河裏，或在海口。水面布置浮竹，底下用石頭或鐵錘固定，習稱「做定」，是競渡的起點。終點即奪標點，布置有兩個芭蕉幹，上插紅色三角旗的小竹竿，稱為「浮旗」。競渡的矩離以二百公尺至五百公尺為原則，競渡的方向以順流為準，才能節省體力，競渡開始前，大家可以練習幾遍，然後划回起點的浮竹，把舵的手握浮竹，只待放砲聲響。

　　等號令船的號砲一響，立即放手，船兒像箭似的「嗖」的一下射出，鑼聲鼓聲，陣陣響亮，驚人身魄，划手埋頭苦划，浪花滾滾，一舉一動配合著鑼鼓聲，越近終點，聲音越急，剎時只見船頭的鑼指揮者，奮不顧身，挺直身軀向前搶奪錦標，其緊張狀，其勇猛狀，令在場觀眾屏息注目，等到錦旗一到手，頓時兩岸或

歡聲雷動或怨嘆惋惜，欣賞了一齣緊張刺激的大賽。一次賽畢，稍稍休息，兩船互換位置再賽，原則以三賽兩勝決輸贏。

　　賽龍舟一直是端午節最重要的活動。賽龍舟前後都要舉行「祭江」、「謝江」儀式。祭江時由一艘龍舟划至江中焚香禱告，並投擲紙錢及粽子，期望祛除水鬼邪氣，超渡幽魂，保佑競渡時的平安，兼可弔祭屈原亡魂，不為江中蛟龍所害。謝江時也要焚香禱告，燒化紙錢，當年隆重時，台北淡水河的水上各子弟班僱了大船，繡船彩船排場清唱，岸上則四平戲、亂彈戲，及布袋戲不下二、三十台，熱鬧異常，如今呢？

七月七日情人節

　　農曆七月初七，俗稱「七夕」，民間相傳這天是天上的牛郎、織女一年一度的相會日子，七夕節可說是中國的情人節。

　　七月初七的近晚，台俗家家都要拜「七娘媽」，七娘媽即織女，又稱七星孃，只是傳到今日，大家搞不清楚誰是七娘媽，居然以為是「註生娘娘」，混淆在一起，形成了另一「出婆姐宮」的習俗。

　　由於傳說織女是天上專司織繡的女神，塵世少女無不希望能從織女身上學到卓絕的針黹巧技，所以歷代以來，七月七日是夕，少女們舉行乞巧會，備針線、花粉、瓜果，祭於中庭，以祀牛郎織女雙星。又煮豆和糖及芋頭、龍眼等物相贈，名為結緣。比較特別的是：採取秋天生的七種草，合糯米磨粉加烏糖製成「七夕粿」以祀神，禮成之後，供家中大小「食福氣」。所謂七夕粿，又稱烏草仔粿，採擷秋天七種草——滿地籤、艾草、開脾草、菜瓜鬚、香圓草（或檸檬葉）、拔仔心（或四君子）、石榴心等，浸水切片，和糯米磨碎，雜以麵粉、加黑糖蒸熟，成為黑色的米

粿。不過這種祭品到現在已不容易看到了。

　　如上所說，以後將七娘媽與註生娘娘混淆一起，因此祭祀七娘媽，除了可以「乞巧」女紅手藝外，也可保佑子女平安，因此祭祀儀式也開始繁複了。如清末所修的《安平縣雜記》說：「七月七日，名曰七夕。人家預備瓜菓糕餅以供織女，稱為七娘媽。有子年十六者，必於是年間紙糊彩亭一座，名曰七娘亭。備花粉、香果、酒醴、三牲、鴨蛋七枚、飯一碗，於七夕晚間，命道士祭獻，名曰出婆姐間（宮），言其成長不須乳養也。俗傳男女幼時，均婆姐保護，婆姐，臨水宮夫人之女婢也⋯⋯」。由這一則記載看來，鵲橋相會中的悲劇女主角織女，一變為保護幼男幼女的神祇。按民間相傳，註生娘娘是生育之神，一說即是臨水夫人陳靖姑，婆姐是註生娘娘的部屬，有十二位：註生婆姐陳四娘、註胎婆姐葛四娘、監生婆姐阮三娘、抱生婆姐曾五娘、守胎婆姐林九娘、轉生婆姐李大娘、護產婆姐許大娘、註男女婆姐劉七娘、送子婆姐馬五娘、安胎婆姐林一娘、養生婆姐高四娘、抱子婆姐卓五娘等，俗信嬰兒未成年期間，都是婆姐在看護，所在這一天也要拜婆姐。

　　另外須要補充的是：敬奉七娘媽的鮮花，一定要用千日紅、雞冠花、鳳仙花等種子多的花卉，要不就是茉莉、樹蘭等香味強烈的，拜時，要排設香案，羅列牲醴、清茶、油飯、軟粿、鮮花、膨粉、胭脂、紅紗線，並在桌邊，另排一個椅子，上置清水一盆，新毛巾一條，以供七娘媽洗臉洗手，可謂設想週到。祭畢，要將花粉等拋上屋頂，算是給織女用，餘下一半留為己用，如此少女自然能「乞」得像天上織女一樣漂亮，更有一雙擅於女紅的巧手。

　　至於男孩子如滿十六歲成丁，這天則另有「做十六歲」的儀

慶。舊時台南習俗，如家中有男子成年，屆滿十六歲，照例須在七月七日參謁註生娘娘，並購置「七娘媽壇」，敬致香燭牲體，藉此答謝神庥。行禮既畢，燒掉紙紮的娘媽亭，男始結辮，女始捲髮，儼如成人，屆時，親友羣集畢賀，謂之「做十六歲」或「出婆姐宮」。

　　七夕原是屬於婦女的節日，是個浪漫的慶典，七夕的種種民俗活動，把婦女們愛妝扮，愛漂亮，愛女紅，愛手藝等等女人天性表露無遺。只是傳到台灣，變了質，七夕淪為酬神祭社的年節行事一樣，那牛郎織女最富羅曼蒂克的故事的情懷，幾乎喪失無餘。現在已看不到少女們的乞巧，更看不到煮豆結緣了。

十月下元拜平安

農曆十月，台灣各地農作物均已收穫，是農閒時期，因此祭神拜祖，聘請當地戲團到寺廟表演，以酬謝眾謝，都集中在這期間舉辦，謂之「拜平安」，或「做平安戲」。

本省先民，每逢出海遠渡異域，必祈求水仙尊王保佑，十月初十是水仙尊王的祭日。所以每年進入農曆十月，台灣各地寺廟均舉行祈平安的法會，有些寺廟大規模的「做醮」，放水燈。水仙尊王為本省民間通俗信仰之一，所謂水仙尊王有兩種說法：奉祀一尊者即是大禹，奉祀五尊者就是大禹、伍員、屈原、王勃、李白的合稱。大禹治水，其功績流傳萬世。伍員和屈原，都是春秋時代的人，他們滿懷忠憤，感嘆國事日非，最後伍員浮於鴟夷，屈原沈於汨羅江。王勃和李白都是唐代文豪，王勃為到交阯探親而溺死南海，李白醉酒撈月而葬身池塘。總之這五位偉人，均與水有關，死後卻都變成了水神，凡是在海洋中遇到險風大浪，只要向水仙尊王祈禱，就能化險為夷。

農曆十月十五俗稱「下元」，與正月十五的上元，和七月十

五的中元，都是三官大帝的祭日，合稱為「三界公生」。這天是
下元水官大帝的聖誕日，也就是大禹王的誕生祭。在這天，水官
大帝來到下界，巡視糾察人們的罪惡，所以家家戶戶都供牲醴、
焚香、點燭、燒金、鳴炮、舉行祭期。各地區的寺廟，如土地公
廟、媽祖廟、帝君神等，也要聘請地方戲團到寺廟前大埕搭台表
演，以供人神共娛。而在日據時期，板橋市的水官大帝祭聞名台
北，是很熱鬧的。

　　台北縣板橋市江子翠的潮和宮，是以水官洞陰大帝為主神廟
宇，配有開漳聖王和福德正神，主神水官大帝的例祭日是十月十
五日，屆時供牲醴並演戲，年年舉行盛大祭典。

　　這廟的由來有如下的傳說：由於板橋的江子翠一帶地勢低
窪，每到雨季河水即泛濫成災。時有林溪珍其人，對於這種情形
深以為憂，於是聯合附近的居民，把一塊刻有水官洞陰大帝和開
漳聖王兩神明的石碑，立於現在廟址的北端以為鎮壓，據說相當
靈驗，從此就經常祭祀，也成為村民集合地。於是由林稼田、林
玉波、楊愛古等人發起，終由信徒商議決定建廟，以水官洞陰大
帝為主神，以開漳聖王和福德正神為配祀。於民國十五年九月興
工，同年十月落成，計花費四百多日圓。此後廟宇信仰日多，香
火日盛，祭典日大，每年十月十五日的水官大帝成為盛大有名的
祭典，附近居民也豐備酒宴，款待親友，熱鬧繽紛。

　　此外，從六朝起，我國民間每到農曆十月初一就舉行祭拜祖
先和酬神，俗稱「十月朔」或「十月朝」。由於中國人習慣以農
曆十月算是進入冬季，而在十月初一這天換穿冬衣，使用火爐取
暖，並置酒筵宴請親友作「暖爐會」，在享受之先，不免也想到
祖先於冰冷酷寒的地下，也要冬衣禦寒，好好進補一下，紛紛燒

寒衣紙錢給祖先享用。這種慎終追遠，善盡孝道的習俗，過去台灣也有，往往在十月朝這天，設祭祭祀先祖，或至廟中延請僧道作功德。只是本省習俗重視上元、中元，下元屢被忽視，連十月朝祭祖掃墓這種有意義的行逕，也都沒落式微了，今天提起元宵（上元）、普渡（中元）大家都清楚知曉，若提起下元或十月朝這節日，有幾人知道呢？

早生貴子找註生媽

　　我國傳統，向來最重嗣續，所謂妻財子祿，人生四望。其中子嗣之重要，尤勝功名利祿。台省習俗，同此觀念，因此「不孝有三，無後為大」，無子夫婦每每祈禱註生娘娘，虔求賜獲麟兒。

　　在過去女人結婚後，生子育女傳宗接代為一重要職責。所以婦女對產育極為關懷，未孕者期盼早生貴子，有子者祈望平安無恙，生病時呵護早日康復，這種關懷與期盼，自然希望有一神明予以保佑，這位被民間所信仰侍奉的神，即是「註生娘娘」。換言之，註生娘娘是主司生育之神，專門保佑孕婦、產婦、和襁幼的女神。

　　註生娘娘和臨水夫人（陳靖姑）在台灣民間信仰中往往混淆一起，實則兩人是不同的。註生娘娘俗稱「註生媽」，為接子神，掌管婦女之生育，每一位婦女應生幾子幾女，她的生育簿上均有記載，但只要肯誠心祈禱，積德行善，可以通融刪改。註生娘娘大權在握，也難怪有那麼多婦女要來燒香祈求跪拜了。註生娘娘的由來，據《封神傳》所傳，略謂姜子牙奉玉皇大帝金牒，封三

仙島上之雲霄、瓊霄、碧霄三姑掌混元金斗，凡一應仙凡入聖，諸侯天子、貴賤愚賢，落地先從金斗轉劫。三姑係龜靈聖母之門徒，為玄壇真君趙光明之妹，今人稱為註生娘娘，實將三人合一、混在一起。

混元金斗是人生下來落地轉劫的第一站，它究竟是什麼呢？根據《封神傳》言，註生娘娘將此物練成法寶，擺下黃河陣，擒下文殊、廣法天尊等多人，可見此物的厲害，其實金斗者即人間的淨桶（馬桶）也，過去嫁女兒，不論貧富，妝奩中必有淨桶一項，蓋人生無非從淨桶裏出生轉劫，要不就是平日從淨桶排洩，註生娘娘會選擇此物練為法寶，實在有夠厲害、充滿智慧的。

台省婦女雖然如此崇拜註生娘娘，可是很少有寺廟將她當主神供奉，多半附祀在廟的偏殿。而註生娘娘身旁又從祀十二女神，俗稱十二「婆祖」（婆姐），又稱十二保姆（鳥母）或十二延女，各抱一嬰孩，六好六壞，其中六位抱嬰兒的姿勢端正，稱為「好婆姐」，餘下六位所抱姿態歪邪，被稱為「惡婆姐」。民間俗信孩子若是由惡婆姐所授育，此子必會夭折，所以凡是前往祈嗣保佑的婦女，必會自製一些小帽子、衣服套在好婆姐所抱持的嬰兒，祈求能生下一位健康長命的孩子，等孩子順利產下，要準備麻油雞和油飯供奉謝恩。

解決了懷孕的第一關，但還有麻煩的一件事，那即是生男或生女，註生娘娘也能幫上忙。我國傳統重男輕女，萬一某婦女老是只生女孩，可以為她進行「換肚」或「栽花換斗」的法術。所謂「換肚」，就是在孕婦產後十日內，拿豬肚給產婦吃，吃「豬肚」會「換肚」，以後才有希望生男孩。也有在生產滿月後，由老公陪著老婆回娘家，並出外散步踏青，台灣俗諺「踏青青就能

生後生」，保證下一胎就生男孩子。

　　至於「栽花換斗」就是變更胎兒性別法術。當婦女在懷孕期間，先請尪姨或算命瞎子，拿一盆美人蕉（台語蓮招花，「蓮招」之諧音同男孩的生殖器）到孕婦的寢室，在牀前祈禱畫符，焚燒金銀紙，祈求使孕婦胎兒變女為男。作法完後，就把美人蕉栽到房間後，要經常照顧澆水，絕對不能使它枯萎，否則前功盡棄。也有攜帶種著芙蓉花的五升桝（小的米檻），到廟裏祈禱作法。法師先供上牲醴、香燭，再在註生娘娘神前唸經，孕婦在旁邊焚香燒金，並三拜九叩祈求變胎。回家後三日內繼續在室內祈禱，然後把芙蓉花栽在庭院，就算完成了換胎手續。

　　奇妙吧！拜註生娘娘就可生子，行「換斗」、「換肚」就可換胎變性，果真有效，婦科醫師可全體改行，今後人類生男育女就不必煩惱了！

推測生男或生女

　　婦女有孕後，夫妻、公婆最想得知的究竟是生男或生女，台灣民間俗信，有下列幾種方法推測：

　　(1)孕婦有孕時，腹部左凸占生男，右凸占生女。

　　(2)在路上突然從後面呼喚孕婦，如果由左邊回首占生男，由右邊回首就是女。

　　(3)孕婦腹尖者占生男，腹凹或圓者則生女。

　　(4)讓一天真幼兒，從箸籠（筷籠子）裏隨便抓出一把筷子，如果是單數的便是男的，如果是偶數就生女。

　　(5)孕婦去看戲，戲台上先登台的為男伶，則占生男，如果是女的，占生女。

　　(6)跨門檻時，不經意先舉左腳跨過，則占生男，反之，為右腳，則生女。

　　(7)冬至那天煮圓仔，如果湯圓脹成氣泡而不裂，表示要生男，反之若脹裂有缺孔，就會生女的。也有抓一把圓仔放在篩裏，細數一番，若是奇數的則預卜生男，偶數則是生女。

(8)用數字推算，台省有一首占生男生女歌訣：

七七四十九，問娘何月有，除起母生年，再添一十九。

是男逢單位，是女必成雙，算男若是女，三五入黃泉。

此種算法是先將婦人懷孕的月數加上四十九，再減去孕婦的年齡數目字，續加上十九，所得的數字是奇數就生男，偶數即生女。假如雙數結果生男孩，或單數生女孩，表示不祥，則所生的孩子只能活三、五個月就會夭折。

除此，前述的「栽花換斗」也可看出生男生女。前已述及，將芙蓉花移栽在後院，經數日後觀看，開紅花者占生男，開白花者占生女，並觀察其花蕊多寡及開花結實情形，研判子嗣將來前程。

綜合上述，可以明顯的發現是受到中國傳統的「奇偶陰陽」、「男左女右」的觀念影響，至於是否準確，則不得而知。反正若是不準，仍有辯詞，如前面提及的數字算法，萬一是單數卻生下女的，必定活不長以為推託之詞。要是孩子平安的活下來，則不外乎是這孩子命好，或父母祖上行善事積陰德的影響，要不委託神明護佑，收為義子揎鞗，總之都有理由辯解。讀者們姑妄看之，不必信以為真，當作笑談罷了。

病子愛食鹹酸甜

　　婦人懷孕頭二、三月內，俗稱「病子」，口液頻流，偏愛吃「鹹酸甜」，如楊桃、桃、李、柑橘、鳳梨等蜜餞，又常常頭痛、惡寒、嘔吐，身體怠懶無力。所以往昔作母親的於女兒出嫁時，特將冬瓜、柑餅、柑餅等蜜餞，放置在嫁奩櫥屜，希望早日「食甜甜快生後生」，表現了母親體貼女兒病子，預先準備孕婦嗜好的食物。

　　除了母親疼惜女兒病子特殊飲食嗜好外，作老公的也倍加關注，台灣有幾首「病子歌」（或稱十月懷胎歌），對此作了深動的描述，一方面吐露病子的痛苦，一方面表現了夫婦間濃稠的愛意，今舉三首為例：

　　（一）

正月算來桃花開，娘仔病子無人知，哥來問娘愛食麼，愛食山東香水梨。
二月算來田草青，娘仔病子面青青，哥來問娘愛食麼，愛食枝尾桃仔青。
三月算來人播田，娘仔病子心艱難，哥來問娘愛食麼，愛食紅肉的李鹹。
四月算來日頭長，娘仔病子面黃黃，哥來問娘愛食麼，愛食唐山烏樹梅。
五月算來顧船渡，娘仔病子目䀮烏，哥來問娘愛食麼，愛食鹹菜煮豬肚。

六月算來碌碡天，娘仔病子倚床邊，哥來問娘愛食麼，愛食唐山紅荔枝。
七月算來人普渡，娘仔病子心無意，哥來問娘愛食麼，愛食羊肉炒薑絲。
八月算來是中秋，娘仔病子面憂憂，哥來問娘愛食麼，愛食麻豆文旦柚。
九月算來九降風，娘仔病子心茫茫，哥來問娘愛食麼，愛食馬薯炒海參。
十月算來人收冬，孩兒落土腹肚鬆，哥來問娘愛食麼，愛食麻油炒雞公。
十一月算來來冬天，娘仔抱子笑微微，哥來問娘愛食麼，愛食吾子滿月圓。
十二月算來是年頭，娘仔看子白泡泡，哥來問娘愛食麼，愛食麻油甜土豆。

　　（二）

正月病子在心內，若要講人驚人知，看著物件逐項愛，偷偷叫哥買入來。
二月病子人愛睏，三頓粥飯無愛吞，想食白糖泡藕粉，叫兄去買一角銀。
三月病子人嘴冷，腳手酸軟烏暗眩，酸澀要到唇內面，愛食樹梅鹹七珍。
四月病子人畏寒，趕緊棉裘提來蒙，專專愛睡白白涎，想食米粉煮鮏干。
五月病子者悽慘，愛食山楂甲油柑，姊妹相招來相探，叫咱鴨母煮烏參。
六月病子真見羞，不時眠床倒條條，愛食包仔甲水餃，三頓無食不知餒。
七月病倒還塊病，不時不日想食甜，腹肚一日一日滿，勸哥不免請先生。
八月人還真艱苦，腳酸手軟四界摸，心肝皺槽要啥步，愛食馬薯炒香菇。
九月者和君實說，大概敢是落後月，趕緊買菜乎我配，今日愛食一鼎麋。
十月倒塊眠床內，人真艱苦報君知，去叫產婆來見覓，扣若明白通斷臍。

　　（三）

正月花胎龍眼大，父母有身大受磨，齷食要吐真作怪，真真艱苦無快活。
二月花胎肚圓圓，一粒宛然若荔枝，田螺吐子為子死，生子生命塊水墘。
三月花胎入真仙，父母懷胎艱苦年，腳酸手軟歸身變，倒落眠床咳咳喘。
四月花胎分腳手，肚尾親像生肉瘤，為著生子奧得求，三分腹肚不時憂。
五月花胎分鼻嘴，好物任食卻齷肥，腳盤宛然若匱水，腰骨親像塊要開。
六月花胎分男女，恐驚胎神會參滋，三分若是有世事，真符緊食結身軀。
七月花胎會熱位，一日一日大肚歸，行著有時太心愧，一個腹肚圓錐錐。
八月花胎肚凸凸，早暗代志著知防，這款艱苦不敢講，事頭著叫罩來摸。
九月花胎會振動，為著病子不成人，花粉減抹歸斗籠，無閒腹肚亦齷空。
十月花胎苦憐代，一個腹肚者大咳，想著要生流目屎，求會順序生出來。

懷孕期間禁忌多

　　懷孕期間，孕婦對日常起居要特別慎重，不宜過度操勞，不宜食用刺激性食物，應多食豬肝、雞肉、魚肉等滋養食品「補胎」，俗謂「補胎較好做月內」，即謂產前補養比產後補養重要，過去電視上有某一藥品廣告詞：「一人吃兩人補」，也正是此意。

　　關於婦女懷孕期間，本省的禁忌、迷信特別多，譬如：

　　(1)忌「喜沖喜」，即孕婦不得進入未滿四個月的新婚房或月內房。俗謂以喜沖喜，雙方均將產生意外。

　　(2)孕婦忌看喜、喪之事；忌食喜喪食品；忌看辦喪葬事所做的「功德戲」；忌手觸棺木，否則大不吉，重則嬰兒夭折。

　　(3)孕婦忌看布袋戲、傀儡戲，否則將生產無骨、軟骨的畸形兒。

　　(4)孕婦忌夜晚出戶，恐遇白虎神、黑虎神，胎兒會被其吞去而流產。同理，忌肖「虎」的人或寡婦去探望孕婦。

　　(5)孕婦忌踩越牛索或秤桿，因為牛、馬胎期都是一年，秤一斤為十六兩，果然不慎跨越，則產期將延誤至十二個月或十六個

月。

(6)孕婦忌食煎炸物，否則嬰兒身手將燒爛或生很多痣。忌食蟹，否則嬰兒將來喜抓他人手腳。忌食喪葬供品食物。

(7)孕婦絕對不可綑綁器物，否則將產下手腳彎曲嬰兒。忌以剪刀剪物，否則觸犯胎神，將產下無耳嬰兒。忌以針錐鑽物，否則將產無目嬰兒。

(8)孕婦忌見月蝕，將產下殘廢嬰兒。

(9)孕婦忌用草繩生火，否則生下嬰兒將不斷垂涎。

(10)盂蘭盆會時，不可將腰桶（產兒盆）、腳桶（洗澡盆）放在院子裏，以免觸怒普度公或白、黑虎神，傷害胎兒。

病子至順月期間，迷信禁忌如此之多，古代的婦女也真夠可憐了，而其中最麻煩的是絕對不能觸怒胎神。台俗相信胎兒生命是受胎神支配的。所謂「胎神」，就是附在胎兒之魂的神，潛附在孕婦的寢室、住宅或其他器物上，因此，在懷孕期間要注意家中器物，勿使輕易移動，或釘鐵釘、恐胎神占居於是，而觸犯之，傷害之，犯者「動胎」，重則流產、小產、難產，輕則生下兔唇、大小目、盲眼失聰、跛足等畸形兒。例如胎神潛附在窗戶上時，假使把窗戶堵死，將會生下瞎嬰兒。故在孕婦懷胎十個月期間，以及生產後四個月內，胎神仍然潛附在家宅，孕婦寢室絕對不能隨便亂移動，或粉刷修理，而釘釘子更被視為最大禁忌。麻煩中更麻煩的是胎神逐日而變動，有時附在門窗、有時在碓磨、有時在牆壁……令人無從捉摸，幾乎家中東西都不能碰動。

萬一不幸觸犯胎神，最先出現的徵候，就是孕婦肚子疼，這時就要請道士（紅頭司公）到家裏為孕婦祈禱安胎．道士在孕婦的枕邊鳴鉦笛、畫符唸咒，再將符貼在碰動胎神的地方，然後口

唸咒語用溫水給孕婦服用，如此就可以把胎神安穩住，保住胎兒安全。

　　此種胎神觀念，深受一般人民信奉、日據時代推行春秋二季大掃除之所以績效不彰，就是胎神觀念作祟。時至今日，雖有改善，但一遇到較保守公婆，殷殷叮嚀孕婦這不能動，那不能碰，非產生婆媳問題不可，唉！作個女人可真難！

分娩前後規矩多

　　產婦臨盆分娩，俗稱「順月」。萬一孕婦在生產時有難產現象，就要請來道士（紅頭司公）催生，祈禱安產。屆時司公在正廳唸咒祈禱，並畫「催生符」，燒成灰後用白開水讓產婦吃下安胎催生。或由家人在屋外用槌子槌打地面，口中喃喃向天公祈求「救苦救難」，即可順利生產。

　　當然知識程度較高的人，懂得到藥鋪買「催生藥」給孕婦吃，以順利快產，安胎保母。本省婦女在懷孕期間，從第三個月起，每月都要吃一副「十三味」、「孩兒安」等「安胎散」的中藥，以安保胎兒及孕婦，避免難產或生下畸形兒。

　　婦女懷胎時，要常保安靜，決不可有精神刺激，或過度勞動，從前的人非常重視禮教，婦女自懷胎時起，舉止行動均要合乎禮節，是謂「胎教」，今天也得醫學上的證明是對的。當產婦臨盆待產時，只有照顧她的人才可以進出寢室，一般閑雜人不得來往出入。不過一般貧苦大眾，即使在生產前夕，產婦還是不得不操勞家務，一般人是做不到的。

　　又，順月期間，突然感覺腹痛時起時止，一、二天至三、四天胎水來而腹痛不已，這恐有「難產」。或則是臨盆前一個月突然感到腹痛，這就是「試月」，這時要服用「十三味」、「生化湯」等安胎藥，本省習俗認為，胎兒只要滿七個月，生下來就可養活，但是俗諺「七成八敗九月歹養」，意思是說七個月的生下可養活，八個月反倒養不活，九個月的很難養，真假如何就不得而知了。

　　從孕婦開始陣痛起，就要在寢室接受照顧，在快要生產時，才躺在產褥上待產。本省人所謂的「產褥」，即是產房，中上人家設在臥房牀舖，牀舖上先舖上草蓆，然後再舖上舊衣服作墊，再舖上油紙，油紙上再舖上棉被等，作為產婦生產之用。窮苦人家則直接在地上舖枯草或稻草做產褥。傍邊準備「生子桶」（澡盆子）以便清理生產時的污物。

　　分娩多由「好手勢」的「拾子婆」（或稱「先生媽」，即昔之助產士）為收生婆助產，有時另外還有請二、三婦人在旁扶孕婦兩肩及腰協助。當孕婦分娩時，產婦多坐在床上，身靠疊高的棉被，或席地坐在「坐子椅」上（婚嫁時，由女家帶來的低椅凳二支，一為坐用，一為踏用，以利催生，俗或稱腳踏椅），此時房間內要防止風吹入，並為預防產婦眩暈或受刺激，須一日數次將煮熟的醋讓她聞，保持清醒，拾子婆在嬰兒降生後，先拿剪刀剪斷臍帶，謂之「斷臍」，剪斷處以苧麻絲綑紮，再用胡麻油塗抹，然後用布把傷口包好，四、五日臍帶會自然脫落。

　　嬰兒降生後即用軟布、蘸熱水擦拭身體，再用麻油塗抹全身，接著用舊衣服包上，其次再用棉花蘸鹽水擦嘴，並以甘草、糖水餵飲嬰兒。有些人家為使新生嬰兒興奮，並預防血暈，清除

胎毒，有用人參或幼兒的尿液滲酒讓他飲用，稱之「安胎藥」。胎盤（胞衣）的處理也有重男輕女之別，如果生的是女孩，就把胎盤以稻草、破布包裹，縛石扔進河裏，如果是男孩，就把胎盤裝進瓶子裏，再攪拌石灰，放在牀下保存四個月，最後找一個隱密地方埋入土中，以免任意棄置為動物所食，則將不利嬰兒之成長。在保存期間，絕對不許移動，否則前四個月嬰兒會吐奶，一直吐滿四個月，還有在生孩子時，要把桌子的抽屜抽出，同時要掀動草蓆，假如不這樣作，嬰兒就會四個月不通氣。

　　關於胎盤另外還有二種迷信：即萬一埋胎盤的土地失火，那這孩子將來必定難逃被火燒死的厄運。還有肚臍帶脫落，如能好好保管，將來如果長大後，和人打官司，把這個肚臍帶帶在身上，保證打贏官司。

　　正常分娩乃是天下婦人所夢寐所求，但是總難免有早產與難產、死產者。遇著胎兒胎死腹中，或出生不久即死，務必丟棄水中，否則會變成邪鬼作祟，使這個孕婦不能再懷孕生產。死產俗稱「威抱心」（閩南音），威即胎盤，俗信威有活威、死威兩種，死威容易下胎，活威易衝犯產婦，造成意外死亡。為防止意外，產婦平日應多食醋性食物，俗信醋可使活威變成死威，有助下胎；又產婦血崩，可以混童尿飲之，以保母體。

　　早產原因甚多，前述「七成八敗九月歹養」，即指七個月可生養，八個月易死，九個月的生撫養育艱難。難產形態不一，有多日陣痛不能生產者；有先出生的「倒頭生」、「顛倒生」、「倒踏蓮花」；有手先出來的側產，俗稱「坦豎生」、「討鹽生」；頭殼偏一邊的偏差，俗稱「坦欹生」或「坦橫生」；臀部先露出來的稱「坐斗」；臍帶絆在脖子上出生的稱「帶素珠」。難產原

因，本省多認為是媳婦不孝翁姑所引起，必要媳婦產後向翁姑跪地求饒恕，翁姑則祈神諒宥，並口中唸著「人生你，你生人」勉勵。

號名真是大學問

　　台灣把命名叫號「號名」，為了給嬰兒取個好名，往往要花上半個月，甚至一個月的都有。

　　本省人從生到大，名號繁多，有：

　　一、乳名：就是「小名」，多半是在出生當時就取，長大後即不用，不過家人間偶爾暱稱時會使用。

　　二、土名（綽號）：是親友鄉人根據其人的個性或外貌所取的綽號，使用範圍廣泛。

　　三、冊名：孩子長大後，進「書房」讀書時，由老師所取名字，通用於師友間的學名。

　　四、字名：男子讀書到十六歲年成時，再由老師另取一個學名，在尊親長屬以外的朋友間使用。

　　五、號：凡有學位（如進士、舉人、貢生、監生、生員……等）或任官者，都要取一個「號」，講究者，還有幾個「別號」。

　　六、官章：拜官之後，或得有功名學位、要起一個名字在官廳使用。

　　七、諡名：人死後，二品以上大官，另由朝廷封賜諡號，以增光采，表揚其生前行事。

　　除此外，中上流階層另有所謂「家號」，這種家號屬於某人的財團名號，某人將來若死亡，也不把財產分給子孫；萬一分給子孫時，也要以此名抽出一份作為公業，一家的公有財產使用「公號」，屬於各房的使用「私號」。開商店時，獨資的多半使用家號。

　　雖說有以上各種名號，但即使到今日，還有很多人用乳名或土名報戶口，成為本名。通觀本省人命名原則，不外乎有下列數種：

　　一、倫序命名：即由祖先事先選定世代序名，以「字勻」來排，世代按順序排下使用，此泰半用在「乳名」或「冊名」上。

　　二、五行命名：以兒女出生的年、月、日、時干支八字，送請卜師算命，看缺金、木、水、火、土中那五行，以便取一個補五行所缺的名字，以期五行不缺，如「洋港」、「火炎」、「木生」等名字就是如此。

　　三、因景命名：根據嬰兒出生時的情景命名，如春天生的命名「春生」，在嘉義生的命名「義生」。

　　四、應夢命名：根據嬰兒出生時所作的夢或夢中含意命名。

　　五、托庇命名：祈求神明保佑孩子一生幸福，而取名「天助」、「天來」、「天佑」等。

　　六、厭勝命名：或因以前所生子女養育不順利，或八字不佳，若取好名，反而易引起邪神注意；若取低賤之名，使邪神討厭不注意，孩子反而能順利養大，例如取名「乞食」、「阿狗」、「芹菜」等。

七、寄望命名：父母希望子女聰明賢淑，榮華富貴，命名「家寶」、「樹德」、「來富」、「來福」等。也有重男輕女，希望多生男孩者，如「添丁」、「罔市」、「罔腰」、「招弟」、「不仔」等。

八、形相命名：根據嬰兒長相命名，如「闊嘴」、「大目」、「啞口」等。

九、假借命名：假借自然、鳥獸、花木命名。

十、典雅命名：多半通用於知識份子，以典故辭句命名。

總之，小孩子的命名方法很多，無法一一列舉，大體上男名以剛強為主，取山、河、木等陽剛名字，或虎、獅等猛獸名。女名以柔順為尚，取月、花、玉、美、蓮等陰柔名字，或蝶、燕、鳳等溫馴動物為名。

讀者朋友們，看到了這麼多命名方式，會不會回去問一下你們的父母，當初為什麼取你們現在的名字，也許在當年可真是煞費苦心，攪盡腦汁，說不定會問出一段故事來呢！

洗三朝與做滿月

　　由於古代醫藥不發達，環境衛生差，嬰兒夭折率高，因此嬰兒在周歲以前的禮俗和禁忌特別多，像初生的一、二日、三朝、滿月、四月、周歲……都有慶賀儀式，說明了中國人對嬰兒的誕生與成長是如何地重視與喜悅。

　　往昔台灣禮俗，在生產三日才開始哺乳，在此之前，普通是以蜂蜜或紅糖沖開水，再用一條綿棒浸入，給嬰兒吮食，稱作「食蜜水」；也有以甘草水，或白蝶仔頭、百生草、鐵馬鞭頭等的汁水吮吸，認為可以清除胎毒。三天之後，正式哺乳（俗語開奶），要用「風葱」（葱的一種）煮開水，晾涼了後洗產婦奶頭，使奶腺發達，易於吸吮。乳水不足，可吃豬腳燉花生，增加乳量。

　　產後第三日，由拾鳥媽（收生婆）、或祖母、母親，抱嬰兒到大廳禮神拜祖，在神明前洗澡，稱之為「三朝之禮」。洗澡用的浴湯，是用「桂花心」（木犀花心）、「柑葉」（橘樹葉或龍眼葉）煮成，澡盆裏還要置三塊小石頭及十二枚制錢。石頭取意「頭殼硬」，希望孩子結實健康長大。銅錢象徵將來財源滾滾。

用柑葉、桂花心則有去不祥，防治疾病用意。

　　洗好澡，給嬰兒換上新衣，如果第一胎是長男，就以產婦出嫁時穿用的肚裙布縫製小兒衣穿用；若是生女孩或次男以下，則另購布料縫製衣服。這一天，祖母抱著嬰兒禮神祭祖，祭品是雞酒、油飯。祭拜完了，還要把油飯、雞酒送「外家」（產婦娘家），告知已有外孫，並且燒金向娘家祖先祭拜告知，稱之為「報酒」；外家則回送各種食品補物等。除此，也要送收生婆油飯、紅包、以酬謝她的幫忙，並將油飯分贈親朋好友，左鄰右舍；而親朋鄰居，亦多送禮祝賀，如雞油、麵線、豬肝、豬腰、麻油等補品。

　　除了洗三朝外，也有做六日、十二日、二十四日，滿月的，產家以雞酒油飯為回禮。習俗上，對回禮不能全部收下，須留「油飯頭」，並回贈白米少量，米上置一紅紙，紙上放油飯頭，並附小石或黑豆幾粒，取意「頭殼堅」，此種回贈稱之「磧盤」。

　　嬰兒滿月是個大日子，滿月時所作的慶賀叫「做滿月」，這個在三十天前來到世間的小生命，已平安渡過最危險的初生期，而產婦坐月子也結束了，從此可恢復正常的生活，這一天真是可喜可賀，習俗上要置酒祝賀，大宴賓客的。

　　這一天要為嬰兒剃去胎髮（也有在第二十四天剃掉，寓意廿四孝，祈望孩子將來能孝順父母），滿月剃頭之俗的起源，大約是因為嬰兒出生時，頭先出來，經過產婦陰道，穢惡不潔，觸犯灶神，致使小兒不安，故此日宜剃頭除不祥。剃胎髮的規矩很多，預先將雞蛋、鴨蛋合煮，將煮蛋的湯夜傾倒面盆，再投置一塊石頭、十二文錢，染紅雞蛋鴨蛋，和少量葱。接著用葱汁塗在胎兒髮上，加上蛋清塗抹，然後剃光，稱為「剃胎」，葱與「聰」同，寓意聰明，並可去污垢，頭髮能濃密黝黑。石頭、銅錢寓示壯健

與財氣。至於剃髮後，將紅蛋輕輕在頭上滾三次，意思是戴紅頂，祈祝將來長大做一品大官。剃髮時要唸：「鴨卵身、雞蛋面，好親成，來相向」等吉利話，祝賀孩子身體像鴨蛋一樣粗壯，臉像雞蛋那樣美麗，將來會有好姻緣來匹配。剃下胎髮要和石頭包在紅紙，放在屋頂以保平安，不會嚇著。近來則有製成胎毛筆以為紀念者。

剃髮後，由家裡大人抱著嬰兒出門，在屋外繞行一周，用雞箠趕雞敲地，一面唸著：「鴟鴞鴟鴞（即老鷹）飛上山，囝仔快做官；鴟鴞飛高高，囝仔中狀元；鴟鴞飛低低，囝仔快做爸！」或是唸：「鴟鴞飛高高，生子生孫中狀元。鴟鴞飛低低，囝仔較快做老爸。」充滿了對新生兒女的關愛與期盼，不過在傳統重男輕女觀念下，若生的是女孩，則只是重複唸著「鴟鴞鴟鴞……」而已。

這一天除了置酒宴客外，外家也要餽送禮物，俗稱「送頭尾」。所謂「頭尾」，即指嬰兒從頭到腳穿戴的衣物，如帽子、衣服、棉被、手腳環、胸飾、鞋襪……等，並送紅桃糕、紅包粿、湯圓（俗稱外媽圓）、蠟燭等。親朋好友參加滿月禮，也是要贈送紅桃、糕餅、芎蕉等賀禮。主人須將所有禮物一併排在神明祖先前，焚香點燭禮祭。典禮結束後，則以雞酒、酒飯、雞鴨蛋、紅桃、紅色粿等分送親友，以為答禮。

外家「送頭尾」，在以前非常講究，尤其富貴人家為了祝賀外孫的誕生，一共要在「做滿月」、「做四月日」、「做晬歲」時送，不過近年來已簡化到僅在「做滿月」時送一次而已。

搖籃歌中見母愛

　　是否還記得？在我們好小好小，還是嬰兒時，在夏夜悶熱，蟲聲唧唧中；在寒夜冷風，一屋溫暖中，有一雙潔白粗糙的雙手，手抱著襁褓中的孩子，不停地輕晃；或是輕推著搖籃，讓我們感覺到那雙手是那麼堅強能耐，懷抱是那麼溫暖安全。在那對充滿慈愛的雙眸凝視下，嘴裏輕聲低唱著：

　　「搖啊搖，搖啊搖，搖囝仔，愛睏愛人搖，搖囝仔，搖囝仔，愛睏愛人搖。」

　　或是：

　　「嬰仔睏，一暝大一寸，嬰仔惜，一暝大一尺。」

　　或是：

　　「嬰仔嬰嬰睏，一暝大一寸，嬰仔嬰嬰惜，一暝大一尺，搖兒日落山，抱子金金看，子是我心肝，驚你受風寒。

　　嬰仔嬰嬰睏，一暝大一寸，嬰仔嬰嬰惜，一暝大一尺，同是一樣子那有兩心情，查埔也著疼，查某也著成。

嬰仔嬰嬰睏，一暝大一寸，嬰仔嬰嬰惜，一暝大一尺，疼是像黃金，成子消責任，養汝到嫁娶，母才會放心。」

或是：

「搖仔搖仔搖，搖茗搖，搖來搖去，一搖搖到黑趁橋，橋邊雙邊，樹木花蕊青笑笑，橋下一條清清溪水流無休。

搖仔搖仔搖，搖茗搖，搖來搖去，一搖搖到黑趁橋，乖嬰仔古錐，親像花蕊吻吻笑，阿娘阿爹無時無陣疼惜惜。

搖仔搖仔搖，搖茗搖，搖來搖去，一搖搖到黑趁橋，乖嬰仔要大，暝大一寸，日大一尺，粘麵（馬上）會行，粘麵會跑也會叫。」

或是：

「嬰仔汝漫啼，汝母去挽些蕃薯，飼大豬，賣錢來糴米，煮芳芳，來飼汝。」

或是：

「搖呀搖，搖金子，搖金子，搖豬腳，搖大餅，搖檳榔，來相請。」

或是：

「嬰仔搖，搖到三板橋，紅龜軟燒燒，豬腳雙旁劃，大麵雙碗燒，鼓吹知達叫。」

或是：

「嬰仔搖，搖大嫁板橋。紅龜軟燒燒，麵線掛過橋，豬腳雙旁劃。」

或是：

「嬰仔搖，鬥挽茄，鬥挽偌多，鬥挽一布袋，也要食，也要賣，也要趁錢飼老父。」

或是：

「搖呀搖，搖到內山去挽茄，挽偌多，挽一飯籬，也好食，也好賣，也好給嬰仔做度晬。」

最長的是：

「搖呀搖，偷挽茄。挽偌多，挽一飯籬，也可食，也可賣，也可給嬰仔做度晬。阿嬰哭，阿母無閒可上灶，阿嬰驚，阿母連拍腳脊胼。阿嬰哭哇哇，阿母嘴內就唸歌，阿嬰哭不止，阿母直直念。念講要去外媽家。美衫給你罩，美帽給你戴，明仔再帶你去看戲。也有雞腿精肉頭，胸前也有結紅包，掛尾帽仔掛啷鈴，啷鈴響玲瓏。嬰仔外家找阿公，阿媽笑蓳蓳，阿姈送帽騎八仙，返來頭額仔擦烏煙，阿嬰直直笑，阿母沿路搖。阿嬰睏，一暝大一寸，阿嬰惜，一暝大一尺。」

——於是乎我們就安安靜靜，甜甜蜜蜜地睡去。

搖籃歌是我們出生到地，最早聽到的兒歌，是阿媽、阿母、奶母、姊姊為我們所做所唱的催眠曲，我們幼小的心靈一聽到，就感受到很大的撫慰而不哭，慢慢地，溫馨地進入夢鄉。

嚴格說來，搖囝仔「歌」，只能算是唸著的「歌」，是祖母或母親哄著嬰兒睡覺時，自然哼成的調子，曲音單調，歌詞重覆，可是經過她們的口中，卻是那麼好聽感人，整個曲子旋律進行，給人有一種搖籃動律的感覺，又舒適又溫暖。每當聽到搖籃歌，不由自主會使自己回到尚未過「度晬」的嬰兒，正在母親搖晃的籃裏，忘卻煩惱，進入夢鄉。搖籃歌中透露著母親毫無所求。只

盼著孩子平平安安，順順利利長大成人，也正說明著母親的偉大，就在於能不厭其煩地過著育嬰生活，雖單調，卻無怨言。搖籃歌雖僅由幾個音符組成，卻把慈母深情真意表露無遺，是多純真、美好。媽！我愛您。

度晬歲試抓周

　　古代嬰兒在滿月後，還有做四月與周歲的習俗。

　　台灣習俗少替嬰兒做百日，在嬰兒生產後滿四個月時「做四月日」。此日外家要送「頭尾」，如青衫紅褲、涎垂（即領垂，掛胸前承涎）、虎仔帽、鞋履，及俗稱「四月日圓」的湯圓；一般親友則隨意送些賀禮。生子之家將這些禮物祀神拜祖，禮祭後收存使用，並分贈湯圓、紅桃，回贈親友答禮。

　　祀神後，還要為嬰兒「收涎」，嬰兒在三、四個月大時，最會流口水，要在脖子上掛圍巾，以免口水流濕衣領。收涎時，以十二個或二十四個有孔的（纘）光餅（俗稱收涎餅），用紅線串起掛在嬰兒脖子上，由父母抱著到鄰居親友家，請有福氣的長輩來收涎。這些長輩拿下一個光餅，在嬰兒嘴唇揩抹一下，唸著吉祥話，如：「收涎收離離，後胎招小弟」、「收涎收乾乾，明年生卵脬」、「收涎收離離，給你明年招小弟」等，也有直接祝福嬰兒，僅說「要大漢」，無非祝賀嬰兒解決流口水毛病，早日順利長大成人。

　　嬰兒滿一週歲時，一樣要敬神拜祖，開宴請客。外家一樣要送「頭尾」，如長衫、馬褂、腳鐲、手鍊、銀牌、芎蕉等。此外，最重要的是預卜嬰兒未來一生的事業，要「試兒」、「試周」、「試晬」、「抓周」或「抓福」。所謂「抓周」是以竹篾編的籤盤（俗稱晬盤），置於正廳神桌下，以十二種物品置於竹盤上，然後由嬰兒抱坐其旁，任其自由拿取一、二種物，以預測他未來的前途。十二種物件，台灣各地略有不同，寓意也不同，如：畫冊、筆、墨、硯（主好學，將來是讀書人要中狀元）、算盤、錢幣、戥仔（主從商，成為有錢人）、刀、劍（主為武將）、豬肉、雞腿（主有食祿）、葱仔、紫橔（主聰明）、田土（主從農、大地主）、尺（主事工匠）、印（主出任作官）、芹菜、蒜頭（主勤勉，善算計）、蕉梨（主下一胎母親生小弟）、芋桔（主家庭興旺）……等。

　　抓周之後，還要拿兩個紅龜粿，讓小孩一腳踩一個，希望長壽如龜。另外再拿一個包子揩擦嬰兒嘴唇，再扔給狗吃或作餵豬餿水用，俗信此後小孩不會亂吃東西，不會拉肚子。同時又拿一塊「爆米花」的米香糖擦擦嬰兒小嘴，並唸道：「臭嘴去，香嘴來」，希望去除嬰兒乳臭味，以後能嘴巴甜甜，說話討人喜愛，成為受歡迎很「吃香」的人。

　　度周歲後，第二年滿兩歲才稱「生日」，不過台俗不作生日，不請客，僅由外公家送紅包、素麵、紅燭、活鴨等禮物祝賀。以後一直不過生日，外公家也不送禮，直到滿十六歲成丁時，才開始作生日。因此父母自然對兒女的周歲極為重視，必然盛大宴客招待親戚故舊，此時一面進行著抓周、吻包子、擦米香餅的禮俗，現場圍觀親友，你一句、我一句，笑聲赫赫，吉祥祝福，現場洋

溢著一片熱鬧滾滾，作父母的可樂壞了。可是回想這一年來，辛辛苦苦的照顧這新生兒，其中有多少酸甜苦辣，養兒方知父母恩，上篇我們借著幾首搖籃歌，讓我們了解母親慈愛，不勝其煩的育嬰生活，就是最好的例證。

歡樂童年遊戲多

　　童年是人一生中最無憂無慮的歡樂時光，除了要考試，老是闖禍惹煩，被罵被打外，剩下的就是永遠覺得零用錢不夠，其他真是沒有什麼好抱怨。

　　以前學童假期較少，一般說，年假從臘月十九至二十二日起，開始「放年學」，直到正月十九到二十一日過完元宵節；接著是清明節、端午節、中元節、中秋節、重陽節、冬至，各放兩、三天，因此總共加起來，也不過四十多天而已，不像現在學童，一年放假的日子超過一百五十天。

　　他們假期雖少，但是可沒有什麼惡補、升學、聯考的壓力，活動空間寬闊，可以接近大自然，可以玩得快活，各式各樣的遊戲或玩具，都能帶來無窮的歡樂。一句話，有的是自由的時間、空間，一年四季都有的玩。譬如過新年時不但有新衣服穿，有好吃的東西外，還有壓歲錢買鞭炮放，買各種玩具玩。過年時，街上廟前，還有各式各樣走江湖賣藝表演，能讓我們看得流連忘返，恨不得天天過年。

　　到了元宵也可以提燈籠、放煙火，晚上提燈逛街。入春以後，清明左右，只要天氣晴朗有風時，就可以放風箏，要嘛玩抽陀螺，抖空罐的玩意。在炎熱的夏天，也喜歡用長竹竿去黏樹上的知了，用捕蟲網去捉蜻蜓、螢火蟲，去捉金龜子、天牛、獨角蟲來玩。夏末初秋時，農村孩子尾隨著大人在稻田裏撿遺漏的稻穗，分享收割的喜悅。這時空曠的稻田是最好的遊戲空間，可以烤蕃薯、抓小雞。猶記得幼時在宜蘭釣青蛙，帶著一截竹竿或木棍，綁上尼龍線，挖蚯蚓當餌，再準備一口袋子，就可以出發釣青蛙。釣時，找田邊陰濕水溝，菜圃旁或雜草下方，抖動釣竿，讓蚯蚓挑動，青蛙自然會很笨的上當跳出一口咬住，手到擒來，不費功夫。

　　除此外，還有平日可玩的好多遊戲，有摸痕、掀採茶、捉水鬼、釘稱仔、打鐵哥、包軍、打倉、跳一枝風、跳房子、咬樣仔、破甘蔗、刣李仔、軟芎蕉……等等，其中有不少遊戲附有遊戲歌，即一面玩遊戲，一面伴隨著動作有歌詞，以下我們就介紹一些常見的遊戲歌詞：

（一）一放雞

一放雞、二放鴨、三分開、四相拍、五搭胸、六拍手、七紡紗、八摸鼻、九咬耳、十拾起，十一坐金交椅。

　　這是首玩拋小石的遊戲。兒童二人以上，先猜拳以決定先後。先玩者，手握三小石，依歌詞唱，唱一首放一小石，唱二時又放一小石，唱三時，把手中一石拋上，用手撥開地上二小石，接住所拋小石。唱四時拋石，把地上分開二小石合在一起，再接住所拋小石。唱五時拋石拍胸，再接石。唱六拋石拍手再接。唱

七拋石，兩手作纏繩紡紗狀，再接小石。唱八拋石摸鼻再接。唱九拋石摸耳再接。唱十拋石，拾地上一石再接石。唱十一拋石，續拾地上一石，再接，這其中若有失誤或漏接，就要換人，看誰無誤最快而獲勝。

（二）食桃食李

你欲食桃，抑欲食李？欲吃桃，放你去迌迌。欲吃李。送你去死。

這是捉迷藏時用。先是作「鬼」的人以手帕蒙眼，大家唸此謠，開始躲藏，唸完後，作「鬼」才可以開始捉人。

（三）賣什細

玲瓏，玲瓏，賣什細，賣搖鼓對這過，看你要買什麼貨。

這是小女孩子的羣戲，一人扮成貨郎，問其玩伴想買什麼東西，由對方回答，而後給予某項東西。

（四）閣咯雞

閣咯雞，走白卵，隨汝去，隨汝藏，放咯雞，去尋蛋，尋著蛋，放汝去，尋無蛋，卒竹刺。

此歌可當點人歌，也可作捉迷藏用。先是一羣孩童圍住，且唱且點，當唱完最後一字被點著的人作「鬼」，用手帕蒙住眼睛。羣兒圍住左右，命作鬼者轉三圈，再向他欲清抑欲澇，或是食桃或食李。答：「欲清」，回答「送你去落龍宮」；答「欲澇」，回答：「送你去落拓」，接著將他往前一推，開始四散，由作鬼的憑聲音捉人。

以前的孩童，小時候的我們，實在有說不完，玩不完的各種遊戲，至今猶悠然神往，回味不已。現在的小孩愈來愈可憐，只

能看電視、玩電腦、玩電動玩具，吃速食漢堡，星期假日隨著大人到所謂的名勝風景區去人擠人猴看猴。不過這不怪你們，是我們這些大人把環境都破壞了，不能讓你們儘情在大自然裏玩，這是我們的不對，我們對不起你們。

歡樂童年兒歌多

　　兒歌也有人稱之為童謠，簡單說，就是孩童邊唸邊唱的歌謠，也是孩子們的詩。孩童有他天真活潑、富幻想的生活空間，在他們豐富想像力的發揮下，使兒歌的題材有遊戲時的歡呼，有描述動植物、昆蟲的兒語，有對天象氣候的觀察，……包羅萬象，應有盡有。在形式上，台灣兒歌有下列幾點特質：1.句式自由，系以三、五、七句為基調，也有插入長句，顯得有變化。2.結構變化比較單純。3.隨興多，多情趣深厚。4.聲韻活潑，多有押韻，辭句排比。5.語言平白，順口成章。

　　兒歌大都是朗誦而不唱的，不少兒歌因音律過份簡單，幾乎是有詞而無曲。不過由於謠詞本身已有高低不同的聲調，加上唸時的強弱長短、抑揚頓挫，已是「口語的音樂化」。後來經音樂家依原來哼唸的韻味及地方民謠的風味而填詞譜曲，而流傳民間的。兒歌的歌詞長短不一，大都是孩童在日常生活嬉戲時，口中唸唸有辭，日復一日，朗朗上口而流傳下來。有些日後在成人不失純真清新原則下，加以美化或創作，然後教給兒童們。但不管

怎麼說，兒歌歌詞特色在流露童稚天真無邪的想像力和感受力。
無論這些兒歌是自然生成或是經採譜美化創作而成，它們皆具有
鄉土風味氣習，其飄逸出來的清新風味和泥土芬芳，聽到這些兒
歌，更能勾起我們對童年情景的懷念，以下我們就介紹幾首兒歌：

（一）小學生

一年的空空，二年的孫悟空，三年的吐劍光，四年的凸風，
五年的上帝公，六年的閻羅王。

一年的打鼓，二年的娶某，三年的扛轎，四年的潑尿，五年
的擔糞，六年的直的眠。

以上兩首是光復初期流行於國民小學間的童謠。

（二）愛哭囝仔

愛哭神，愛哭神，吃飽配土豆仁，土豆仁抓歸把，媽祖宮牽
電火。

這是譏諷愛哭的小孩而唸，使他不好意思再哭，破涕為笑。

（三）新娘

新娘新鐺鐺，褲底破一孔，頭前開店窗，後壁賣米香，米香
無人買，跌落屎礐仔底。

這是看到新娘或穿破褲的孩子，而戲謔的童謠。

（四）炒米葱

一的炒米葱，二的炒韭菜，三的沖沖滾，四的炒米粉，五的
五將軍，六的乞食孫，七的分一半，八的爬梁山，九的九嬸
婆，十的撞大鑼，打你千，打你萬，打你一千又一萬，看你
要走也不走，不走攔再打。

這首兒歌是種遊戲歌，兒童二人，一邊唸，一邊猜拳，數到

「十的撞大鑼」，看一人所出的拳定勝負，勝者打負者的手心，再唸後段歌詞，唸完為止。

（五）火金姑

火金姑，來食茶，茶燒燒，來食弓蕉，茶冷冷，配龍眼，龍眼滑滑，來食菝薐，菝薐還未結籽，食了要落牙齒。

台灣兒歌以蟲類興趣的，最多是螢火蟲。螢火蟲，民間多稱「火金姑」或「火金星」。在燠熱的夏夜，星月疏朗，燈火淡滅的庭院或曠野，不時可看見螢火蟲一閃一爍的隨風飄游，飛在黑暗的空中，兒童們看了，感到莫名的神秘和興趣，所以兒歌常以火金姑來起興。

（六）天烏烏要落雨

天烏烏，要落雨，鯽仔魚，要娶某。鮕鮐做媒人，土蚤做查某。龜擔燈，鱉打鼓，水蛙扛轎大腹肚，田嬰（即蜻蜓）夯旗叫艱苦。

「天烏烏，要落雨」，以此起興的兒歌非常多，是兒童最愛唱的兒歌之一。台灣屬亞熱氣候，一年到頭天氣都多晴和，偶爾天陰，下起西北雨，兒童們可能在大雨中嬉戲玩笑，就會幻想出許多情節，此歌是描寫天將下雨，鯽魚要去娶親情形，是我們小時候常唱的兒歌。

此外，台灣光復後，推廣國語教育，許多國語童謠也很普遍流傳幼童，至今不衰，下面我們也介紹幾首：

（一）一二三

一二三，到台灣，台灣有個阿里山，阿里山有神木，我們明年回大陸。

（二）三輪車

三輪車，跑得快，上面坐個老太太，要五毛，給一塊，你說奇怪不奇怪。

（三）小姐

小姐，小姐，別生氣，明天帶你去看戲，我坐椅子你坐地，我吃香蕉，你吃皮。

七歲入學始讀書

　　清代台灣的孩童一到七歲時就進入書房求學，稱為「破筆」。
雖然這其中也有六歲或八歲入學者，但習俗忌偶數年齡入學，故
多七歲。這種書房，又稱私塾、書塾、學堂，是民間私學，以培
養學生讀書識字能力為主，散落在各街庄小巷，或寺廟宗祠，由
一位老師管教幾名或幾十名學生。由於這種書房的招生，沒有任
何考試，教師只要漢文根底好，並無身分資格的限制，加上並無
一定的課程，無確定的學年級，亦無一定的修業年限；就學長短，
悉聽各人之便，所以程度頗為參差不齊。

　　這種書房，多半在每年的正月開學，由學童父母領著孩子到
書房先生那裏報名，去時要帶下列束脩禮物：砂糖豆、雞蛋、芹
菜、大蔥、金帛、線香、蠟燭，及若干學費。私塾在書房正中央，
供有孔子像，開學那天，老師先領入學兒童站在案前，點燃供桌
上香燭，並且拿三炷香交給學童祭拜，拜完再把香交還給老師。
當時地上舖有蓆墊，學童在蓆墊上向孔子神像行三叩禮後，再向
老師行禮。這時舊生站在一旁觀看，先由老師焚燒金帛祝禱，再

以煮熟雞蛋從學生後面往前滾，如果雞蛋正好滾到兩腿中央，就表示將來讀書成績會好。然後由老師將供桌上熟雞蛋分給每一個舊生吃。其次由老師再一一點名介紹，並且當場教新學童《三字經》的頭一句「人之初」，最後把芹菜、大葱、砂糖豆（豆仔糖）分給同學吃。送芹菜是起源「泮水采芹」的典故，兼取「勤」學的寓意。栽「葱」取聰明寓意的吉利話。

私塾的教科書多限定於經學及藝文，課程以讀書為主，習字作文為副。普通是先讀《百家姓》和《三字經》等啟蒙課本，其次讀《大學》、《中庸》、《論語》、《孟子》等四書，此外也有讀《幼學瓊林》、《千字文》、《千家詩》與尺牘等實用讀物的，一直到十五、六歲為止，這其間所讀的書本，茲據片岡巖著的《台灣風俗誌》，列表於後：

書房教學課程進度表	學齡	科目課程	詩文	習字
	七歲	三字經 大學正文 中庸正文 論語正文 （學而） （述而） （先進）	玉堂對類	順字上大人
	八歲	論語正文 （衛靈公） （梁惠王） 孟子正文	玉堂對類 千字詩集	描字

		（天時）（離婁）（告子）		
	九歲	大學集註 中庸集註 論語集註（學而）（述而）（先進）	聲律啟蒙 唐詩合解	練法帖
	十歲	論語集註（衛靈公）孟子集註（梁惠王）（天時）詩經正文 初學羣芳	唐詩合解 起講八法 童子問路	練法帖
	十一歲	孟子集註（離婁）（告子）詩經正文 初學羣芳 書經正文	唐詩合解 童子問路 初學引機 寄獄雲齋	練法帖
	十二歲	書經正文 易經正文 孝經正文	童子問路 初學引機 寄獄雲齋 十歲能文	練法帖
	十三歲	易經正文 春秋左氏傳	初學引機 寄獄雲齋 能與集 小題別體	練法帖

	十四歲	春秋左氏傳 禮記精華	能與集 小題別體 七家詩 訓蒙覺路	
	十五歲	禮記精華	小題別體 七家詩 青雲集 塔題易讀	
	十六歲		青雲集 塔題易讀 幼童舉業悟集 小塔清真	

　　古時的教學法，一般情形是學生一早到塾裏，先練習寫毛筆字，而後上課唸書，老師唸一句，學生跟著唸一句，唸完一段後，學生自己背，直到背熟為止。下午溫習舊書，老師把教過的書任意抽出一句，要學生往下背，背不出要受處罰。對於書本內容老師是不講解的，只要學生死背，其原因是認為小毛頭不懂事，講了也是白講，等到他們年紀漸長，人生際遇歷練多了，自然就會有所體會感受，那時就懂了。

　　除了基本的認字、習字、讀書以外，塾師還會應家長要求，教一些日常實用的東西，如珠算、寫對聯，這些多半是窮人家子弟，絕意仕途，只希望孩子能認識一些字，將來還是要去砍柴、種田、從商而已，因此讀到十四、五歲時就停學。其中只有家境富裕的子弟，有意走仕進的路子，塾師繼續教讀《左傳》、《禮記》、《詩經》、《書經》、《孝經》、《易經》與古文，並且教學生對句、作詩、作文。至於那些極其窮困人家子弟，根本讀

不成書，成為終身文盲。

　　束脩的繳納，通常是以一年為準，也有每月繳納的，另外在三月三日、五月五日、八月十五日、九日九日，與冬至等節慶，家長還要包些紅包致謝道賀。每月初一、十五兩天，學生也要帶些線香、蠟燭、金帛到學堂，送給先生祭拜孔子用。至於假期，雖無明文規定，不過一般都是正月時休假到二十日，此外就是端午節、七夕、中秋節、重陽、十一月初四（孔子祭），以及農曆新年時都有休假，合計起來不過四十多天。不像現在學童，每週有二天休假，加上春假、暑假、國家假日等，一年假期約有一百五十天，現在小孩可幸福多了。

脫絭之後是成丁

　　我國自古的家族倫理思想就是不孝有三，無後為大，所以最重子嗣，而本省人俗信子女是註生娘娘所賜，一直到子女十六歲步入成年階段，這其間成長有賴諸神明的保護，尤其是註生娘、七娘媽、媽祖、觀音等神明的庇佑，才能使子女順利長大成人，因此有「捾絭」的禮俗。

　　所謂「絭」（音 Kn'g）就是某一種符牌，或是銅幣，銀元、銀牌等等；「捾」（音 Koaⁿ）則是掛在脖子上的意思。以前生下子女，恐怕子女生病或夭折，在子女滿周歲以後，帶著孩子到寺廟裡祭拜神佛，祈諸神保佑孩子平安無事，長大成人。接著以一條紅絲線穿上「錢仔」或銀鎖，當著神明面前掛在子女脖子上，表示從此受神的庇護，稱為「捾絭」。以後每年都要在神佛誕生日，帶著小孩及供品前往祭拜，答謝一年來的保佑平安，並以一條新紅繩換下穿了一年的舊繩，稱為「換絭」其實以紅紗線串銅錢，掛在兒童脖子上，乃一種古老的厭勝方法。紅絲線，古人稱為「續命線」；銀錢則依據《錢譜》說：「錢中有厭勝錢」，可

見紅絲線、銅板都有趨吉避凶，解厄消災，長命富貴之意。昔人以紅絲索串銅錢一百二十文（寓壽有一百二十歲之意），於親友間有孩子的互相贈答，掛在兒童項下，叫做「挂領錢」，及台灣的「揎絭」，都是此意。

　　揎絭所用的符牌因祈禱的神明不同，而有不同的稱呼，如有：「註生娘絭」、「七娘媽絭」、「媽祖絭」、「觀音絭」。接受「揎絭」之禮的兒童，長到十六歲時，認為已是成年，要停止揎絭，舉行「脫絭」的成年禮。本省習俗認為：人在十六歲以前是「花園內」的小孩階段，要受註生娘娘或七娘媽的保佑，可是十六歲成年後就靠自己，不再接受保佑了。所以在這一年的庇護神佛的誕辰，由母親帶著供品和年滿十六歲的子女入廟謝神，先燒金紙膜拜，再在神明面前脫下「絭」來，兒童經此儀式，從此算是成人了。

　　脫絭的儀式在台南特別隆重，因此有人說這種儀式是起源於台南市。據說台南市西區的五條港，有蔡、郭、黃、許、盧五大姓的勞動者，為各郊行為搬運貨物，包辦挑挽工作。由於憑勞力賺錢，家境甚窮，於是節衣縮食，撫養孩子到十六歲，表示孩子長大了，就要開始參與勞動，幫父親搬貨，貼補家計。另一方面未滿十六歲，搬運拿的是「童工錢」，滿十六歲，從此拿的是「大人錢」，所以那裏的勞工者一有兒子滿十六歲成年，特別歡喜，為兒子做隆重的成年典禮，後來此俗傳偏全省，成為「做十六歲」的脫絭禮。

　　「做十六歲」拜註生娘娘或七娘媽，俗稱「出婆姐宮」。那天（七月初七）黃昏，除了排設香案，羅列牲醴、清茶、水果、芋仔油飯、軟粿、鮮花、凸粉、胭脂、紅紗線，雞酒等，祈求多

子多孫外，做十六歲者應加備麵線、肉粽，暨「七娘媽亭」，隆重禧祀。祀後，燒金紙、經衣（印有衣狀的黃紙），並焚獻七娘媽亭，解去絭牌。七娘媽亭是以竹篾彩紙紮成的樓台，內貼有花紙神像，有點像廟裡常見的神龕。這種亭的造價很貴，日據時期，小的要兩三百元，普通的要一兩千元，最大的竟要萬元左右，可見台南禮俗之隆重。

拜過七娘媽，還要另備芋油飯一碗、粿類若干，拜謝「床母」。床母是睡覺的「眠床」之神，本省習俗認為從嬰兒誕生起，一直到十五歲，「床母」神會在寢室保護兒童。所以在出生後第三天，就要上供祭拜床母，以後每當孩子生病或其他異狀，都要燒香祭拜床母。此外，每當節慶或二十四節氣，及每月初一、十五晚上，也要祭拜床母，保佑孩子平安長大。拜過床母後，燃燒「床母衣」（以五色紙印成，紙面印著黑色雲狀的條紋，象徵衣料），到此，整個儀式結束，孩子從此成丁。

不論是台灣的「脫絭禮」，或是中國傳統的冠禮、笄禮，流傳後代，儀式重於實質，並沒有對受冠、受笄、或脫絭者施以成年教育訓練，這種形式化的禮俗，愈至近來，愈為人們淡忘。猶記小時，在掛絭後沒幾天，就把絭取下，不願意戴，供在正廳神佛香爐旁邊，偶爾在每年七月七日七娘媽的七夕祭，戴上一下又脫下。現在小孩不但沒聽過什麼是「絭」，更不必提「做十六歲」了。

上頭戴髻行冠禮

　　從少年到成年，在中國有著隆重的典禮，男子稱為「冠禮」，女子稱為「笄禮」，表示當事人由不成熟走向成熟，從此脫離親人的養育、監護，承當起社會和宗族所賦予的權利和義務。

　　男子在加冠禮後，表示他已成人，可以娶妻成家。女子行插笄禮後，表示她已成熟，可以出嫁，所以成年禮儀是人生一連串禮儀中最重要者，古人認為冠禮是「禮之始」，是「嘉事之重者」，因而受到高度重視，並且規定了一整套周全和嚴整的儀式。譬如在周朝時，某家青年快滿二十歲了，便先請巫師用筮占卜一個黃道吉日行冠禮，占卜挑選一位有地位的男子，來為青年加冠。

　　行禮那天，父親大人穿上大禮服，親自迎接行冠禮的嘉賓，再帶著受冠兒子來到家廟中行禮，此時嘉賓進門入廟就位，加冠的青年則出房就位，然後行禮，這時家廟早已齊集觀禮的親友。

　　行冠禮時，要先後在受冠男子頭上依序戴上黑布冠，白鹿皮冠和黑赤色皮冠，稱為始加、再加、三加。每戴一冠，要說上幾句祝賀的吉祥話，如戴黑布冠時，施禮者要說：「今天是黃道吉

日，替你行加冠大典，從今以後，你就和童年告別，要開創一番遠大的前程了，祝你福如東海，壽比南山。」，而後脫下黑布冠，再戴上白鹿皮冠，說：「今天是大吉大利的好日子，替你行冠禮。從今以後，你的言行舉止要有威儀，要像個大人，要合乎禮教，祝你長壽萬年，永享大福。」，最後換戴黑赤色皮冠，並說：「今天是個大好日子，替你行加冠之禮，你們家兄友弟恭，父慈子孝，光耀門楣，祝福你萬壽無疆，永邀天佑。」行禮完後，眾賓客鼓掌致賀，開始吃酒席，並舉杯祝賀受冠男子前程遠大，事事如意。

　　笄禮儀式大同小異，從前無論男女，嬰兒出生三個月後要剪去胎髮，僅在頭頂留下一小撮毛，作成童髻。男孩有左右二髻，稱為「角多」。女孩左右前各一髻，稱為「三髻鬐」，也有將頭髮紮成兩撮垂在胸後或胸前的，叫「總角」，總之幼年孩童都不結髮。等到成年時，就不再梳童髻，把頭髮挽起來，盤在頭頂，梳成漂亮髮髻，用笄把它固定起來，免得鬆散，男子頭上戴一頂帽子，這就叫作加冠，女的則叫「上頭入月」，上頭是笄禮的俗稱，入月則指月經初潮，前者是裝飾的變化，後者是身體的變化，都代表著女子成熟的標識。以上所談冠笄之禮，俗稱「上頭戴髻」。

　　但是古中國的冠笄成年禮，儀式重於實質，不像原始人或現代某些部落民族，施以特殊成年教育或訓練，所以這種虛有其表的成年禮，近代以來，就逐漸被人們忽略淡忘了，而合併在婚禮舉行。因為結婚成家，本身就宣告了當事人的成人了。

　　近代台灣禮俗，父母往往在子女婚嫁前，擇一吉日舉行冠禮笄禮。

　　行禮這天，準新郎坐在自家大廳中央的竹篩「五升桮」，面

向屋內祖先神佛牌位，由「好命人」（即父母兄弟姐妹俱全之人）從身後為他梳三次頭，再穿衣戴帽向天公、三界公、觀音佛祖及祖先行禮，其次再拜父母，父親勸勉告誡一番，冠禮便算完成，隨後設筵慶祝。

　　再說女家，也要在同一時間同樣方式舉行上頭戴髻的筓禮，只不過女方要面向廳外（表示出嫁），坐在正廳中央天公爐下面的「箕壺」（扁平竹簍），由好命人（全福婆）挽面結髮上筓釵（髮簪）。其後禮如前儀，再由母親教以敬奉舅姑尊長之禮，稱為「教茶」，最後設筵餞食。此後男方忙著準備親迎，女方佈置住家，靜候親迎。

　　按照台灣過去的習慣，婦女結婚前才可以挽面。其方法是一位有經驗的好命人，手拿堅韌細線，用兩手抓線呈兩角交叉狀，在女孩臉面一弛一張，拔掉臉上茸毛，使額頭寬廣，才有好運道，也較美麗，接下去再行上頭戴髻的筓禮。由於這是一個女孩一生中的第一次絞臉，所以非常慎重，特稱為「開面」，禮成後還要包個紅包給好命人，謝謝一番。

　　開臉的最初意義是指久蓄未剃的額頭、腮部汗毛修去，後來也包括了理妝、加釵，實質上與上頭加筓相同。這種配合婚禮所舉行的成年禮，是古代成年禮的殘遺，因為缺乏實質意義，現在也早已遺忘不舉行了。只是現代女子，恐怕不知道訂婚或結婚當天一大早前往美容院作臉化粧，是古代成年禮的殘跡之一，宣示著此後長大成人，可以婚嫁，而不僅僅只是美容化粧而已！

唱起山歌表情愛

　　男女長大後，開始對異性有了「異樣」的感覺。

　　生理學告訴我們，無論男女，當他們成熟時，性的特徵就明顯地由身體標示出來，正是那個少男不多情，那個少女不懷春的時候。

　　同時男女也開始注意打扮自己，注意異性，開始傾慕追求自己的意中人，所以中國最古老的文學作品《詩經》開頭第一篇便是：

　　關關雎鳩，在河之洲，窈窕淑女，君子好逑。

　　參差荇菜，左右流之，窈窕淑女，寤寐求之。

　　可是在傳統中國中，受「男女授受不親」的禮教規範下。它首先將少男少女隔絕開來，限制他們的往來接觸，不久在「父母之命，媒妁之言」中拜堂結婚，男女之間的戀愛似乎成了不可能。還好台灣地處邊疆，較少封建教條的束縛，較少封建意識的禁錮，青少男女可以大膽直率的交往，品啜愛情甜蜜的汁液。因而愛情的謳歌常見於篇章，其中尤其是民間情歌，更是民間文學中

最突出的大眾產物。有學者將我國情歌分為：慕情歌、初戀歌、深情歌、離情歌、相思歌、怨情歌、從男女交往中，以山歌對答，更能表現出豐富細膩的情感。

　　山歌是農村中青年男女所唱的一種情歌，辭句淺顯，音韻和諧，充滿濃厚鄉土色彩，是出於天籟的民間樂譜，在台灣尤以客家山歌最具代表性。客家人常在荒山原野，田園茶山，於工作之際，就眼之所見，耳之所聞，心之所感，即興作詞隨口哼唱，起初也許只是一種單調的歡呼或哀嘆，後來為了配合挑擔、砍樹、挖地、撐船、採茶……等等勞動而哼出曲調；更為了呼朋引伴而唱出情歌；或為了與遠山、隔岸的人士高聲談話而演變成了山歌與小調。

　　客家歌謠向有九腔十八調之稱，九腔是指廣東省客家人九種不同口音而導致唱腔的不同，九腔包括了：海陸腔、四縣腔、饒平腔、陸豐腔、梅縣腔、松口腔、廣東腔、廣南腔、廣西腔等。十八調是指歌謠裡有：平板調、山歌仔調，老山歌調、思戀歌調、病子歌調、十八摸歌、剪剪花調（即十二月古人調）、初一朝調、桃花開調、上山採茶調等十八種調子。簡單地分法、僅分成：老山歌、山歌子、平板、小調。以歌詞內容來分，包括了愛情、勞動、消遣、家庭、勸善、故事、相罵、嗟嘆、飲酒、愛國、祭祀、催眠、戲謔、歌頌、生活等十五類，其中又以男女情愛歌辭最多，以下我們就舉幾首為例說明，需要先說明的是，山歌係以口唱為主，會唱的人不一定能詩能文，相反地，許多目不識丁的人唱起山歌反而口若懸河。

（一）

男唱：日頭一出四海開，山高萬丈照樓台，

　　　紅頭拿來做枕睡，思想阿妹托夢來。

女唱：阿哥住在山下莊，唔得兼身來商量，萬丈高樓看唔到，

　　　肚裏磨刀割斷腸。

（二）

女唱：送郎送到五里亭，再送五里難捨情。

　　　再送五里情難捨，十分難捨有情人。

男唱：鏡子照人人照人，千思萬想妹一人。

　　　兩人交情交到老，百年偕老唔斷情。

（三）

女唱：新買扇子七寸長，一心買來送情郎，

　　　囑咐情郎莫去撇，兩人眠眠好撥涼。

男唱：好撥涼來好撥涼，難為阿妹好心腸。

　　　雖然物輕人意重，有點心肝念親郎。

　　以上是客家系的情歌舉例，至於福佬音的有：「六月茉莉」、「桃花過渡」、「挽茶相褒歌」、「愛情哭調仔」等。不過客家人移居到兩廣、閩台之後，長期與閩南人交錯羣居在一起，潛移默化下，難免受福佬語系曲調唱腔之影響，反之，福佬系亦受客家系影響，茲舉一例說明：

　　阿娘生美笑汶汶，十八年紀當青春，

　　害阮想到未食睏，較慘番王想昭君。

　　糯米舂來白米心，舊年想妹到如今，

　　前日與妹來相見，才知小妹情意深。

　　阿娘不通來受氣，相好慢慢也未遲，

　　外面為人做事情，才來耽誤青春時。

　　自古文人對於山歌，總認為是村野俚俗，難登大雅之堂，而唱者又都是農村中的文盲或不懂詩詞者。事實上，民間山歌充分表現了他們的愛情觀、婚姻觀，從唱詞中反映了他們不在乎對方的金錢地位，他們所愛的是對方的勤勞、樸實、好性情，追求真情真愛，這才是最美最真的詩章。

二人三目，日後無長短腳話

　　說起來中國是一個奇怪的民族，奇怪的社會，許多意識、行為顯現兩極性差異，例如一方面是對男歡女愛，夫妻之昵的鄙棄，一方面則是對媵妾、妓女制度的肯定；一方面是對男女正常交往的限制，一方面是畸形性關係的氾濫，一方面是壓抑控制正常的性行為，一方面是耽溺青樓，縱情聲色；一方面是春青期生理心理的無知，一方面又是性技巧的發達；一方面是對純潔愛情的抹殺，一方面則是肉欲的橫流。愛情也是如此，一方面對愛充滿了憧憬與渴盼，一方面患得患失充滿了迷信與禁忌。

　　譬如在台灣，渴盼愛情的少女，在元宵、七夕或中秋節的夜晚，到別人田園中去偷採別人的菓蔬或花枝，這樣不久的將來可遇到如意郎君，所以台諺說：「偷得葱，嫁好尪，偷得菜，嫁好婿。」，討不到老婆的羅漢腳，也在元宵或中秋夜晚，去偷別人家牆頭的硓砧石，認為不久後就會遇到好女孩，所以俗諺說：「偷石砧，娶好某。」

　　遇到了對象，大談戀愛時，迷信和禁忌更多了，如不可送傘、

扇和手帕，不分吃梨，以為傘、扇與「散」諧音，送傘、扇表示兩人會分散；送手帕兩人會吵架哭泣，兩人分吃一個梨，表示會「分離」。在台灣，戀愛中情侶也知道情侶不能同遊木柵指南宮，否則會被呂洞賓拆散有情人。此外，像「耳朵癢，有人想；打噴涕，情人念。」，「男怕癢是怕老婆」等等皆是。

　　不過，男女雙方能往來戀愛，雖然其間有辛酸苦辣的感受，算是頂不錯了，最可憐的是獨守空閨，任憑媒妁之言說合的青年男女，屆時憑著媒婆那張嘴，胡天胡地吹噓男方多麼多麼的好，女方多麼多麼的美，洞房花燭夜一瞧，我的媽呀！那時可是生米煮成熟飯，賴不得，推不掉，也只有認命了。所以自古以來，大家對媒婆就沒什麼好印象，說她「三寸舌頭一嘴油，男婚女嫁把我求，哄得狐狸團團轉，哄得孔雀配班鳩」，甚至把她列入三姑六婆之流（按即指尼姑、道姑、卦姑等三姑，牙婆、媒婆、師婆、虔婆、藥婆、穩婆等六婆），都說明了媒婆之惹人厭，在本省中南部即有一句很出名的俗諺：「二人三目，日後無長短腳說」，是最好的例證。

　　話說從前有一個能言善道的媒婆，有次為撮合一位獨眼的小姐，和一位長短腳（即跛子）的青年的婚姻，便把雙方的缺點隱瞞，反而說得天花亂墜，說成雙方都很完美，優點多多。可是當事人不信，提出要求，非親自看看對方而不放心。

　　這可難不倒媒婆，相親那天，媒婆告訴跛腳青年要他把短的一腳擱在門檻上，裝成自然正常的樣子；另一方面又叮囑獨眼小姐要含羞帶怯地故意躲在門房邊，只露出半邊臉，扭扭捏捏的以正常一隻眼來看對方。這樣一來，不但掩蓋住雙方的缺點，而且男的更顯得灑脫大方，女的更是嬌媚動人。

　　當然，相親結果，雙方都很滿意，也就答應了婚事。那時媒婆為防止日後露出馬腳，發生糾葛，慎重地，刻意地強調：「你我二人三目，日後無長短腳話說」，可嘆當事人彼此正迷惑對方，沒有察覺這句話的語病及深深含意。

　　果不其然，婚後雙方都有怨言，去找媒婆理論。媒婆卻理直氣壯的說：「我不是說過『二人三目』，當然其中有一位是獨眼的，又說過『日後無長短腳話說』，也是明明明告訴你們有一位是跛腳。當時你們都同意了，那能怨得了誰呢？」

　　這一對怨偶，也只好認命了。這個故事也說明了媒妁之言的可怕與可悲，所以男女能自由的交往戀愛，雖有種種的酸甜苦辣，也算是幸福了。當然，後來這句話廣被應用，提醒大家凡是要當場看清楚說明白，決定的事，事後不可反悔有異議。

同姓不婚

　　結婚是人生必經之大事，婚禮在幾千年的經驗累積下，形成了一套完備的儀式。無論是人類學家，社會學家，都不否認婚姻是人得到配偶，獲得一種新的社會身份的宣言。只有直到成家立業時，個人才成為社會的成員。在古代中國曾有過甚為繁冗的成人禮儀——冠禮，但後來久已廢弛，婚禮實際上承擔起了成年禮儀的職分。因此，婚禮演變至今日，可以說是實際上的成年禮儀，是個人完成社會人角色的必要條件，它標誌著人的成熟，標誌著完全的社會成員身分的獲得。所以婚姻具有巨大的社會意義，在中國被稱為「終身大事」，一個人終身不婚被視作異常，婚姻不只是個人的事情，也是家庭、家族的大事，《禮記》所謂「將合二姓之好，上以事宗廟，下以繼后世」就是這個意思。而且由婚姻締結組成的家庭，具有傳宗接代的任務，一個安定的家庭則為社會培養了健全的人格，推動了人類文明的進程，就如《易經》所說的：「有天地，然後有萬物。有萬物，然後有男女，有男女，然後有夫婦。有夫婦，然後有父子，有父子，然後有君臣。」中

國古代先聖前賢體認到這一點，他們把人類誕生以後的萬般事物都歸于男女的婚媾，婚姻是何等的神聖！

　　不過人類並不是一開始就實行現代社會的一夫一妻婚姻制度的。大略地說，我們可以將人類的婚姻制度分為雜婚、選擇婚、對偶婚、專偶婚四個層次。雜婚也稱「亂婚」，是人類社會最早存在的一種婚姻關係。在遠古社會，古人過著雜亂的兩性自由野合生活，性交伴侶不經選擇，也沒有固定的配偶形式，孩子只知其母，不知其父。這種「婚姻」關係在各民族神話傳說中多有反映，不過，這種雜亂交合關係實在談不上「婚姻」。

　　在雜婚之後出現的便是有選擇的兩性關係。最初的選擇是排除父母、母子間的性交、通婚。把婚姻關係保留在直系和旁系的兄弟姐妹之間。其後的進步，是進一步去除了同胞兄弟姐妹通婚，保留旁系兄弟姐妹的通婚關係，並擴及其他平輩親屬的婚姻關係。但是與雜婚一樣，這時的婚姻還未確立一對多，或一對一的關係，仍然是羣對羣的，我們不妨稱之為「羣婚」。

　　再進一步的演進，就是摒除共夫或共妻的羣婚，也排除了任何血緣婚姻關係，使男女有明確的婚姻對象，締結明確的婚姻關係，這就是對偶婚制。這種婚姻制度把血緣與姻緣糾纏不清的婚姻關係調理清楚，也為父權制立下了基礎。不過，這還不是一對一的關係。對偶婚之後通行的是專偶婚。專偶婚與私有制和父權制的確立有著互相促進的作用，由於這種婚姻制度的確立，開始產生向自己子孫傳遞財產的私有繼承觀念，也開始了男權世系的發達。

　　明白了這道理，也明白了中國的婚姻乃是以「二姓好合」為基礎，上承宗祀，下啟後世，所以自周秦以來，絕對不娶同姓，

因為「男女同姓，其生不繁」（見《左傳》）以及「同姓不婚，懼不殖也」（見《國語》），如果「兩姓娶時，一國血脈同，遂至無子孫」（見《白虎通》）。本省人既然都是華人後裔，當然也嚴守這人倫之本。

在台灣，除了嚴格實行同姓不婚的倫理綱常外，又有「周、蘇、連」、「陳、胡、姚」、「徐、余、涂」，以及「蕭、葉」、「許、柯」等姓互不通婚的習俗，主要原因是淵源於同一祖先的關係，另外也跟台灣自昔以來喜歡收養異姓兒為養子以繼承宗嗣，造成血緣的混亂，以上諸姓避免結婚，也是為了防患亂倫的關係。

台灣婚嫁忌諱，除了同姓不婚外，還有許多忌諱，我們留待下篇再介紹吧！

問名—選媳婦的條件

　　我國婚禮，自議婚、訂婚、成婚，有所謂「六禮」的程序，即：問名、訂盟、納采（或稱納吉）、納幣（或稱納徵）、請期、親迎（或稱迎娶）等六道禮數，每一道都有其特定儀節。惟本省自昔多半簡略併為四禮，即：問名、訂盟（俗稱送定）、完聘（併納采、納幣二禮），親迎（合併請期、俗稱送日頭之禮）。

　　問名即是議婚，選女婿選媳婦，自古以來就是遵循父母之命，媒妁之言，是由不得子女意見的。議婚選對象的條件，往時是「第一門風，第二財富，第三才幹，第四美醜，第五健康」。這些條件，多半是委託媒人代為調查；不過也有很多人事先委託媒人，把心目中理想條件或人選，告訴媒人，由媒人再物色一位大體合乎標準的對象。當媒婆撮合婚姻時，首重雙方家世，即門當戶當，至於男女當事人的相貌、品性反而其次，因此一椿婚姻的成敗，幾乎完全操縱在媒婆手裏，俗云：「買賣憑仲人，嫁娶憑媒人」，所以男女雙方為求美滿婚姻，對媒人婆的招待與媒人禮，都是週到豐厚，以免「媒人嘴糊累累」、「包入房，不包一

世人」、「三人五目，日後無長短腳話」的憾事發生。

　　當媒婆經過一番汰選考慮後，認為雙方十分合適，於徵得男女家長同意後，便問始問名——即由媒婆交換男女當事人的生辰八字。議婚之初，或由女家經媒婆請男家提出「字仔」（庚帖）作為探聽男方之依據。女方如認為合適，即將男女生合寫一譜，送與男家，否則僅把原件退回作罷。當然，較多的是先由媒婆送女方八字於男家，男家即放置在神前祖先案上，對神明祖靈焚香卜吉，倘若三支香柱燒得參差過於不齊，便認為「有長短」，不敢進行婚事。三天內，家裏若有碗盤打破、人畜染疾、爭吵鬥毆、遭遇竊盜、水火之災、狗唉鬼哭等等意外事故，便認為是祖先神明示警不同意，則退還八字，此門婚事自然告吹。反之，若三日內一切平安無事，即認為吉兆，則將男方庚帖送到女家。接著男方將雙方的八字送請算命師「合八字」，是「八字有合會作堆」，還是有相剋之虞？如是良緣，媒人則拿判斷書到女家，徵求女家同意這婚事。然後男女寫八字合譜送女家，女家同樣以雙方八字請算命師判斷，此時只是形式而已，因為算命師一定會判為八字相合，大吉大利，然後再由女家將這張判斷書送達男家，至此問名的禮節總算完畢。假如一切都很順利，這門婚事才能進入正題，開始談論聘金、嫁妝等等種種問題。

　　不過這裏需要說明一下的是：「字仔」與「八字」雖泛稱年庚或生庚，但略有不同。「八字」之生辰必須用干支寫，以便作占卜之用；「字仔」則寫在紅色長方婚上，僅書寫籍貫、排行等，作為查探之用。俗謂字仔為小年庚，八字為大年庚。八字是寫在一張紅紙條上，上書男女雙方出生的年月日時干支，如：

男xxx乾造○○年○○月○○日○○時（建）生

女xxx坤造○○年○○月○○日○○時（瑞）生

上面所寫的八字字數，必須是偶數，如因男女雙方姓名是三字或兩字造成奇數的話，則在男女雙方底下或添刪「建」、「瑞」字，湊成偶數，取吉祥對偶之意。

由此可見生辰八字的重要。所以很多作父母的在女兒出生後，如是「歹八字」，趕緊請算命仙偽造一個好的生辰八字，以免將來嫁不出去。如此一來，台灣很多婦女的生年月日，幾乎都是假的，台灣俗諺「女命無真，男命無假」，即是指此。

除了合八字外，男方亦忌諱「斷掌」、「肖虎」的女子，俗云「斷掌查甫做相公，斷掌查某守空房」，意思是說：斷掌的男人會作大官，斷掌的女人會尅夫。肖虎女子尤忌諱生於夜間，俗信老虎於夜間始外出掠食，肖虎女子、斷掌女子最是尅夫命，那個男子不怕被尅死？妙的是，台灣南部嘉義地區又忌諱女子額頭是「額頭叉」，因為俗信「額頭叉，尅大家」，會尅死公婆，男家公婆怎能不耿耿於懷呢？除此外，民間的曆書上都印有一張「男女配婚吉凶表」，以男女生肖決定婚配的宜忌凶吉。

說穿了，這些都是無稽、無知的迷信，想想，若身處在母系社會，咱們男子若是歹八字、斷掌、肖虎、額頭叉、破骨命的話，豈不是娶不到老婆呢（更正確說法是男人「嫁」不出去，嫁不到老婆）？俗隨境遷，當社會結構轉變，教育程度提昇，若仍執迷八字或生肖之說，則不僅是不智之舉，恐怕會錯失了一樁好姻緣吧！

送定準備掛手指

　　當頭一關「問名」順利通過，議婚成功，下一步就要「送定」、「完聘」。送定即訂盟合婚，故又稱「過定」、「定聘」、「攜定」、「小聘」、「文定」等，係訂婚禮俗。送定後，再經完聘（或稱大聘），於是聘禮始告完成。目前普遍將小聘、大聘合併而行，以省耗費。

　　送定之前，早由媒人分別向男女雙方接洽談妥聘金、金飾禮餅需若干，並且「比手指辦」——即由媒人通知女方，將其戒指寸尺量定，以供男方定做訂婚戒指，以備送定時「掛手指」時用。

　　送定那天必定選擇偶數的吉日，由男家備送聘禮到女家。聘禮大約為：(1)小紅綢（上繡生庚兩字，代表庚帖）(2)金花（或金簪）(3)金手環（即金鐲）(4)金耳環(5)金手錶(6)金戒指（一只金的，一只銅的，取意夫妻真心真意同心同體）(7)豬肉、羊肉(8)禮燭四對、禮香二把、禮炮，禮餅（俗稱大餅莟花）、喜酒、糕仔(9)綢緞盒，內裝紅綢、烏紗綢、蓮招花盆、石榴花（表示連招好運、連生貴子）等。

　　訂婚當天，男方由媒人陪同送到女家，男家的父母與親友（主要有男方的姑母）必需偶數，一般都為六人或十二人。送定時，男家親送聘禮到女家。然後再由將嫁之女兒出面捧甜茶敬茶，一一介紹予男方親友，讓男方親友看看小姐的身材、容貌、體態、舉止、動作，看完喝口茶後，男方親友則包送「壓茶甌」的紅包在茶碗裏。緊接著進行「掛手指」之禮。此時在正廳中央擺好椅子，將女兒請出，面向外坐正（若是招贅，面向屋內），由男方尊長掛帶戒指。戒指有金銅二枚，以紅線繫結，表示夫婦同心同體的姻緣。戴完戒指，也有又贈一對簪給子女，稱「稱簪仔」，則訂婚禮成，乾坤定矣！

　　接著女方將男方送來的聘禮，供奉在神明案前，燒金向祖先祭告女兒已完成文定之禮，默禱此後女兒幸福。聘禮由女方留下的部份，另外添上十二件物品作為答禮，回贈男方。男女兩家訂盟儀式過後，女方將禮餅分贈親友，表示女兒已經跟人家訂婚了，很快就要出閣了，稱之「分餅」。凡是接到喜餅的親友，日後一定要贈賀結婚禮物，以為粧奩之敬，俗稱「添粧」。男家也可分餅，但僅分給至親好友。

　　訂婚期間，男方帶來的人、聘、禮餅、禮物皆需偶數，外包紅紙，取意：雙雙對對，萬年富貴。女方則有四項禁忌必須注意：

　　一、由男方送來當作聘禮之一的豬肉，女方雖可全部收入，但帶骨部分一定要退回男方，以免犯了民間禁忌：「吃你的肉，無嚙你的骨。」

　　二、男方送來的禮餅，禁止準新娘吃，以免吃去自身的喜餅，女家往往如果貪吃的話，結婚當天會有月信來示警。

　　三、當女家將聘禮供在神龕上祭告神明祖先，所燒的香灶，

一旦插入香爐，不管插得正不正，或歪或斜，絕對不能重插一次，以免重婚再嫁。

　　四、當男方前來訂婚，禮畢回去時，送出門口，忌諱說「再見」、「再來坐」，以免表示又要再次訂婚，豈不婚事不遂。故女方慣例，只能點頭示意，不說一句。

完聘扛檻結秦晉

通常小定禮舉行過後，緊跟著就是「看日子」。把男女雙方的生辰八字寫在紅紙上，由男方家長請擇日師選擇兩個好日子，一是大聘，一是迎娶。為慎重起見，避免沖尅，還要請媒人將女方父母八字要來作參考。吉日良辰選好後，再請媒人把「日課」送到女方家，由女方家另請一位擇日師審閱是否妥當，俗稱「覆課」，若女家滿意，吉日良辰就此決定。

在整個婚禮過程中，大聘禮（或稱完聘，意思是把聘金全部送完）非常重要，它是古禮的「納采」。男方要準備婚書、禮帖及聘金等物，放在兩人扛昇的檻上（俗稱辦盤又稱吊檯，送檻稱扛檻），四周蓋著紅布，由媒人，男方家人，押檻人作陪，在「吹班」（鼓樂隊）伴奏吹打的喜氣熱鬧聲中，浩浩蕩蕩的走向女家，整個過程稱「完聘扛檻」。扛檻的行列，由前至後的次序如下：(1)吹班(2)禮帖（即記載聘禮的目錄，及儀式程序。禮帖是用紅紙摺成十二折，俗稱十二板帖，如果是男方送給女方的，上面寫「端肅」，反之是女方送給男方的，就寫「肅復」，內容多是摘錄《禮

記》中的吉祥話）、婚書（等於今天的結婚證書，是男方送女家的叫乾書，女方送男家的稱坤書）(3)聘金(4)大餅、荖花（把中空的燒餅沾上糖漿，在炒米花上滾過，沾滿米花的一種糕餅，代表祝福圓滿）、冰糖、冬瓜糖、柿粿（即柿子乾）、桔餅（取意吉利）、麵線（象徵男女雙方長壽，白頭偕老）、豬羊（講究的用全豬全羊）、福員（乾龍眼）、糖仔路（用砂糖作成塔形、八角形、凸形、鴛鴦形）(5)閹雞二隻、鴨母二隻、縺魚二尾(6)喜燭一對以上、禮香數束（皆須雙數）(7)盤頭裘裙（如新婦上轎穿用的禮服、手鐲、戒指等）(8)最後是媒人。

　　以上禮物均裝在櫃內，聘禮物品則均記於紅紙禮帖，其稱呼忌單重雙，禮品名稱多用：喜、全、老、雙、滿等吉祥文字，如：鳳梨稱「鳳凰來儀」，五穀稱「嘉種降臨」、檳榔稱「檳榔偕老」等，禮物也取吉祥諧言，如香蕉稱「連招貴子」，狗蹄芋指「九代富」，鳳梨取「旺來」、柑桔取「甘吉」等皆是。不過有的怕麻煩瑣細，為節省「辦盤」的繁雜及其費用，有將禮物一概折成現金，此稱「打盤」，對於交通遠隔之雙方，或經濟狀況較差者，多採打盤。

　　女家收下這些聘禮後，隨即燒香鳴炮，向神明祖先奉告，次由女兒燒香跪拜。緊接著以豐盛酒席，招待媒人、吹班、櫃夫。午宴後，女方將坤書（女方婚書）交付媒人帶回。聘禮則按照習俗，或領受一部分，或原璧送回。例如福圓、閹雞、鴨母等均屬於男家部份，應全部退回。其中福圓代表新郎的眼睛，女方不能收，只能偷兩顆給新娘吃，表示婚後可看住新郎的眼睛，使他不再亂瞄其他女子。豬羊僅取其肉，豬腳臂退還。此外，女家也以禮餅、新郎禮服，衣帽鞋襪、文具錶鍊等等作為回禮，答禮的禮

品稱「磧盤」。講究的人家，還以繡鞋、草花、鮮花一盒、石榴一盒、連招花、木炭、烏糖、香蕉、麻豆、粟芋、橘餅、竹心等等贈予親家公婆。

按一般習俗，女家富裕，日後完婚將陪送一份可觀的嫁粧，那女家可以不客氣的收下男方全部聘禮，只退回一部份，反之，預計不能陪嫁豐盛粧奩，則客氣地收下一小部分，絕大部分以謝禮名義退還。所以有經驗的人，從女方收受的聘禮多少，就可推知將來嫁粧的豐寡。

謝禮、坤書帶回男家後，大定之禮即算告成。男方也將婚書供在神案，祭告祖先已和某家結成姻親。至於男方所送的大餅，則由女方分贈親朋鄰居。

另外還有一古老習俗，於完聘前日，男家張燈結綵，拜謝天公、三界公及眾神明，奉告兒子長大結婚，並演傀儡戲祝賀。是日，女家要送十二色禮品，如：喜幛、喜燈、禮香、禮燭、禮炮、戲綵、發盒、禮酒、桃盞、燻腿、鹿角、燕窩等致賀，稱「賀謝神」，男家僅收前六色禮品，若收戲綵，須加演大戲以為答謝，此即俗稱「前棚加禮（傀儡），後棚大戲」，這些今天都很少見了。

迎娶之前名堂多

　　完聘之後，不久便是「親迎」，親迎之前還有許多禮俗，說起來，結個婚還真是麻煩，真慎重其事。

　　親迎之前，以「請期」最重要，請期為婚姻六禮之一，俗稱送日或提日。請期先由媒人徵詢女家意見，大致雙方同意那個月份後，再由擇日師決定那一天是黃道吉日，日期定了，即由男家用紅箋書寫男女生庚、決娶時日的「請期迎親書」及「請期禮書」，附上禮燭、禮炮等禮物，由媒人攜住女家。經女方復書同意，加上朱履、錦襖等作為答禮。此後在迎娶前另有「轎前盤」及「勁轎腳」的習俗。

　　轎前盤或稱屎尿盤，乃是婚前一項習俗，故稱轎前盤，意思就是上花轎之前特別送女方母親的禮物，感謝丈母娘從小洗屎洗尿。含辛茹苦的帶大新娘，普通都是豬腳、麵線、水果、餅食等禮物，可惜這個有特別意義的古禮，現在幾乎都是被省略，要嘛折成現金，和完聘合併舉行。

　　所謂勁轎腳，指在女兒出嫁前，招待親友舉行酒席，意在「加

強轎腳使之不倒」。由四方來的親友一齊來為新娘加把勁，祝福她上花轎後，平平安安，討個吉利。此外，男女雙方親友也須在婚前送賀禮，送女方的帖單書寫「燦妝之敬」、「妝奩」，俗謂添粧；送男方賀則寫著「燕爾之敬」、「花灼之敬」。

日期定了之後，女方忙著準備嫁妝，男方則有安床之舉。婚前男方傢俱各用新品，其中「八腳眠床」的新床安置最重要，人的一生有三分之一在床上，床又為傳宗接代的重要場所，焉能不慎重又慎重，因此須擇吉日安床，床的位置要配合男女雙方生辰八字，還要視門窗、神位而定，也忌諱與房間內的桌椅櫃櫥的尖角相對，以前還要在床腳下放八文銅錢，床頭床尾壓銅錢若干枚，取同心同體之意。到了晚上，還得祭拜床母，並請父母兄弟姐妹俱全的小男孩在床上翻滾，俗稱「翻舖」，旁有兒女成羣的女眷唸著「翻過來，生秀才，翻過去，生進士」等吉利語預祝弄璋。安床之後，新房不准閒雜人進出，晚上睡覺時忌空房或單人睡，即使婚後一個月內，新床也不能空房，俗云：「睏空舖，不死尪也死某。」

接著行裁衣之禮及教茶禮。所謂裁衣之禮，即於婚前，由福壽雙全的婦女裁剪三尺二寸的白布料，縫製白衫白褲一襲，作為男女雙方「上頭戴髻」時穿用，俗稱「上頭衫仔褲」，女方另裁製結婚當日穿帶的肚裙。上頭衫仔褲之所以用白色，取忠貞潔白的意思，女方自上頭戴髻穿過一次後，這套白布短衫白布裙要保存一生，至亡故大斂時再度穿用，否則據說死後若沒穿戴，不得會見男方祖先。此外，女方在上頭戴髻之前，才能開始人生第一次的挽面絞臉，台灣習俗，婦女結婚前，絕對不可以剃掉臉上汗毛。絞臉之後，接下去就是上頭戴髻，有關上頭髻之禮，已於前

面介紹過，茲不再重複贅述。

　　女方行完梳頭插簪的儀式，就穿上結婚禮服禮帽，向諸神明祖先祭拜，然後向父母敬茶，雙親飲畢後，也要祭拜一番，再由母親教導敬奉舅姑尊長之禮，稱為教茶禮，最後再拜神明，準新娘即入房內不見人，等待親迎的日子，男方則忙著迎娶的行列──婚禮的最後一道程序。

請期與教茶禮

　　男女在訂婚前的日子是自由而浪漫的，但一旦訂了親，就不能再與異性談情說愛，不管那個時代，那個民族，絕對禁止勾引挑逗已經訂婚或已嫁的女子，所以「分餅」、「挽面」、或將髮辮改為盤髻，均是向親友、大眾告知本姑娘已經配定給人，不能再向她們求婚示愛。完聘後男女雙方均等待迎娶日子的來臨。

　　親迎之前，還有囉嗦的一些禮俗，茲再合併分述於下：

　　一、請期：俗謂提日或送日頭，即由男方擇定結婚佳期，用紅箋寫好男女生庚、迎聚時日的「請期親迎書」、「請期禮書」，再附一些禮餅、禮香、禮燭、禮炮等禮品，由媒婆攜住女家，請求同意。經女方同意，以復書及朱履、棉襪等作為答禮，並隨即再將禮餅分送親友，表示日期已定。此時雙方親友必須在迎娶、出轎前致贈禮物慶賀。一般言，贈送男家的多半是禮金，用紅紙包好，上面寫「結婚之慶」、「燕爾之敬」、「花灼之敬」，送女家的多半是衣物、傢俱，用紅紙包好或貼好，上寫「妝奩」、「燦妝之敬」。

　　二、轎前盤：或稱屎尿盤，乃是結婚典禮前的一道禮儀，故稱轎前盤，意思是上花轎之前贈送女方的禮物，表達了女婿為感謝丈母娘從小含辛茹苦，洗屎洗尿的養育妻子之恩情，所以在準妻子上花轎之前，再度特別贈送禮物謝恩，普通都是豬腳、麵線、菓子等，現在多與完聘合在一起舉行。

　　三、勁轎腳：女子出嫁是人生一大事，因此女方親友特別祝福她，大家特意作為轎子的四腳柱子使其出嫁後穩穩當當，平平安安，因此特別舉行勁轎腳的祝福禮，從「四方」邀集親友，舉行酒宴招待，討個吉利。

　　四、裁衣：婚前數日，男女雙方各選一吉時，行裁衣之禮，由福壽雙全婦女裁剪白布，縫製成白衫白褲一襲，俗稱「上頭衫仔褲」，以備舉行上頭戴髻時穿用，女子則另裁製結婚當日穿繫的肚裙。關於新娘身上所穿的禮服亦大有講究，一忌有口袋，以免將娘家的財產及福氣帶走，因為民間自古視生女兒、嫁女兒均是一件賠錢之事，故台諺俗語：「飼查某囝，食了半」，「飼後生養老衰，飼查某囝別人的」、「嫁查某囝、加慘著賊偷」，因此視女兒為一賠錢貨的「查某囝賊」。二忌用兩塊布縫接，以免再嫁。上頭衫仔褲，自上頭戴髻穿一次至嫁婚嫁當天卸下，直到自己亡故大斂時再度穿用，期間嚴禁穿著，需妥為保存，以示有始有終。據說死後沒穿此套白衫白裙，表示生前「沒有忠貞潔白」，不得於陰間會見男家祖宗，成為孤魂野鬼。

　　五、安床：婚前男女雙方皆要打掃屋裡屋外，佈置得煥然一新，大門、房門貼上新對聯，門楣上掛上一條長紅布，上面繡有吉祥詞句或八仙神像，其他一切用品也要新買，要之，日期定了之後，女方忙著準備嫁妝，男方則要「安床」佈置新房。

　　人生有 1/3 時間睡在床上，床又為男女敦倫傳宗接代的場所，其重要性可知，因此婚前準備新床舉行安床儀式。安床要選擇吉日良辰，床的安放位置要配合男女雙方生辰干支，視門窗與神位方向而定，並忌諱與桌椅櫃櫥尖角相對。床腳又需安置銅錢八文，另於床頭床尾壓置銅錢若干枚，取「同心同體」之意。安床儀式完畢，到了晚上還得祭拜床母一番。從此新房不准閒雜人進出，晚上新郎睡覺時要有少男陪伴，因為「睏空舖，不死尪也死某」，所以不能空房，也不能單人獨睡，即便婚後一個月內，新床也不能空著。

　　此外，新床在婚前或結婚當天，要找父母兄弟俱全的男童（肖龍尤佳），在新眠床上打滾「翻舖」，媒婆隨即口誦「翻落舖，生查埔，翻過來，生秀才，翻過去，生進士」等吉祥話，祝福早生麟兒之徵。

現代人的訂婚禮

　　上述的訂婚三步曲：提親、相親、送定，在六十多年前的台灣社會，確實廣泛地流行，但時至今日，男女多是自由戀愛而結合，往往公開交往一段時間後，決定互託終生，於是就直接訂婚禮。

　　擁有一場精緻熱鬧又不失莊重的婚禮，是兩個人決定終身廝守之後，首先面臨的問題，如何計畫一場訂婚、結婚禮，完全視當事者的意願、經濟能力，及親友們所提供的經驗，再加上傳統習俗中所不可避免的禮數。換句話，台灣現時最流行的訂婚禮儀，為民間一般家庭所採行者，仍保留部分傳統習俗，本質上仍不脫古禮。

　　在訂婚儀式中，聘禮是個重頭戲，當男方到女方家裏，舉行訂婚禮時，女方親友無不爭相觀看，看看這位準新郎倌有多少誠意，是不是懂得禮數。因為依照傳統的禮俗，聘禮不僅代表男方報答女方家長的心意，感謝女方家長含辛茹苦地撫養即將過門的新娘，同時聘禮也代表男方的面子，所以大多數人都願意添置得

風風光光，每件聘禮更包含了討吉利、添圓滿的象徵意義。目前在本省流行的訂婚儀式，通常聘禮為「六件禮」，講究的為「十二件禮」，皆置於檻上（俗稱辦盤，可向喜餅店租借），以檻為單位送到女方家。

所謂「六件禮」如下：（一）喜餅，又分中式的大餅與西式禮餅。大餅──即是通稱的中式餅，有芝麻餅、豆沙餅、棗泥餅、蓮蓉餅等，在訂婚之前或當天，由男方或餅店送到女家，餅以斤計算，餅數愈多，愈有體面。禮餅──一般俗稱盒仔餅，以西餅為主，花樣豐富，口味繁多，頗受人喜愛，尤其近年來，隨著生活水準提昇，禮餅的包裝及內容、品質、口味也不斷翻新。（二）米香餅──俗云吃米香嫁好尪，這種米香餅在台灣鄉間還常見到，通常以米爆成，狀呈圓形。（三）四色糖──如冬瓜糖、巧克力糖、冰糖、桔餅等，象徵新人甜甜蜜蜜，白頭偕老。（四）禮香、禮炮、禮燭──香用無骨透腳青，炮用大鞭炮或大火炮，禮燭用成對的龍鳳喜燭。（五）新娘衣料首飾──新娘衣裙由男方備妥，顏色自然以紅色討喜，也可以衣料代替，其他有皮鞋、皮包、金飾（如項鍊、手鐲、耳環、結婚當天，新娘必須將這些手飾全戴上，以示尊重），簡單地說，從頭到腳替新娘打理一番。（六）聘金──通常分為大聘、小聘。大聘用以顯示男方面子，女方很少收，僅收小聘，退還大聘。所謂十二件禮，則另加豬半隻或豬腿一隻、喜花（蓮招花、石榴花）、桂圓、醃雞或用鴨、麵線、酒等。

準備好聘禮，訂婚當天，出發前，男方先在家行祭祖儀式，這時將納聘所用的喜餅取一對成雙，放在神桌上，上香祭告列祖列宗，將前往某地女家下聘，請列祖列宗保佑順遂，姻緣美滿。

此時前往女家下聘的男家人數要湊成雙，車輛也要成雙。新郎與媒人同乘一車前往女家。男方到達時，應先放鞭炮通知，而女方也回應一串鞭炮迎接，並由新娘的兄弟之一，替新郎開車門，新郎則給舅爺一個紅包答謝。男方一夥進入女家大廳後，由媒人介紹雙方家長及親友認識，並隨機講些吉祥話，增添喜氣。之後由男方隨行人員將聘禮搬下，同時將所有聘禮列一清單，交給新娘的父兄。

　　女方接受聘禮後，由女方長輩在列祖列宗神位前祭告，燭、香、餅、禮皆是男方帶來聘禮之部分，祝禱男方賢能，女兒幸福。女方祭祖後，就可開始正式訂婚儀式：首先準新娘在媒人或女方女性長輩陪同下，捧甜茶獻請前來的男方親友，並由媒人一一介紹男方親友。甜茶飲畢，新娘出來捧茶盤收杯子，此時男方來賓，須一一回贈紅包，連同茶杯一起置於茶盤，俗稱「壓茶甌」。壓茶甌之後，準新娘由媒人牽出，坐在大廳的椅子上，腳踏在小櫈上，面向外；若是招贅，面向內。接著由新郎取出繫有紅線的金銅戒指，套在紅娘的左手中指上，寓意「永結同心」。接著再由新娘替新郎套上一枚金戒指。不過，當雙方交換婚戒時，不可輕易給對方「套牢」，必須故意將無名指一屈，以免婚後被對方容易「吃定」。訂婚禮進行到此，可謂大功告成，這時燃放鞭炮，男女雙方互相道賀恭禮，從此結成親家。

　　當男方行過大禮之後，女方也必須回贈幾樣禮品，裝在男方盛聘禮的檻內帶回；如新郎的衣料、領帶、皮鞋、皮帶、領夾等。至於男方送來的聘禮，那些應全收，那些應退回，都有慣例，如福圓、醃雞屬於男方福分要全退，豬羊肉收一半，男方的禮餅也應回贈幾盒及香燭炮乙份。講究禮俗的女家，除了準備上述回禮

外，也另備了幾項傳統禮物，如：（一）煤炭──象徵新人愛情如火般熾熱，越燒越熱。（二）五穀──希望女兒出嫁後，能過得五穀滿倉，衣食無虞。（三）黑砂糖──意謂泡甜茶，討好男方家人喜愛。（四）緣錢或鉛線──緣錢是以鉛作成的圓形薄片，相傳將此放入糖水中煮過，由男方家人嚐過，表示新娘將與未來婆家「結緣」，相處愉快。（五）肚圍──用圍巾疊成肚兜，兜中置手帕與紅布，希望將來新郎倌能鴻圖大展，財源滾滾。（六）蓮蕉花、芋葉──寓意婚後多子多孫，添增福氣。（七）石榴、桂花──喻多子多孫，富貴萬年。

　　所有訂婚儀式完成後，由女方設宴款待男方來賓，酒席費用由男方出一桌錢，稱之為「壓桌」。訂婚宴中，準新郎與新娘坐首席，雙方親友依輩份、地位、年齡入席，酒席進行一半，新娘與新娘應至每桌，向前來祝賀的親朋敬酒。酒宴結束後，整個儀式也到尾聲，宴罷男方應儘速離去，不可久留，尤不可互道再見，因下聘豈能再見第二回，豈不表示婚姻不美滿，要再次結婚下聘呢！

　　男方納聘後回家，要行告祖禮，上香祭拜，報告行聘納采禮節完成。行過禮後，男方可將喜餅，分享給至親好友。

　　除了上述聘禮外，新郎要多準備幾個紅包，以備萬一，譬如，新郎到達女家，會有一人捧洗臉水給新郎洗手擦臉，就需要給個紅包「捧面盆水」的。最重要的，也是最大的一個禮，是準備給這場婚禮的牽線人──媒人禮，男女雙方都得準備，通常男方應比女方稍多，畢竟男方多虧媒人的撮合跑腿，才能娶個好太太，美嬌娘。

浩浩蕩蕩的迎親行列

　　往昔迎娶方式有單頂娶、雙頂娶兩種。單頂娶即新郎在家不親迎，由媒人領新娘轎單頂至女家迎娶。反之，雙頂娶即男方準備子婿轎、新娘轎雙頂，新郎親至女家親迎。

　　結婚當天，按照古禮，一大早新郎便要起床沐浴，盛裝更衣，穿上禮服禮帽，在父親引領下，祭告祖先，行四拜四叩禮後讀祝文。此時父母站在左右，新郎居中向內跪下，父親舉酒杯，向外拜揖，灑酒三次以祭告天地，接著轉身換酒杯斟酒交給新郎，新郎作揖接過，再跪下聽訓，父母親則諄諄告誡：「今天是你的娶妻吉日，從此你要上承宗祀，下惠家政，望你好自為之」，兒子接酒答道：「是的，一切遵照，豈敢違命，惟恐不堪勝任。」，將酒飲畢，回拜四叩才起立。父親這時拿起畫有朱筆八卦的米篩，蓋在兒子頭上，隨即上轎前往迎娶新娘。迎親行列順序如下：

　　1.放炮：俗稱「放炮舅仔」，負責沿途放炮。2.轎前盤：盛裝蜜餞及糖果的吊台。3.子婿二姓燈：寫男女二方姓氏的宮燈。4.媒人轎。5.打鑼轎：二人盛裝坐轎內，沿途鳴鑼熱鬧。至女家

則鳴鑼以催促新娘速速上轎之用，因俗信新婦延遲上轎，可使福氣多留在父母家。6.鼓吹：沿途奏音樂。7.娶嫁：男儐相，四人或二人，古時具有「打手」之用，表示搶奪新婦上轎的搶婚古風，俗謂「不打不成親家」。8.新郎轎。9.小司：新郎的隨從，走路陪新郎轎。10.禮物。

　　至於單頂娶的行列就簡單了，有1.鼓吹：一律徒步，邊走邊吹打。2.媒人轎。3.叔爺轎，轎上掛著字姓燈或子婿燈的燈籠，裡面坐的是新郎的親弟弟，或同輩的弟弟也可。4.娶嫁：有的負責敲鑼，有的負責放炮。5.新娘轎：四人抬，裡頭放有二個約茶碗大的紅湯圓，稱為「轎斗圓」（今多改用米代之，稱斗十二米），及「轎斗豬腳」，轎後方掛有畫八卦太極的米篩。

　　再說新娘：一個女孩的出嫁，等於是脫離生身的父母之家，從此離開父母、兄弟姊妹，到另外一個新環境渡過一生，心中之恐慌、難過可想而知。所以在出嫁的當天，姊妹間不勝依依之情，特別舉行一次惜別宴，台語稱為「食姊妹桌」。席間，兄弟姊妹多說些吉祥祝福話，給予安慰祝福。關於這桌酒席，習俗是男方要出錢作為謝禮，稱之為「壓桌」。由於離情依依，不勝唏噓，食不下嚥，這桌酒席，很少吃完。食姊妹桌完了之後，新娘就要化粧更衣，開始人生中最重要的儀式。

　　新娘的禮服為：內穿白布短衫與白布裙（此套衫裙，須保存一生，至死後入斂時再穿之）。又在肚裙內放「鉛錢（台語鉛、緣同音，取意好姻緣）、烏糖、五穀、豬心（表夫妻同心）等十二種東西。肚裙布料寬大，供日後裁製嬰兒衣服，意思是早生貴子，以示產兒之兆。外穿男方送來的「盤頭裘裙」。不過，在清代，新婦婚衣係穿明朝宮裝，珠冠雲佩，鳳笄蟒襖，表示「生從

死不從，男從女不從」的夷夏觀念，並頭插鐵彩、金箭，以為驅邪之用。

　　新娘梳頭盛裝完畢，等待新郎來迎娶。等新郎一到，由父母引領祭告祖先（儀式與男方同），這時父親對女兒說：「妳以後要謹慎小心，聽從公婆的話」，而母親也訓示說：「以後凡事要謹慎，不可違背丈夫旨意」。女兒跪地答是，飲下酒，起立再拜神明，最後父親取下女兒珠冠的黑布蓋頭，並蓋米篩。也有由婆仔（紫姑）負責，引導至大廳，立於竹凳上，穿上新郎帶來的圍轎裙，次則繫上肚裙，再蓋上紫帕，俗稱罩烏巾。有科第之家，則用紅布。

　　迎親回程，俗稱出嫁行列，其順序如下：

　　1.竹簑：帶有銀及枝葉的青竹，上面拴著一塊豬肉。青竹取意象徵新婦的貞節，或「初嫁」的諧音。青竹連根帶葉，俗謂透腳青，以為嫁後能福祿健康，翁姑夫婦子孩俱全之吉兆。豬肉則是賄賂餵食白虎神，以防邪神。2.媒人轎。3.娶嫁轎。4.舅爺轎：新娘的弟弟，轎上掛著紅布、宮燈（又稱新娘燈、舅仔燈，此燈要吊於正廳或洞房）。5.叔爺轎。6.嫁粧：嫁粧多寡，視貧富而定，大體說來不外乎柴料（指桌椅、櫃櫥、箱子等木造家具）用板車戴送、布料、金器、金錢，這些嫁粧都放在吊台上扛檯，使得送嫁行列特別引人注目。還有，不論女家如何貧窮，最少也要陪嫁一張「桌櫃」，以諧音「肚懷」，早生貴子。7.新娘轎：又稱尪仔轎，有四人抬的紅頂轎或二人抬的黑頂紅尖轎兩種。8.新娘轎前有「鼓吹隊」，其後有隨嫁嫺（陪嫁婢女）、隨嫁姆（陪嫁老媽）。9.擔子孫桶：俗稱「粗桶」，即洗澡盆，也供女人生產時使用，所以又名子孫桶。子孫桶塗以紅漆，裝在紅袋內，由

人挑著最後走。

　　陪嫁的行列略如上述，沿途一邊奏樂一邊放炮竹，浩浩蕩蕩，喜氣洋洋的走向男家。

迎娶新娘下馬威

　　當迎親的行列到達女家時，新郎轎停駐尚未下轎前，女家遣一小孩童敬獻四種湯，有蜜茶、四菓湯、雞蛋湯、腰仔湯，稱為「食旬湯」。進了女家，還要吃「食雞卵茶」，雞卵茶是甜茶內放進一煮熟脫殼的雞卵，表示吃了「甜蜜圓滿」。食雞卵茶主要是喝其甜湯，並將雞蛋挾起截開，由於雞蛋光滑不挾容易起截開，只見新郎滿頭大汗的不知如何是好，最後僅以筷子在碗中攪拌了事，引起大家一陣哄堂大笑。

　　新娘吃完姊妹桌後，由婆仔罩上烏巾，送出大門，此時新娘百感交集，從此離別父母姊妹兄弟，走入一陌生的未來，不免唏噓痛哭，此謂「哭好命」，以為如是才會好命，而且愈哭愈發。新娘上轎後，抬行不遠，須丟棄扇仔或手帕，俗稱「放扇」、「送扇」，俗謂「送扇，不相見」，表示出嫁不再相見，即不再嫁之隱喻。一說以此表示拋棄不好的性癖，故稱「放性地」。基於同樣心理，新娘上了花轎，一屁股坐下就算定，不能因坐得不舒服，再換坐一次，不然亦有再嫁之虞。

　　迎娶途中，倘若花轎與花轎相逢，為避免「喜沖喜」，雙方媒婆就得趕緊取下己方新娘頭上的簪花，或事先預備的簪花交換，俗稱「換花」。若是遇到送葬行列，視為「凶沖喜」的大凶，有部分喜家斷然取消迎親儀式，擇日另娶以為補救。

　　花轎抵達男家時，先由新郎下轎，新娘暫不出轎，等到吉時良辰一到，才把新娘轎抬入門內到正廳的前庭，這時有男家童子趨前，捧著一只紅漆喜盤，上盛兩枚橘子（象徵糖甘蜜甜，夫婦圓滿吉利），請其下轎。新郎則趕緊用腳「躂轎內」三次，或用扇敲轎頂三次，以示新郎威嚴，先來個下馬威，使新婦以後百依百順，易於駕御。緊接著男家請好命人，一手擎八卦、竹篩覆蓋其上，請其出轎，這時轎夫才打開轎門，唸四句吉利話討個紅包，「今著轎內兩旁開，金銀財寶做一堆，新娘新婿入房內，生子生孫進秀才」。好命人拉著新娘的手，把她接出來，頭上覆蓋著竹篩，高高舉起遮著，底下舖著木板或紅毯，不讓新娘「見著天，踩著地」，稱為「遮米篩」或「過米篩」，現在則使用黑傘取代之。其意義有人說是避邪，也有人說是「頭不見滿清天，腳不踩滿清地」。

　　新娘下轎時，要故意慢慢下轎，一則表示溫順，一則避免心慌意亂，有失體態，此稱「恬轎」。其次，要跨過一生著炭火的烘爐，一方面除邪驅魔，一方面表示子孫繁衍，家族興旺。另外，當新娘要跨入男家正廳時，不能腳踏戶碇（即門檻），戶碇有戶碇神，更重要的是代表一家的門面，怎能讓新娘「踩定」。新娘跨過了，媒婆便在旁唸著吉祥句：「跨得過，活百二歲」。

　　新娘隨著被扶入正廳與新郎行交拜禮：一拜天地，二拜高堂，夫妻交拜，送入洞房。交拜禮畢，由媒婆或好命人扶入洞房。

此時挑夫將子孫桶挑至新房，口誦「子孫桶，過戶碇，夫妻家和萬事成」、「子孫桶，棺入房，百年偕老。心和同」、「子孫桶抬高高，生子生孫中狀元」、「子孫桶抬震動，生子生孫做相公」的吉祥句。也有人準備好圓仔湯，「食新娘圓」，新郎新娘各自食後，還要互換再食，取意一家團圓和圓滿。之後，有「食酒婚桌」之儀，此即古代合巹之禮。菜色為六葷六素，計十二品，先拜請床母先食，然後雙雙對座，由好命人挾筷餵吃，每淺嚐一口菜，媒婆即應聲唸一句吉祥話。如：1.食雞才會起家2.食魷魚，生子好育飼3.食鹿，全壽福祿4.食豬肚，子孫大地步5.食肉丸，萬事圓6.食福員，生子生孫中狀元7.食魚頷下，快做老爸（魚頷下有鰭，狀如鬚，取意年老蓄鬚快做父快做公），食魚尾叉，快做大家（魚尾雙叉，取意將來子女多）8.食紅棗，年年好9.食冬瓜，大發揮10.食芋頭，新郎新頭路，新娘快大肚11.食甜豆，夫妻食到老老老12.食柑桔，好尾結。

　　以上十二道菜，種類並不固定，只要六葷六素即可，但是絕對忌諱鴨與蔥。因為鴨與「押」送犯人同音，吃蔥會「很慘」。當合婚酒儀式進行著，這期間還要注意高燒的喜燭，忌諱被人或風吹熄，或左邊的喜燭熄了，會減損新郎壽命；右邊熄了，新娘會先走；總之一句話，不能白頭偕老，所以媒婆會再三提醒大家注意，要聽其自然地燒完。

　　吃完「食酒婚桌」，就要鬧洞房了。

歡天喜地鬧新娘

　　婚宴之後，就要鬧洞房了，俗稱「食新娘茶」、「鬧新娘」、「吵新娘」，幾乎是古今中外任何婚禮都少不了的儀俗，也是婚禮的最後高潮，鬧洞房除了有祝吉、逗樂之外，還有其他的意義，諸如把洞房鬧得熱鬧紅火，驅除冷清之感，增加新婚的歡樂氣氛，更何況舊時男女結合是經人介紹，相互間並不熟悉，鬧洞房能夠讓他們去除生澀之感，還可以使親友熟識，增進彼此感情，是最熱鬧有趣的節目。

　　台俗鬧洞房，主要是喝甜茶，故稱「食新娘茶」，亦即新娘由媒人或家人作伴，手端茶盤，以甜茶、蜜糖、冬瓜敬賓客，賓客則在每一過程念喜句賀其新婚，並以各種滑稽形態，使新娘開口發笑為娛，以試探新娘耐性，或其性情舉動。最後，飲畢新娘茶，新娘收回茶杯，賀客乃包紅包置於杯下為賀禮，亦念個喜句祝賀。所念喜句，為四句對押韻，內容除表吉祥賀意外，或念幽默滑稽、淫言色句，每每使新娘尷尬不已，賓客反而稱快，茲舉例於下：

（一）進入洞房時

1.新娘生做好人才，尫生某旦即應該。新娘是美不是醜，大家要看隨我來。

2.新娘暗暗爽，夫婿是將相。若是考文武，定是一筆中。

（二）或是請新娘出房時

1.新娘還在房間內，不知是在做何事。人說新娘生真美，汝嗎出來阮看覓。

2.人客坐滿廳，聽著甌仔聲。新娘在準備，有食不免驚。

3.新娘與新郎，還在新娘房。不可給阮等，甜茶著緊捧。

4.親戚朋友來賀禮，不識新娘那一個。大家都在大廳坐，等待要食新娘茶。

（三）賀客互推敬甜茶的先後次序

新娘美貌似天仙，天地註定好姻緣。在家父母好教練，應該敬老後少年。

（四）接受新娘茶時

1.來食新娘茶，二年生三個。一個手裏抱，二個土腳爬。

2.新娘娶到厝，家財年年富。今年娶媳婦，明年起大厝。

3.茶盤圓圓，甜茶甜甜。二姓合婚，冬尾雙生。

4.新娘真美真好命，外家內家好名聲。吉利甜茶來相請，恭賀金銀滿大廳。

（五）食冬瓜、檳榔、冰糖

1.一對好夫妻，恭敬捧茶杯。不但要食茶，也要討冬瓜。

2.來看新娘人真多，甜茶食過討冬瓜。食著冬瓜說好話，子婿有福中頭科。

3.冬瓜捧一捧，詩句著緊講，若有更再來，我才直直講。

4.冬瓜食過討檳榔，食檳榔較甜糖，新娘理家賢打算，三多九如慶十全。

（六）向新娘討手巾

1.手巾齊齊有，全新不是舊。子兒若長成，會娶好媳婦。

2.今日兩姓來合婚，後日百子與千孫。來探新娘是無論，要向新娘討手巾。

（七）食茶後催要茶甌

1.新娘真古意，鬧久新郎會生氣。大家儘早返，給你通去變把戲。

2.大家要起行，給伊去輸贏。準準入門喜，馬上做阿娘。

（八）收茶甌

1.要磧茶甌緊來收，新娘新人真自由。提錢給你添福壽，二姓合婚配千秋。

2.新娘好學問，兒女好詩韻。茶甌收起返，翁姑著孝順。

3.茶盤淺淺，茶甌顯顯。皮包空空，只有剩二仙。

在這段時間內，有的人還會出很多難題來考新娘新郎，逗得一雙新人窘態百出，眾人卻樂得哈哈大笑，然而新人卻不能笑，更不能生氣，幸而有媒人或隨嫁姆在旁解圍。鬧完後，眾賓客歡天喜地，意猶未盡的回家。

又，民間在鬧洞房之前，照例有宴客，俗稱吃喜酒。喜宴的座位，是按照敬老尊賢原則排定，而娘舅一定坐大位，台灣俗稱「天頂天公，地下母舅公」，有時婚喪喜慶時，都得按照他們的意思去做。喜筵的菜，十分豐盛，但有些忌諱，如侍者收盤碟時，忌將空盤碟相疊，以免重婚。酒宴中，不小心打破碗盤，須將碎片收拾，放入石臼中的圓心，表示「重圓」。吃魚時，翻轉過來

吃另一面，不可將魚骨折斷，以免婚姻中斷。喲！吃頓喜宴可真
囉嗦呀！

小登科大鬥法

　　鬧完洞房，眾賓客也該知趣地告辭回家，新郎倌這才似喜非喜的苦哈哈地關上房門，這一關，三天之內新娘再也不得跳出門外，如果進進出出，怕的是將來新婦會「不安於室」。下一步呢？當然準備「上床」辦事了。

　　所謂上床，就是新婚夫妻生活的開端。關於新婚夜，台灣有一句有趣的俗諺：「頂半暝食你的粟，下半暝食咱的粟」。大意是說新婚之夜，新娘嫁過來，偶然聽到老鼠偷吃粟米之聲，便對丈夫講「老鼠偷吃你家的米」。等到上床辦完事，又聽到老鼠偷吃之聲，便急喊「老鼠偷吃我們的米」，口氣轉變之快，令人好笑，可見夫妻真正結合成一體，其關鍵就在於發生肉體關係，從此已不分彼此，新娘一變為新婦，新郎一變為新夫，兩人開始履行共同生活的義務。

　　上床是對新娘的一次重大考驗，因為她是否堅守貞操保持完璧，馬上就可揭曉。所以洞房花燭夜，床巾概用白巾，新娘穿白布衫白布裙，固然表示女身清白，其實也是用來驗證初夜是否落

紅。如果沒有染紅，就證明不是處女，那問題就嚴重了，輕則造成休妻悲劇，重則迫使新娘自殺，雙方勢必對簿公堂，親家變仇家，從此勢如水火。如是，一個初婚的女子，能夠通過一生最重的一關，不但新娘如釋重負，就連新郎也感到慶幸。

因此，隨嫁姆於結婚次日將新婦的上頭衫仔褲包回娘家，報告婚夜訊息，俗謂「報包」。或是婚後第三天，由新娘的兄弟前來婚家探訪嫁後起居情況，稱之為「舅仔探房」。這一天一大早，舅仔帶著水果和紅花，前來探訪新婚的夫妻。假如這時男家已證明新娘不是處女，或發生一些當初允諾而未執行的事件時，那男方的家長不但要質問舅仔，而且還要把媒人找來對質，如此，問題就嚴重了。反之，若夫妻生活圓滿，男方則熱烈款待舅仔，回去時還要送禮，並且派專轎恭敬禮送。舅仔探房時，要把帶來的紅花獻給新婦，新婦接過後即插在頭上，把頭上原來插的花取下，叫做「換花」。而這種花必須是已經結過子花，用意是討個即將生子的吉利。

洞房花燭之夜，也是夫妻鬥法的開始。當晚，夫妻吃新娘帶於肚裙的雞蛋，蜜柑各一，此時新娘會暗中將雞蛋在床邊敲打，口中默念：「雞卵搵遮風，驚我和驚你祖公」；或將衣服、鞋子放在新郎衣鞋上面，默念「我鞋疊汝鞋，使伊頭殼犁犁」，表示「壓入低」，俗信如此能使丈夫懼內。反之，新郎衣服要放在新娘衣服之上，新鞋要放在一邊，免得被新娘踐踏，以防雌威虎風。甚至當晚房門應由新娘關閉，倘若由新郎關閤，則此後為懼內之兆。

另外，在新房內，新郎新娘要一齊坐在高凳，而腳放在低椅，俗稱「高椅坐，低椅掛腳」，表示發達安樂閒逸之兆。而此時新

郎或新娘也會想辦法，趁對方不注意時，坐在對方衣褲上，表示
壓住對方。或者是新娘暗中用衣裙角搧向新郎，以便將來可制壓
老公。新郎為避去此「風」，用「扇」遮臉將之「散」去。洞房
花燭夜這一晚，花樣可多著呢！而婚嫁當天還有一些禁忌習俗，
如新婚當天，為免新娘頻尿，因而離家前用腳先踢尿桶，以免頻
催尿意。當日為防經期，以符咒事先解除。婚嫁當天也忌諱生肖
虎者觀看，俗信虎會傷人，以致夫婦此後不睦，或不會生孩子，
或孩子夭折。又忌小孩在旁，此因孩童易哭，而喜事忌哭，亦忌
寡婦，服喪者在場，以免不祥。

出廳與做客

　　新婚夫婦在新婚之後的第三天，新婦才可以出洞房，到廳堂拜神，稱為「出廳」或「拜神」。這一天，新婦要盛裝出現在正廳祭拜，首先兩人面向門外站著，先拜神明，再轉向拜祖宗，這時主婚人要在旁唸著：「婚姻乃是人之大倫，以便傳宗接代，所以在×月×日為×子完成終身大事，謹告。」接著，新婦要奉茶供諸神及祖宗，跪拜起立後，馬上又向公婆四拜四叩，並且各奉茶一杯，以示侍奉之這。公婆喝完，新婦再起立四拜，公婆答禮，從這時起，新婦才稱公婆為父母。以後由新婦敬茶給親族長輩，及弟妹見面，而新郎弟妹更要向新婦行禮稱嫂，這一切儀式完了才能回到房間。當然，敬茶時，公婆長輩都要贈新娘「壓茶甌」的奉茶錢。

　　禮成，回房間稍事休息換裝後，新婦馬上到廚房下廚，作象徵性的煮飯燒菜，表示從此家事的開始。其間隨著每一項工作，都須唸一句吉祥話，如：「摸著籠，才會知頭重」（指善於侍奉長輩）、「攪潘浮（剩菜剩飯），飼豬較大牛」、「拜灶君，起

火餉燻，煮糜快滾」、「年頭飼雞仔，年尾做月內」。以上就是新婚媳婦的第一課。

出廳這一天，講究的大戶人家還有所謂「鬧廳」節目。所謂鬧廳，就是在正廳舉行音樂演奏，並且大宴賓客，凡是參加婚禮的人要全部再招待一遍。酒宴的菜餚及規矩，大致和「食酒婚桌」相同。重要女賓，還得派遣專轎去迎接，轎中有一女子拿著裝紅棗、檳榔的籃子，到女賓家中送給女賓，沾沾喜氣，然後用原轎接來赴宴。

婚後第三日、或十二日、一個月，最遲是四個月、或半年，夫妻一定要相偕回娘家，這是婚後第一次回娘家，俗稱「做客」，做「雙人返」、「返外家」、「回門」。回娘家之前，一定要由娘家的弟弟、妹妹，前來男家接歸。做客時，新郎必須帶「伴手」的禮品，普通多半是果子、禮餅或米荖，及「紅包」。因為，在新郎到達岳家，見到新娘的遠近親族，每個人都要致贈紅包，不過，凡是女方長輩，要立刻加倍添還女婿；平輩，則要按原額、或等價物品購還新郎，若是晚輩，可以照數收下，不必還禮。

由於這是第一次女婿回女家，所以要把女婿介紹給全體族人見面，一一寒暄致意，隨後就開筵款待。回娘家做客，普通距離不遠的，都是上午出發，趕到娘家吃午飯，當天黃昏以後回婆家，因為「暗暗摸，生查埔」，寓意天黑回來，比較有生男孩的機會。不過，也有在娘家住上幾天，再由新郎的弟、妹接回去的。

新婦回婆家時，女家要準備好答禮讓女兒帶回，其中一定有米糕（糯飯加砂糖，上插有美人蕉花）、桃餅、炰路雞（領路雞），連根帶葉的甘蔗欉二株，及其他禮物。炰路雞，一則表示指領路途，一則象徵子孫富盛。因為炰路雞，必須是一公一母的小雞，

回家後絕對不能殺了吃，還要好好飼養長大，生蛋後孵化小雞，生生不息，繁衍下去。還有，甘蔗可以吃，但是必須留下根部分栽種，以便繼續繁殖，象徵以後子孫繁榮。

　　除此外，第十二天回外家做客時，順便將剪刀、針線、鞋筐、竹凳之類，帶回婆家，俗稱「捧鞋筐」。由於此類物品具有犯沖之虞，不便結婚時當粧奩陪嫁，須在日後始可帶回。結婚一個月稱「滿月」，新婦外家要請新婚夫婦做客，稱「滿月之禮」，而且婚後一個月間，外家常將食品、點心、補品等物提送男家，供新夫婦食用，稱為「揞點心」。又，新婦於翌年夏天回外家，稱「歇熱」，外家要做新衣給她。

婚嫁的占兆與忌諱

　　婚嫁迎娶期間的一些占兆禁忌，除前述零散諸篇外，還有許多，現在將它集中此篇予以介紹：

　　1.送定後，分送給人家的禮餅，餅面有火焦，會被人笑為新婦饒舌，才會不慎將餅燒焦。餅燒得不美，亦會被笑為新婦不美。

　　2.俚諺「四月死日，五月差誤，六月娶半年某（或六月鈎出尾），七月娶鬼某，八月娶土地婆，九月狗頭重，死某也死尪」，意指四、五、六、七、九等月為忌婚月令。因「四」音同「死」。「五」同「誤」，何況五月天氣轉為炎熱，各種瘟疫開始猖獗流傳，五月也是早稻收割時候，農村正在忙碌，婚嫁時機不對，當然「誤差」。六月時農家剛忙完早稻收割，緊接著又開始忙著種晚稻，正是兩頭忙，所以此時談婚嫁，自然「鈎出尾」，即不會有圓滿結果。七月是鬼月，誰敢觸犯去娶某。八月收成時，例須祭土地公以感謝豐收，而傳說中土地公一向懼內，土地婆嘮叨又小心眼，這個月份娶妻，怕會娶到像土地婆樣的母老虎。「九」同「狗」，狗頭煞氣，且亦會被譏為「狗男女」亦是不利。

以上這些婚嫁忌月，似乎從四月到九月均屬不宜，動輒觸犯忌諱，其實是從前配合農村社會的農事忙閒與節氣變化所傳下的慣例。所以，婚嫁多在十、十一、十二、一、二、三月舉行，尤以十二月舉行為最多。

3.女兒嫁出去，俗信福氣將被帶走，因而新娘出門後，女家急用米篩封門防止。又用掃帚在門口掃向家裏，也是此意。

4.談婚時，為占女方性情或命運好壞，男方在神前放一碗清水，經過三天後，若水污濁則不祥；水清則吉兆。

5.訂婚掛手指時，以其順滑掛下去為佳，若掉出或落地，占將來有婚變。

6.結婚當日下雨，占丈夫會變為好酒貪杯。

7.婚事忌用生花，蓋生花會凋落，但連蕉花，其紅色花瓣開自葉心，狀似深閨的初嫁，可以使用。石榴代表多子多孫，也可以使用。

8.安床後，家姑將鞋置於床下，如是，媳婦將事事順從聽話，結婚當天，大姑不可碰到新床，否則將與媳婦吵鬧不睦。對新夫妻有仇怨者，如在床蓆下放葱，可阻礙新婚夜夫婦房事。

9.婚後歸寧，由男家送的雞放在睡床下，試看公母那隻先走出來，以卜頭胎生男或生女。歸寧時，若正巧遇家人正在生火或煮飯，即占一生將與翁姑不和。

婚後四個月內，仍屬新婚期間，還有一些禁忌必須遵守：

1.禁坐床沿，以免新婦心神不定。

2.禁在床上午睡，非午睡不可時，也只能坐著打瞌睡，以免新婦養成懶惰貪睡習慣。

3.床上紅羅帳一經放下，滿四個月後才能掀開，大概是顧及

隱私，兼有保住受孕，早生貴子的場所。

　　4.忌看歌仔戲、布袋戲、傀儡戲。因為歌仔戲多搬演分離的劇碼，恐怕導致不吉，引起夫妻不和睦。看布袋戲的木偶，則怕會將來生下殘廢胎兒。傀儡戲的布偶，怕會生下軟骨兒，何況傀儡戲大都是演來祭煞的，迴避為妙。

　　5.新婦使用的鏡子，未滿四個月，忌借給人使用，因為鏡子有照妖、鎮煞、去祟、辟邪作用，將鏡子一打破更是不妙，小則夫妻不睦，大則離婚呢！

納妾與休妻

有道是「惟大英雄能本色，是真名士必風流」，中國自古以來，男人嘛！多得是飽暖思淫慾，奉行「「妻不如妾，妾不如妓，妓不如偷，偷不如偷不著」──癢癢的，男人這可真是犯賤了。

以前納妾風氣頗盛，妾的由來有嫖妓而熟識的妓女或是家境清貧的少女，為改善家庭生活，情願賣身為妾。也有一些女性或因眼光高，多方挑剔，耽誤了青春，成了老處女，無奈之下，只好去當妾滕或嫁為續絃。

另外，娶繼室是指正妻死亡，雖有妾，但名分上仍須補充一名繼室，可在妾中擇一扶正。不過，如果當年娶正室時，有隨嫁媵婢，曾一同拜堂，則依習俗，此婢應為優先。

不論是娶妾或續絃、娶繼室，不能明目張膽散發喜帖，大事舖張，張燈結綵，只能以簡單宴席款待少數至親好友。而入門時，不能坐花轎行親迎禮，僅是由媒人陪同，坐竹簾轎，由側門進入，逕往新房，不舉行拜堂。而且日後妾滕或繼室家裏有婚喪喜慶，紅白之事，丈夫一概不必親往，只送賀儀或奠儀就可。

從上所述，可知妾媵、續絃地位的偏低，這正是妾卑妻貴的道理，也是保障正室的一種手段。不過以前夫妻離婚並不是沒有的，台諺雖云「冤婆、冤婆，床頭打，床尾和」，也有拋棄粗糠之妻的。

離婚台灣俗稱「離緣」，表示緣分已盡，男方主動的叫「休妻」、「出妻」，女方主動的叫「跳槽」。休妻有七出之條：(1)無子，(2)淫佚，(3)不事舅姑，(4)口舌，(5)盜竊，(6)妒忌，(7)惡疾。除了七出之外，還有所謂「義絕」，就是夫妻雙方毫無感情，也可以構成男方休妻的理由。不過也有例外的「三不去」，女方只要具備其中之一，就可以不接受男方的休妻，這三不去是：(1)公婆之喪未滿三年，(2)丈夫婚前貧賤，婚後富貴時，(3)離婚後，妻無所依靠時。

離緣可分成兩種，一種是協議離婚，一是強制離婚。其中協議離婚，多半是因為妻子不守婦道居多，俗云「寧可娶婊的來做某，也不通使某去做婊」。也有丈夫死亡，經男方的父母及近族同意，女方可以回娘家或改嫁。強制離婚較少，原因也不外乎是犯了七出之條。

婚姻是人生大事，離婚更是一件大事，除非特殊理由，絕不輕易容許離婚。所以以前忌諱離婚的觀念極強，一般人總勸和不勸離，不願意為人作證離婚或寫「離婚字」。真不得已時，也要在房子外面，用茶水來研墨，用過的硯台拋棄，永不能再用。

按照舊慣，凡是協議離婚都不寫離婚書，不過女方為防止日後的糾紛，通常要立個「贖身字」，寫明女方已把聘金退回男方。至於強制離婚，都寫一份休妻書，交女方帶回娘家，並要求退回聘金。如果女方貧窮，無力退回，作丈夫的可以憑藉夫權，把妻

子轉賣或典押給他人。當然，男方也必須立下「賣妻字」或「改嫁字」，交給妻子的後夫作為憑據，上面寫明賣妻或改嫁的理由，後夫姓名，聘金的數目字，並保證前夫與女方斷絕一切關係。至於一般情況就沒有這麼複雜了，只要寫張休妻書，蓋上腳模手印即可，其他各項大半省略。

　　休妻單獨指休棄正妻，倒是沒有「休妾書」，由於妾，不算名正言順妻室，如果一定要求憑據，僅由丈夫寫上「甘願字」，聲明此妾或續絃妻室，此後行為一概與原丈夫毫無干係。

　　說了老半天，好像休妻或離妾是一件很隨便的事，女性毫無保障，其實不然，在當事人而言，是極其慎重，不能意氣用事。至於時下，時代在變，男性的觀念與婦女地位也在改變，這年頭，誰休掉誰還不知道呢？

大娶、小娶與冥婚

　　按照本省的風俗習慣來觀察，台灣的婚姻可分成下列四種：(1)普通婚姻，(2)招夫婚姻，(3)招婿婚姻，(4)戶內婚姻。以形式來分，可以分成大娶與小娶。大娶是遵照古例，大體按六禮的程式進行婚姻。小娶則是(1)招婿──即招贅，(2)招夫──到寡婦家做老公，(3)媳婦仔──以少許聘金予人，抱養他人幼女，長大後與自己兒子結婚，成為媳婦，(4)螟蛉子──以少許金錢予他人，抱其男孩回來扶養，將來或與自己女兒結婚，或由外面另娶太太進門。由於以上婚娶不依六禮的禮節進行，以較為簡單儀式完成婚禮，所以稱之為「小娶」。其他，像較窮苦的人、奴才仔、查某嫻的結婚，多半不依六禮，沒有「上頭戴髻」，只穿件簇新漂亮衣服，便草草結婚，也是小娶。

　　所謂招婿，就是招婚、招入婚，這多半是沒有兒子的父母才如此作，不過也有家裏雖有兒子，但兒子年幼太小或能力不足，家裏有龐大財產和事業，有時基於家族的發展與管理需要，也為女兒招婿；也有專為養女招婿，所生之子就可繼承家業與香火。

凡是招婚，都有一張寫著招入條件的契約書，契約書中對聘金、招贅期間、子女所屬等都有明文規定，這種招婚字大都委託代書人書寫妥善，由男女雙方保留。

一般說，一個男人願意被人招夫招婿，多半是貪圖聘金非常多，是窮人娶妻的一個變通方法，當然也有極少數因男子熱戀某女子，而女子由於家庭環境，不能出嫁，這時男方只有委屈被招進女家。雖說是招贅婚姻，男方也要象徵性地給女方一些聘金，實在籌不出來，至少新房內的床舖，必須由男女購置。

所謂招夫，就是寡婦不改嫁，招一個丈夫進前夫家門，以便管理龐大家業。另有一種因家庭窮苦的寡婦，由於無力撫養前夫的子女，就招一個丈夫進門維持家計。

台灣的招婿和招夫，雖算是女家家族成員之一，不過仍可保留自己的姓名，可以祭祀自己祖先，但是卻沒資格祭祀女方祖先，同時更無權繼承女家財產。因為台灣的招婿和招夫，多半是貧窮男子，由於無錢娶某，不得已才被人招贅，而且在招婚字記載一定的工作年限，最重要的是招夫所生的兒子，至少要有一個傳女家姓，台灣民間謔稱為「抽豬母稅」。普通都是長子歸父親，次子歸女家，而沒有傳女家姓的子女也是與父親一樣，沒有繼承權，所以招夫的心情是很不好受的，俗語：「招夫養子，勢出無奈。」正說明了這種心情。

另有一種「半招娶」，就是名義上是招贅，次子傳女家的姓，但男方不住女家。也有在女家住一段時期，留下一子或數子，然後攜帶妻子與其他子女回男家，或獨立門戶，這就叫作「招入娶出」或「招出」，這時，妻子從夫姓，男方已不算是招入。但如果契約時間未滿，男方違約帶走妻兒，通常要另付女家一筆聘

金，這稱為「招厝娶某走」，當然有很多人基於親情，就免收了這筆錢。

「招」與「娶」只是名義上的問題，如果婚後，男子住在女方家，但子都冠父姓，這仍然算娶，不能說是招。

除了小娶外，另外有一種情況是沒有結婚儀式，新娘偷偷跑到男方家住下，謂之「暗婚」，但不同於今之「私奔」。暗婚的情況過去多半是男女雙方之被算命仙算出有「暗婚命」，要新娘趁大年夜圍爐時，抱著包袱偷偷嫁入夫家，夫家一切從舊，不安新床。據說如果違反，安新傢俱或舉行婚禮會帶來災禍的。此外，喪事中百日之內的婚嫁，也算是一種暗婚。不過，現代男女流行婚前同居、試婚，或則「先有後婚」，然後再舉行正式婚禮，不知道算不算是一種暗婚了？

送做堆的媳婦仔

　　小娶除了前述招夫、招婿外，還有「戶內婚姻」，就是「送做堆」、「推做堆」的意思，也即是指當「媳婦仔」與預定對象的丈夫都已經長大到結婚年齡時，由養父母選一個黃道吉日（大多數都是選在舊曆年的除夕），在自己家裏為兩人舉行婚禮。

　　所謂媳婦仔，即是眾人熟知的「童養媳」，與養女不同，是以少許聘金給他人，抱他的幼女回來養，將來長大與兒子作妻子成為媳婦。收養媳婦仔的目的很多，一則基於經濟理由，因為給兒子娶房媳婦要耗費不少金錢聘禮，對一般人而言是一筆大負擔，如果提早收養一個小女孩，那就用不了多少錢，可以「省一注錢」。二則是基於家庭人力理由，也就媳婦仔從小就可以幫助養父母作事。第三是基於感情因素，因為從小撫養長大，跟養父母感情很深，也能習慣於長大的養父母之家；再加上和丈夫從小生活在一起，彼此熟識性情，將來必會好相處，夫妻感情恩愛。另外，俗信養媳婦仔之後，容易生個男孩，亦即可以「壓青」。

　　由於有「同姓不婚」的風俗，所以媳婦仔必須是異姓女孩，

其年齡固然沒有一定限制，通常以兩、三歲小女孩為原則，也有出生後不久立即抱來的，很少有到十五、六歲才收養的。關於收養媳婦仔，在收養之先就得核對雙方的八字，即是先由媒人把女孩的八字拿來養父母家，在養父母放三天並無異狀之後，養父母就在媒人陪同下，去生身父母之家，如果被養父母一眼看中，立刻就交「揹桊錢」（即用紅線穿上的一串錢，掛在女孩脖子上），接著還要另送一筆錢作為「送定」，這時養父母就可把女孩領回家作媳婦仔。此外，也有另選一個吉日，送去豬腳麵線和大餅之後，才把女孩領回家去。由於準備將來給自己兒子作媳婦，因而所出的錢等於是聘金，自然不必像買養女那樣身價高。所以有些家庭環境好的生父母，不但不向養父母要錢，反而還附帶送很多衣飾。

媳婦仔領養後，普通一開始就決定嫁給那個兒子，不過有時也有未決定的。媳婦仔的境遇各有不同，如領養之後，養家運氣順利時，備受未來翁姑的寵愛，認為她「加脊位（命運）好」帶來好道道。反之，流年不利，備受怨責，指責她是「媳婦仔精」、「媳婦仔體」、「媳婦仔栽」等怨語。雖說如此，一般人還是較疼愛的多，俗云「飼查某子（女兒）別人的，飼媳婦仔做乾家（大姑）」，除非家運實在背，始會有「三年做大風颱，都不養人媳婦仔栽」的怨嘆！

媳婦仔當然被視為養父母的家族一分子，不過和養子不同，只能算是一種婚姻關係。所以媳婦仔和生身父母之家並未斷絕關係，只當作是提早嫁出的一個女兒，跟經由結婚而出嫁的女兒與娘家關係完全相同。因此，凡是媳婦仔結婚之後，又離婚時，只須辦妥離婚手續，理所當然的回到生身父母家，不像養子那樣麻

煩，還要辦解除收養關係的手續。此外，媳婦仔長大後，拒絕「送做堆」，可徵求生身父母同意，改為普通養女，或改嫁別人，或可以招婿。比起養女境遇，媳婦仔可是好太多了。

幾種婚嫁異俗

　　正常婚姻之外，還有幾種較為特殊的婚嫁，茲介紹於後：

　　（一）母仔嫁阿爸：即婦人夫死，母女同時嫁給對方父子，有時是其子娶後夫與前妻所生之女，父子母女之間各成婚配。以男方來講。父親娶入的繼母，同時也是他的岳母，這種情況下，兒子通常稱呼繼母為「姆仔」，俗稱這種婚配為「桃花夾竹」，桃花喻女，竹喻男。台南有一位詩人趙阿南曾作詩描述：「男女原非血統親，不妨乘便締婚姻，桃花夾竹名何艷，舉室春風話晉秦。」

　　（二）指腹為婚：甲乙兩家是同事，或是口頭相約：「生女結為姊妹，生男結為兄弟，一家生男一家生女結為夫妻」。孩子出生後，果是一男一女，雙方家長往往交換信物以為憑證。不過，這種婚姻，因歲月隔久，兩家環境有變遷，以致常會發生糾紛而解約的情事。當然也有堅決履行，信守諾言，從一而終的。最悲慘的是男方未婚夭壽，女方與神主冥婚，守寡一輩子。

　　（三）娶神主：即冥婚，有下列三種情形；(1)鬼男配鬼女，

成陰間夫婦，合葬在一起；(2)活女嫁死男，(3)活男娶鬼女。

　　第一種情形又可分為二種情況，一是男女素無婚姻，死後雙方父母擔心成孤魂寂寞，經人撮合成陽間親家，議定吉日，移女柩到男柩埋葬之地，舉行冥婚，成陰間夫婦，合葬在一起。二是訂婚後男女雙方均告死亡，男家即娶神主並祭祀。香爐前置金錢若干，表示日後將由兄弟間立「過房子」（即養子）繼承宗祧。

　　第二種情形是男人先死，女人有意守寡時，照古例，女人要於喪葬那一天穿婚裝乘轎到男家，男家以禮迎接。之後，新婦形式上要問候男方病狀，男家虛言答以痊癒，而後女方改穿喪衣，居戶內哭送之。反之，女方無意守寡，願意改嫁別人，即不舉行上述婚禮，僅像一般人參列其喪葬而已。

　　第三種情形也是分成兩種狀況：一是女方於未訂婚前死亡，俗稱「孤娘」，因俗信死靈會「討嗣」，為免其作祟，乃託媒人找夫家，將神主婚嫁過去。一般都是窮人應允，可以平白得到一筆嫁粧，充作另娶別的女人的聘金。不過男方有義務要四時祭祀，視娶入的神主為正堂，另娶的為後妻。另有一種情形是不透過媒人尋親，先用紅紙寫上女方生辰八字，再用紙張包裹，由死者之弟侄親自拿到街道旁置放，如是老年人、女人拾得，則出面索還，如是青年人拾取，迅即出面呼喊「姊夫」或「姑爺」。民間習俗認定這是鬼魂找上，男方不得拒絕，否則必遭作祟，而男方若已結婚，形式上其已死之女方應列為正妻，原妻改為繼配。其他如：女方於訂婚後死亡，男方也要冥婚娶進門，不然，俗信死靈會作祟於另娶的後妻，因此要在結婚前一日或同日娶神主。

　　冥婚儀式比較單純，例如男方聘禮僅致送大餅、豬腿就夠，女家以聘物在神明、祖先前燒香致祭上告，並將回聘物品交由媒

人帶給男方。迎娶時辰多半挑在凌晨三、四時或黃昏六、七時，不挑在大白天。講究排場的，完全與活人一樣，只不過迎娶的是一個米斗，下先灑上稻穀，再舖上紅紙，將神主放置其上，另有紙箱糊的穿著華麗的女形紙人。迎娶入門，將紙人與冥紙一起焚燒，神主迎置神桌，日後另擇吉日，將神主合祀於男家歷代的「大牌」，接受香火祭祀。男方之活妻，視鬼妻為大姊，女家父母為父母，諸如新春歸寧，活妻要先去大姊父母家，再回親生父母家。頭胎男孩，也要向雙方外婆報喜等等，都是要遵守的禮俗，而這種活妻，俗稱「接腳查某子」（接替的女兒）。

　　過去有些人相信娶鬼妻，會獲得庇佑，發大財，冥婚一度流行，不過隨著時代的進步，這種婚俗已愈來愈少見了。

日常的三餐

　　自古云民以食為天，台諺說：「一食二穿」、「食是福，做是祿」，平常見了面也要打個招呼：「你食飽否」，出外謀生也稱為「賺食」，落難流民乞討者稱「乞食」，在工作上班的叫「食頭路」，都表現了食的重要。

　　本省的吃，一般人都混淆在一起，其實應大致分成三種：一、日常三餐，二、四秀（零食）小吃，三、年節祭品，這其間可有很大差別。平常三餐極為簡素粗糙，祭祀日或宴客時，酒池肉林猶嫌不足，祭祀日一天份的料理，可能相當於平常半個月乃至一個月的份量。此外，信神的婦女，或因許願，在農曆初一、十五，或每逢三、六、九不吃早餐，謂「減大頓」，也表示省下吃福，留與子孫享受之意。「持齋」則在定期之日不吃葷腥，例如持早齋，則每日早餐僅吃素食即是。以下我們先扼要的介紹每日三餐的主食與副食：

　　（一）主食：主要食物為米，米有粳米（炊飯用）、糯米（做粿粽之用）兩種。又因收穫時間的不同，分成：新米（現季收穫）、

舊米（前季收穫）、早米（春季收穫）、晚仔米（秋季收穫）；及因碾米精白的度數，稱：糙米、半白、白米，現在大家日常食用的多是蓬萊米，在來米（本地米）反而很少吃了。

煮飯的方式有「撈飯」、「燜飯」、「炊飯」三種。撈飯是舊時使用大灶的煮法，首先將平底鍋內水煮沸，再將洗好的米放入鍋內蓋上，米和水的份量大約是一：二，經過二十分鐘後，米煮熟了，米粒浮上，用竹做的笊（台語俗稱飯籬）撈取米飯，這就是撈飯。撈剩的米粒，留下煮成粥。如果米粒整個撈空，剩餘的米湯叫「溜」，可當作飲料，或洗濯用的糊，用來「漿衫」，可保持衣布潔白。溜或食後的殘餘廢料還可充分使用，作為豬的飼料，俗稱「潘」。炊飯即蒸飯，燜飯則是將鍋裏的水放少，米煮熟時，水份已乾成飯。

粳米和副食物一起做的飯有鹹飯、番薯飯、番薯簽飯等。飯以外還有粥，俗云「加人、加水、無加米」即指煮糜的方便與節儉，糜有溜糜（米湯各半）、濃（音老）頭糜（比例米三湯一）、清糜（米一湯三）。清粥適於酒後，濃頭粥適於做工。混煮副食物的粥俗稱鹹粥，鹹糜又有番薯糜、番薯簽糜、菜瓜糜、菜頭糜、米豆糜、蚵仔糜等等。

（二）副食：副食的種類很多，可分醬鹹及一般蔬菜、肉類。

醬鹹或稱醬料，即醃漬類，以前都由家庭婦女自己醃漬，與煮食、炊粿、縛粽同為主要家事之一，現在則多由超級市場買罐頭回來，即可開罐食用。醬鹹主要有：菜頭、菜心、鹹菜、糜瓜（冬瓜漬）、鹹薑、破布子、醃瓜仔等醬菜，甚至節儉者也把西瓜皮、菜頭皮、大頭菜皮等菜類的廢物醃漬。

醬鹹以外的副食俗稱「菜配」，即各種蔬菜、肉類等。蔬菜

因四季出產而不同，常吃的蔬菜有菜頭、葱、韭菜、蒜、萵苣、芥菜、菠菜、蕹菜、芹菜、南瓜、冬瓜、絲瓜、菜豆等，其次為薑、芋頭、筍、甘藍、白菜、胡瓜、茄子、豌豆等。其中用於祭祀日或宴客的有菜頭、葱、韭菜、芥菜、白菜、芹菜、胡瓜等，像萵苣、菠菜、萵苣、蕹菜、南瓜、絲瓜、茄子等粗俗蔬菜則不可使用於祭祀。另曬乾菜類有：高麗菜干、菜脯、鹹菜干等。

　　肉類以豬肉、魚類為主，雞、鴨、鵝、蝦、蟹等僅於祭拜或宴客才用。居家平日的副食幾乎是蔬菜和醃菜，偶而加入數片豬肉（大多僅是白肉）或雜魚調理，而調味料大多只有油、鹽、糖，生活極為簡樸。

　　要之，每日三餐的副食總會多少有些變化。普通早餐的菜為「四碟一碗湯」，一碗湯是「豆腐、魚脯、白菜湯」等，四碟是醃瓜仔、豆腐乳、土豆仁、菜脯或油炸粿、鹹薑、破布子等物。午餐、晚餐吃飯，配菜有「兩碗湯四盤菜」，兩碗湯為鴨卵湯、竹筍湯或莿瓜湯、蚵仔湯，有時為赤肉湯；四盤菜以豆干炒菜脯、煎魚、炒韭菜、炒茄子、炒豆芽菜、煎鴨卵、蚵仔煎等物。較富有的家庭，早餐的菜以鹹蛋、松花蛋（皮蛋）、肉干、肉脯、燒肉、燒雞肉、臘腸等物為主。湯有豬肚湯、腰子湯、下水湯、薑絲雞鴨、蝦仁湯等。有時富人吃膩了大魚大肉，反而喜歡吃淡的醃菜，俗云「魚肉，嚥要菜甲」，意思是吃魚吃肉，也要配些蔬菜，才不會過於油膩，且增加口感。又云「一斤肉，不值四兩葱」，意謂有肉也要有葱才有風味。

　　從以上簡略的介紹，可知台灣平日三餐的豐裕了。

三牲與五醴

　　本省的吃，除日常三餐之外，每逢過年過節、拜拜喜慶，都必定舖張一番，宴請賓客時，以賓客之多象徵家運昌隆，沒有客人即家運衰敗，因此宴席如有空位，即加入家人補滿。每月農曆初二、十六日，商店都有「做牙」祭拜習俗，店裏員工聚餐大打牙祭，可以說是店主定期慰勞店員，這種習俗，今尚多見。一般家庭，每月農曆初一、十五也有小拜拜，家中大小趁此機會飽餐一頓，正應了一句俗諺「神得金（金紙），人得飲」、「分（音飯）神作福」。

　　由於祭拜的對象不同，因此供品種類就不一樣，大體上有下列數種：

　　牛：以全牛作為犧牲，限於祭禮的太牢。

　　豬羊：以整隻豬羊祭祀，用於大祭典，如神誕、建醮、普渡或生命儀禮中之成年、結婚、做大壽時。

　　五牲：雞、鴨、魚、豬肉一大塊、豬肝一副（或鴨卵）等五種，用於祭祀玉皇大帝、三官大帝、城隍爺祭典。此外在成年、

喜慶、喪葬祭儀中也使用。

三牲：豬肉、雞、魚等三樣，為五牲之略式，用於普通祭祀，如土地公、灶王君等。

小三牲：以小塊豬肉、雞蛋代替雞，魷魚代替魚，用於犒軍拜神將、神兵、謝外方時。

菜飯：葷菜十二種，和油飯，用於供拜祖先和孤魂野鬼。

菜碗：素食菜料十二種，用於拜佛教的釋迦、彌勒、觀音等佛祖。

粿盒：粿盒是用於裝鮮果、糖果、糕點等器皿，用於祭拜家裏神佛。也有習慣上連同供品總稱粿盒。

清茶：以三個小茶杯裝茶水，以供奉神佛或祖先，其中也有僅供茶葉。敬茶時間是每月初一、十五，以及三、六、九，也有每日更換，或終年不換者，至除夕才每年換一次。

酒：只要有牲禮的祭祀中，都要用酒來祭拜，是不可或缺的供物，俗云「拜神，無酒擲無筶」，即可說明酒的重要性。有時，一時間找不到或買不到酒，則有用生米泡水代之，仍叫「米酒」。普通拜神供獻三杯，祭祖七杯、九杯、十一杯不等。

祭祀神靈的供品，主要目的在滿足神靈飲食需要，其中牛、豬、羊、五牲、三牲、小三牲盒稱牲醴。這些供品並不僅用一次，有時可連用數次，即祭完上位的神明後，尚可用來供下位的神，最後更可用以祭祀祖先或孤魂等亡靈。至於釋迦、觀音、彌勒等佛，由於受民間通俗信仰影響，佛道不分，有時供品也有用葷菜者。

對民間一般信仰者而言，祭什麼神用什麼供品，他們只是跟隨一般習俗而做，並沒有意識到為什麼其間有所不同。其實，祭

時用不同的祭品是有相當深的含意的，是用象徵的方式來表達祭祀者對神靈的不同親疏關係與感情。我們粗略的將民間信仰中的神靈分成：「天」、「神明」、「祖先」、「鬼魂」四大類，則可以在祭祀用品與祭祀場所上很清楚地分別出來。也就是說：「天」或「上帝」是至高無上的，我們自然對他們必恭必敬，但也由於「天」至高無上，使我們又感到那麼遙遠，超然的，不管人間瑣事的，所以拜天公一定要刣豬公，殺的豬公一定要整隻的表示「完整的」、「全部的」奉獻給最上位的「天公」、「玉皇大帝」，同時表示最高敬意。全豬都未經過烹煮，都是生的，表示「純潔的」、「未動過、用過的」，也含有對祭拜對象一種遙遠關係的意義，「生疏」一詞即是最佳用語。

　　「神明」包括一般神祇，既可敬又可畏，他們經常直接控制人間禍福，所以祭品可用三牲或五牲，但又不完整，雞與魚不必是整隻的，特別是豬肉，都是一大塊，這些「不全」的供品，在祭供之前稍加煮過，半生不熟。像這些都是表示對「天」以下的各種神明次一等的尊敬，同時也因供品稍加烹煮，表示關係較為密切。

　　再說祖先是自家人，代表一種親密關係，禍福與共，所以祭品大半與家常菜餚無大差別。供的魚肉大都切成可以食用的小塊，而且都煮熟了，這些都表示祖先是自家人，以家常禮對待，在敬意中帶有一番親暱的感情，台語「熟得有剩」即是此意。

　　鬼魂是可怕的，表露一種不得不與之打交道，卻又避之唯恐不及的態度，還好已祭祀過神明與祖先，有他們的福佑與厭勝，對於小鬼，態度就較隨便了，一碗白米飯加上一些菜餚就算了，不講究整盤整碗，最多加上一兩杯酒就很夠意思了，頗有應付之

味。

　　總之，民俗儀式中，利用供品犧牲祭祀，有兩個基本原則：
「全與不全」、「熟與生」，用全來表示最崇高敬意與地位的高
貴，愈不全愈小塊，尊敬程度隨之降低。用生來表示關係之疏遠，
用熟來表示關係親近與隨和，所以才會出現「熟悉」與「陌生」
所相關語彙，這些是我們現代人在拜拜時應該知曉的，不要再盲
目的遵照流傳下來的習慣，而不知其所以然。

飲食的禁忌

　　雖說人為萬物之靈，但從呱呱落地，到七老八老，甚至在死了以後，無時無刻不在種種禁忌的約束下，包圍中，小心翼翼地活著，活得有點可憐，有點累。飲食起居，是人類社會至為重要的一個部分，於是在最家常、最隨意的飲食起居裏，也佈滿了色彩各異的禁忌，使上千上萬的中國人乖乖地跪伏在它的腳下匍匐膜拜。所以古往今來，各族各地，對飲食有許多禁忌和規矩，台灣自也不例外。

　　由於中國素為農業社會，民以食為天，端賴五穀雜糧維生，五穀具有重要性，於是國人由重穀而惜穀而敬穀，以致於認為浪費糧食十分不可饒恕，甚至罪同「不孝」。這是農業民族常情，因此台灣民間習俗，也是敬重五穀，諺云：「一粒米，也著幾百粒汗」，故一般民眾常將剩飯、米湯，甚至洗米水等，都作為飼畜或其他用途，不敢糟蹋。吃飯時，忌將飯粒潑撒掉落桌上或地上，否則必遭父母或長輩申斥，譏為「缺嘴」（兔唇）。此外吃飯時不吃乾淨，留有剩飯殘粒，必被譏將來娶到「貓某」或嫁給

「貓厷」（麻臉之意，引申為醜男醜女）。說穿了，用意無非在教訓孩童，自小養成敬惜五穀的觀念。除此，吃飯時還有若干禁忌，以下我們介紹幾種，舉例說明：

　　1.忌吃飯時以筷子敲碗，在從前以為這與乞丐敲打著破碗，沿街唱歌乞討情景相似，頗有不祥之兆，絕對嚴加斥責禁止。除了不能拿筷子、瓢匙敲打碗盆外，也不能用五根手托著碗底盛飯吃飯，這亦像乞丐捧碗方式，也是在禁止之列。

　　2.忌將筷子插在飯碗中間：由於將筷子插在飯碗中間，跟喪俗「拜腳尾飯」時白飯中插一雙筷子相同，像招魂杆，是很忌諱的。同理，飯匙不能插於中央飯鍋中，需平放。此外，不得一筷扒飯，這跟喪葬出棺時，在棺上置五碗或七碗白飯，上插一筷情形相同，一樣忌諱。其他如吃飯中間，不准將筷子交叉放在碗上，交叉放筷子表示對飯菜有意見而不吃，這是不禮貌的。

　　3.吃飯時不能叫「捧飯」：民間喪俗，於人死後，每七日做一次祭旬，祭旬日子，早晚以菜飯祭靈，此時喪家吊哭，請亡靈吃孝飯，俗稱「捧飯」。所以「捧飯」一詞於平常日子絕對禁用，招呼人家吃飯添飯，只能說「來捧飯吃」或「捧飯吃」。

　　4.少吃牛肉、母雞肉：牛是農耕的勞力，飲水思源，人們能有口飯，說來還是牛的功勞，因此農民一向不忍吃牛肉，加上歷代政府都有保護耕牛禁殺牛的禁令，民間更是不敢吃牛肉，而且江湖術士每每說命根帶破者絕對不能吃牛肉，更是推波助瀾，使禁吃牛肉的觀念深入民心，民間遂瞎掰出吃牛肉會導致殘廢的說法。同理，基於老母雞下蛋繁殖的貢獻，人們也不忍食之，加上老母雞肉也硼硬粗糙不易下嚥，非不得已才將牠宰來吃，且吃食者以老人為主，否則其他人吃了，會有「粗皮」的反「美容效果」。

　　5.忌作豆醬時月內人（做月子的人），帶孝者窺視：從前家庭主婦主持中饋，要「第一煮三頓，第二炊粿，第三綁粽，第四作豆醬」，在習俗上，每年從清明節至端午節期間是製作豆醬的時期，材料多用白豆、粗糯米及鹽巴攪拌而成，期間稍有差池，做出來的豆醬不是發酸即發霉，為了避免事後失敗歸罪於之前有什麼地方不妥當，所以在製作的前七天，禁止「不乾淨」的人偷窺，以免失敗。同時，炊粿時，希望「發粿」越膨發運氣越好，也忌諱孩童在旁指指點點而「點破」不發，所以炊粿時不喜有孩童在旁，大人都會予以趕走。

　　除了這些飲食禁忌外，台灣民間流行的農民曆上印有「食物相尅中毒圖解」，註明不得將圖中兩種性質相尅食物合煮或合吃，以免中毒，例如有柑橘與毛蟹、鱔魚與紅棗、生蚵與黑糖、金瓜與蝦……等等計有四十五種，但是其中大部分經過食品營養專家測試結果，並不符合，可見食物共食相尅之說，並不完全可靠，也許牽扯到古人防病養生經驗，或個人體質健康情況。

　　要之，飲食的禁忌並非一成不變的，古代合適的，現代不一定合適；反之，古代禁忌的，現代則毫無禁忌可言；某些人合適的，也許另一部分人所忌諱的，因時因地因人而有所不同，我們應根據實際情況而選擇，千萬不必過於泥古而「吃這個也癢，吃那個也癢」，到時可真要「死死」了。

小孩的糖果零嘴

　　台灣小孩仔的糖果，價錢便宜，花樣又多，尤其是可以吃也可以玩，極富鄉土氣息，以下就介紹幾種幼時常見的糖果：

　　李仔糖（鳥梨仔糖）：將李子或鳥梨子（較小的梨子）沾塗上煮好的染紅糖汁，四、五粒串插在竹柄上，再一串串的環插在稻草束上，扛在肩頭叫賣。不過，現在也有人沾塗在草莓上、小蕃茄，吃起來酸酸甜甜地，過癮極了。

　　凸糖：糖液中加了少量的「蘇打」，會使糖果凸膨，其用來煮食的鍋子，大多是金屬製的湯匙或碗杯，以爐烘煮。小時常與街坊玩伴羣聚在亭仔腳一邊煮一邊吃，眼見煮的時候，糖液會逐漸膨脹，覺得很神奇也很好玩。

　　三角餅：煎餅包成三角形，裏頭放著不同的小玩具作為獎品，如鍋片製的戒指、勳章、車子、刀斧，最能引起小孩好奇。

　　麥芽膏尪仔：用黃褐色的麥芽糖所做的尪仔人形，也有做成雞、鼠、貓、花朵、水果等各式物樣。製法有兩種：一種是純粹用手工，把麥芽糖膏一揉一捏，拉成各種形狀，再用嘴一吹，就

膨脹成各種維妙維肖的糖尪仔。另一種做法是利用刻有各項形狀的印模，將麥芽糖膏倒在印模中，同樣用嘴一吹，吹出印模樣子的糖尪仔。吹出來的糖尪仔頗大，裏頭可是中空的，買來之後，總捨不得吃，一面看一面慢慢的舔，真怕牠一下就沒有。

糖魚：在銅板上，將糖液煮成一枚薄片，糖片上蓋了許多大大小小的魚形印模，或其他動物花草印模。吃時，按照所印的魚形輪廓剝取，不損便可獲賞特大的糖魚，剝壞的人僅能獲取那塊剝壞的糖魚。由於糖片極薄，不容易完整剝下，很少能成功，所以連大人有時也常喜歡去剝著玩。

膨米香：在路邊常見用一種圓筒形加熱器烘烤白米，使白米急熱膨脹而發出「膨」地一聲，令人「既期待又怕受傷害」，所用的米有賣的人自備，也有家庭主婦自家中拿出來給「膨米香」的人。爆出的米香倒在木槽，淋上糖液，切割成方塊的米香。講究地，還加上花生、芝麻，更增口感。

白糖蔥：白糖蔥係裏面做成有氣孔的白糖，其製法仿造製麵，從製造的椅板一次拉開，再一次拉疊，如此反覆把糖料揑成合適程度，再切成一二寸大小的方塊來賣。這需要現場泡製給路人看，吸引路人佇足觀賞，其手法之快速巧妙，令人印象深刻。

棉花糖：賣者用一種腳踏的機器，倒入砂糖原料，隨著腳踏使染過紅色的糖料像棉花棉絮樣地不斷地從轉盤中湧出，迅即用長竹簽將之一團團地滾裹成膨膨的一堆，插在木柄上賣，吃起來軟綿綿，若有似無，沾口即化，百吃不厭。

糯米尪仔（揑麵）：用事先染過色的各種糯米團，揑成各色各樣地動物、人物、花果，做好的尪仔再用植物油塗抹得一身光滑，甚受孩童歡迎。

　　尪仔糕仔：糕餅印製成動物、水果、人等種形態，吃時，慢慢從頭部、身體、尾部吃掉，尤其是眼睛部份，另用豆子製成，吃時用手挖起，別覺有趣。

　　畫糖：將糖液倒在塗有植物油的銅板上，再以鐵鏟和木條修飾繪製圖樣，畫好之後，以鏟子將圖樣剝離鏟起，背後黏上竹籤，凝固硬化即大功告成。

　　隨著時代的變遷，生活形態已轉變，過去農業社會中為我們所習知的民間手藝日漸式微，雖然這幾年政府有心提倡保存，但只有在民俗活動的特定展覽中，才有機會目睹小時候吹糖人、畫糖人、捏麵人等的純熟手藝，一方面讓現在小孩嚐嚐我們小時候的玩藝，一方面何嘗不是讓我們自身重溫舊夢，回憶那物質匱乏，辛苦卻又溫馨快樂的童年呢！

台灣年節的食俗

　　台灣從歲首到歲末，幾乎每月都有一個或幾個節日。古老的節日的來源，多與人們的原始信仰有關，因此在不同的歲時季節祭祀某一神靈以祈福避災。所有的節日幾經流傳成俗，無不與各節日特有的飲食結合，使得每一個節俗或應節食品，大都有著內容新奇雋永的神話和傳說，這些迷人的神話傳說，也反映了年節食俗的由來與起源。隨著歲月推移，社會變遷，原來的祭禮儀式日益簡化，甚至不再舉行，致使許多節日活動只留下以飲食為主，甚至是唯一的飲食活動。

　　台灣年節的多樣性，集中表現在應節食品上，在眾多的歲時節日，各自有著特定的食品，茲介紹如下：

　　正月初一的春節，用自製的紅白兩色米糕祭祖祭神，這些「甜粿」、「菜頭粿」、「發粿」，無非表示喜慶、好采頭、大發利市之意。除夕夜要全家圍爐團聚，吃粉圓、肉圓、魚圓，祝福全家團圓，新的一年每個人都圓圓滿滿。吃雞意味「起家」；吃油炸食品表示「家運興盛」；吃整根煮熟的芥菜（長年菜），取意

「有頭有尾」、「綿綿不斷」，祝福親人長壽；供柑橘，音「甘吉」，取吉利之意；供春飯，表示有「剩」飯餘糧之意，至初五日撤去，俗信用它來餵豬，豬隻容易很快長大。

　　立春前一天，清代志書記載有吃春餅的習俗。正月十五元宵節，有乞龜、偷蔥、聽香的習俗，也有「食供」的風俗，就是把供神的食品拿下來分給大家吃。後來則多見吃元宵的習慣。

　　二月初二，俗稱「「土地公生」，要打牙祭做「頭牙」，牲禮必豐，必備年餅，近來改為刈包，已不見熱鬧氣氛。

　　三月三是「三日節」，也是祭祖的日子，台民供奉鼠麴粿，祭祖之後，作為禮物互送。四月五日清明節，也有掃墓活動，男女老幼上山培墓、掛紙，祭畢就和家人席地野餐，分發墓粿，至暮乃歸。祭品福佬人習慣用豬肉、魚、蛋、松糕和甜糯米飯為主，另外做薄餅，裹上雞絲、蛋絲、豆腐乾絲、鮮蝦、花生米、紫菜、冬菇等，沾甜麵醬而食。客家人則用豬肉、雞、蛋、魷魚、豆腐乾為祭品，還要做糍糍與發粿。

　　五月五日端午節，清晨起來，灑掃庭院，點燃一束稻梗，熏室內四隅，叫做「送蚊（音瘟）」，門插艾葉、菖蒲、稗禾、榕枝，意味「避蚊」。兒童戴香包、苦草，擦雄黃酒。中午祭祖，祭品很豐富，有龍眼、波羅蜜果品，中有五味碗、後列五牲，兩側有粽子、芋撬、白飯、米粉、雄黃酒等。這一天大家還互贈西瓜、粽子。粽子是端午必備祭品，相傳的起源於弔祭屈原。粽子又稱角黍，有甜的鹹的二種，甜的用竹葉包糯米或再加土豆混煉粉蒸熟；鹹的用竹葉包豬肉、香菇、蝦米、蚵乾等配料蒸熟。做時，二、三十個纏在一起，用鹹草編辮髮似地繫住，叫做「粽符（音步）」，這是從古代「葦茭」變化而來。也有人不做粽子而

做「餿」，以油煎熟，尤稱美味。

六月初一為半年節，各家用米粉染紅做丸，以此祀神敬祖，叫做「半年丸」，表達感謝神明祖先這半年來庇佑，使得全家團圓平安。

七月初七為七巧節，是女孩子供奉織女以求得巧技的活動，在台灣織女被稱為「七娘媽」，用花（如千日紅、雞冠花、鳳仙花）、粉、香、果、酒、肉、鴨蛋七枚，飯七碗奉祭，祭畢把花、粉拋上空，留部份使用。也用龍眼、芋頭、糖拌煮黃豆等互相餽贈，稱之「結緣」。拜過「七娘媽」，還要另備芋油飯一碗、粿類若干，拜謝「床母」，然後再燒「床母衣」。讀書人以這一天為「魁星會」，大都在村塾、學校內備酒聚飲，求得吉利。七月十五為中元節，也是佛教的「盂蘭會」，這一天祭奠亡魂，陳設餅、糕、香櫞、柚子、香蕉、黃梨、鮮薑與粥飯等食品，供祭亡魂食用，並有搶孤、放水燈習俗。

八月十五中秋節，有吃月餅習慣，並以骰子擲四紅奪餅為戲。傍晚以三牲、菜蔬、年餅（俗稱潤餅）以米粉芋（米粉湯加芋頭）祭祀土地公。也有以芋頭炒米粉、及香蕉、柚子、鳳梨、蓮霧、月餅「拜月」。

九月初九重陽節，佩茱萸、賞菊、飲酒、食糕糍，兒童則放風箏。

十一月的冬至，每家以糯米作圓仔、圓仔母等湯圓，祀神祭祖，而後一家團圓吃湯圓，稱「添歲」。各家門戶器物，也要各黏一個丸子祭它，叫「餉耗」。

十二月二十四日，灶王爺上天為「送神日」，以紙馬儀仗與茶果牲醴祭祀。次年正月初四接神，祭禮一樣。

點心與小吃

　　在昔日經濟不發達的農村社會裏，台灣人民生活較為困苦，日常主食以蕃薯飯（粥）為主，即使是有錢人，因民性儉僕，也常吃蕃薯飯，平常很少吃整碗香噴噴的白米飯，而那時的蕃薯飯，並不像我們今日偶而吃的蕃薯粥，蕃薯是切一小塊一小塊的，吃起來感到甜軟可口，從前的人是以曬乾的蕃薯簽煮粥，結果米是一粒一粒的，蕃薯是一條一條的，軟硬不同，現代人很難下嚥的。

　　除了蕃薯飯之外，先民還以金瓜飯、芋仔飯、高麗菜飯、麵仔飯等，充作簡便點心，於祭典或農忙時食用。每日三餐之外，較富有的人家、老年人或幼兒，在下午三、四點和午夜均有另外補充的簡便食物，俗稱點心。點心有鹹、甜兩種；甜點有綠豆湯、米糕糜、圓仔湯、麵茶、粉圓等，多是夏天食用的。鹹點有清粥小菜、大麵、米粉、冬粉、麵線、肉包等，其他也有加糕餅、餅乾等，大部份是由叫賣的攤販買來吃。

　　賣點心的場所大多在夜市、廟口，或菜市場內，但街頭叫賣

的也不少。叫賣攤販各有各特色，叫賣的聲音也各有節奏，例如賣蕃薯的以手搖動齒輪竹筒，發出「咯嚕咯嚕」的轉軸聲；賣魚丸的用湯匙敲打碗公，發出「叩叩」的聲音；麵茶地推車上，利用水蒸氣從長嘴茶壺噴出「嗯！嗯」的長音；賣豬肉的吹法螺，「嗚嗚」滿街巷；賣李仔糖的上下搖動鐵筒，使筒中的木籤「嘎嘎」地作響，也有賣小孩糖果的，頭圍紅布條，褲腳捲到膝蓋上，口裏唱著自編的歌詞童謠，逗得孩童們成羣跟在後頭，央求大人買一串解解饞。如今這些叫賣聲已不再，僅存在記憶中。

中國人一向有愛吃點心零嘴習慣，有些是自家烹煮，更多的是買自街頭、市場、菜市的叫賣或小吃攤，若真要將這些解饞填嘴的點心零食，一一列出，其數量不下數百種，而且很多仍流傳至今，仍受大眾喜愛，以下略記大概：

飯類：白飯、油飯、滷肉飯。

粥類：清粥、鹹粥、甜粥（如福圓粥、綠豆粥等）。

粽類：肉粽（以前甜粽在市上不賣，都是自家做）。

粿類：芋粿、碗糕粿、鹹粿、鹹甜粿、油蔥粿。

麵類：湯麵、炒麵、什菜麵、肉絲麵、蚵仔麵線、台南的意麵。

米粉類：米粉湯、炒米粉、冬粉湯、米苔目、及粿條。

湯類：土豆仁湯、紅豆仔湯、綠豆湯、圓仔湯、魚丸湯、蚵仔湯、肉羹湯、豬腸仔湯等。

羹類：魷魚羹、肉羹、蚵仔羹。

煎類：蚵仔煎、大腸煎。

炸類：蕃薯煎、芋煎、蝦仔煎、豆乾煎、油炸粿、馬花煎、魷魚煎。

　　糕類：鹹糕仔、綠豆糕、鳳眼糕、土豆仁糕。

　　包類：刈包、肉包、饅頭。

　　漿類：豆漿、米乳、麥乳、杏仁乳。

　　烘類：烘魷魚、烘小鳥。

　　捲類：臘腸、雞捲、肉捲、潤餅。

　　凍類：肉凍、肉皮凍、雞腳凍。

　　餅類：平西餡餅、蘇餅、卡車藤（日語）、胡椒餅、牛乳餅、光餅。

　　大菜：燒雞鴨、當歸鴨、魚翅、枸杞鰻等。

　　菜配類：各種青菜、漬鹹、魚肉、鹹鰱魚、鹹鴨蛋、肉脯、肉鬆、肉皮、豆腐、豆乾滷等。

　　以上不過略舉大概，不論是零嘴，或三五好友隨意小酌，甚至團聚一桌合飲，飲食攤上都一式具全，都有的賣，有的吃。飲食攤有大有小，有賣主食類的固定攤位，如飯擔仔、麵擔仔，或僅賣單一食料的，如蚵仔煎擔、魚丸擔，也有賣各種零食的流動攤販，從這些叫賣方式與叫賣的東西，不僅反映本省飲食之盛，我們也不難窺見當時的社會情形。

台灣人重食補

　　西方飲食注重營養，中國注重滋味；外國人將烹飪當作科學，中國人則視為藝術，這也許是中西方烹飪飲食文化之不同點。但事實上，自有烹飪以來，我們一直把飲食與養生緊密結合在一起，所謂的「「藥膳同功」、「食醫同源」正是此意，有關飲食養生的論著相當豐富，影響所及，中國人一向即非常重視飲食保健與營養學，只是中國人喜歡用「補」之一字來形容。

　　滋陰補陽之食補，台灣人自不例外，一向重視。食補有時令、個人體質之限制，如每當春夏之交，則養脾補腎，專補食慾之不振、營養之不良；或則涼血潤肺，以補身心之過勞，及精力之減退，因此就一般人言，應避食熱性燥性的食物，而多攝取滋陰的食物。此時最常用的家庭食補是豬肚燉四神，所謂四神，便是中藥中的蓮子、芡實、淮山及茯苓。如想省點錢，可用小腸或小肚代替豬肚；反之，講究些，可改為燉鴨或雞，鴨以白鴨而未交配之子鴨為上選，也可以加入少許高麗蔘，更是滋補。此外，清燉鮑魚、團魚，盅蒸乳鴿及冰糖燕窩，均是此季節上上之補品。

在秋冬季節之食補，自以壯氣補腎、扶元益血為主，應避食冷性的食物，而多攝取陽性食物。對於食物的性質，中醫界一向分為冷性、熱性、燥性、濕性的分別，譬如：

冷性者：魚、貝、瓜、青色蔬菜、白色菜根、鴨子、茶、豆腐、豆簽、羹粽等。

熱性者：牛、羊、鹿、雞、鰻、胡麻、燻製品、龍眼乾、米糕等。

燥性者：豬腰、麵粉、土豆、麵類、油炸粿、餅乾、油炸食物。

濕性者：冰類、蕃薯、龍眼等。

一般大眾相信各種食物有其特性，需視身體情況而擇食，尤其是病後調養、促進發育、強精健體，均要食補來調養。一般家庭常用的平日食補品有：(1)四神糕：以四種雜糧磨粉和米粉，加豬油、糖蒸成，主要供兒童增進營養用。(2)蒸米糕：以砂糖和糯米作成，也可外加桂圓肉與酒蒸成。(3)燉羊肉、豬腳：也可另加當歸、川芎、白芍、黨蔘、熟地、炙草、白朮、茯苓，以上八樣，即本省俗稱的「八珍」，再加少許的猴膠，以文火煎燉，吃了保證受不了。至於早晨空腹，吃雞蛋泡冰糖、燕窩，或白木耳蒸冰糖，三餐吃喝雞湯、蒸鴨都可以。較名貴的，則有燉鮑魚、燉鱉、燉鱸鰻、燉鴿加人蔘，以及鹿茸、鹿鞭……等等，不僅「高貴」，且具極高營養價值。

除此，還有定期食補，如孩童在發育期間，較窮者至少會用蚶殼仔草與酒炒豬肉給孩子吃，有錢人家在孩子「轉大人」會燉雞角（公雞）摻八珍作為食補，女孩子則用公雞與紅麴及蚶仔草共燉之，不過，上述種種食補，絕對禁吃冷性食物，如蔬菜中的

蘿蔔、白菜等,民間俗信會抵消食補補品功效。

　　台灣民間平時固然有食補的風氣,但真正重視的,一定要補的,是立冬日的「補冬」。是日家家戶戶宰雞煮肉以佐膳,用意在培養體力以禦寒,也有吃羊肉炒黑芝麻,配上油飯(以油炒糯米、豬肉、蝦米、香菇等混合炊成),據說吃後大可耐寒不怕餓,是真是假,已難知曉,因為今天生活豐裕,平日營養已過剩,立冬再補,已難見其效果。

婚喪喜慶的宴席

　　中國素稱禮儀之邦，設宴請客，是禮的一部份，上古時代，最原始、最簡陋的禮儀始於飲食，始於祭祀鬼神。到了周代，宴請禮儀開始成為制度，並形成基本格局，對後世產生了重大影響。由於時代、民族、地區、季節、場合、對象，以及其他條件的不同，導致宴客禮俗千變萬化。以下先就日據時期的宴會禮俗介紹如後：

　　邀客用請柬，請柬是邀請客人的通知書，以示對客人的尊敬，現在發請柬之俗尚存，且有越來越華美之趨勢。

　　客來先敬茶、敬煙、敬點心。接著入席，入席時，以長幼、尊卑、親疏、貴賤排座次，這是宴會禮儀中最費心機，也是最重要的一項。台灣的宴會是以正廳（供神位及祖先牌位）正面為上座，同時，宴客位子因方圓有所不同，座位又分「聽戲」與「普通宴」席。聽戲席，席前留兩個空位，可使賓客無遮攔的向前觀看欣賞，其依序如下：

正位

2　1
4　　3
6　　5
⋮
主人

（第一圖席次）

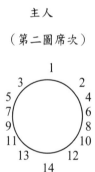

6　5
2　　1
4　　3
7　8
⋮
主人

（第二圖席次）

1
3　　2
5　　4
7　　6
9　　8
11　　10
13　12
14
⋮
主人

（第三圖席次）

其中 1 和 2 是主賓位，3 和 4 是陪賓位，5 和 6 是族中長老或鄉耆，7 和 8 是晚輩位，以近於門口便於接菜、敬酒。簡單地說，面對大門是上位，最接近門邊的末位是主人位。

在酒宴開始以後，桌上四角落有點心盤，俗稱「角盤」，有瓜子、糖菓、水果等，席間可隨意取食。另有豎碟八盤，排成四行，中央放一碗大菜。吃時主人先舉杯敬酒。眾賓應之，主人再舉箸夾菜相請。敬酒時應相互拱手舉杯，或一飲而盡，或隨意略啜。

參加宴會，應注意禮儀，主人未請，客人未齊，不宜先吃。客人也要等主人之請才進食，方不失禮。吃時，喝湯舉箸不宜作聲；雞魚碎骨不可亂吐；不可因喜歡某道菜，拼命去挾來吃；尤其是丸子、雞蛋、肉塊，多準備一人一個到二個的份量，不可多挾多吃；也不可以爭先恐後挾菜妨礙別人挾菜舀湯。還有主人敬酒時，不可同時下箸挾菜，應舉杯應酬，這些都是應知的禮節。

喜慶宴飲雖有壽宴、婚宴與酬神的不同，但客人均忌諱單數，普通多是十人、十二人，十四人為最大限度，如果人數再多，就增開一桌。

壽宴必用豬腳、麵線、雞蛋等，首先上這些菜色，客人一邊

挾麵線，一邊祝賀：「延壽延壽」，麵線不可切斷或切短。酬神宴，頭一道菜是「風肉」（蒸肉）。喜宴時，首先上甜的圓仔湯，俗稱「團圓」、「新婚圓」或「雙囍」，取其甜密圓滿，最後一道甜湯，仍不可少。

台灣宴席菜餚，亦忌奇數，通常是十道、十二道，也有十六道、十八道的。當菜上到一半時，俗稱「半席」或「半宴」，即端上甜湯，這時主人要把客人的湯匙拿起，放在熱水洗乾淨，再放回客人面前，並舉匙請喝甜湯。喝完甜湯，客人可到旁邊椅子休息，抽鴉片的抽鴉片、吸煙的吸煙，「中場休息」，各隨所便。主人還會命人端來熱毛巾，供客人擦拭清潔一番，然後才重新入座，繼續用餐。直到最後一道甜點或甜湯端上用完，宴席才算告一段落。此時主人又會準備毛巾熱水供客人洗手洗臉，客人洗完就坐在一旁休息閒聊，過一會兒才能向主人辭行退席，否則會被視為不禮貌。

豪華宴會時，有樂師歌女演唱助興，多半在開宴或半宴時，至於猜拳、勸酒，一般都在半席以後。要特別強調的是，過去宴席，很少有互相敬酒喝得酩酊大醉的，那像今日，非要乾杯不可，不喝得「抓兔子」，不喝得滿臉通紅，不喝得醺醺然東倒西歪，就沒誠意似地，這是那門子的宴會禮儀呢？

台灣宴席的菜類

　　台菜料理，原則上是現殺、現烹、現熟、現吃，所有菜餚材料，多半是從菜市場或雜貨店買回。買回之後的切菜、摘菜、洗菜都是一門功夫，摘菜、洗菜在師傅指點下交給徒弟去做，切菜則由師傅親自操刀。作好的菜餚，小菜事先放在桌上，大菜則按順序放在桌子中央。但是，平日只是家人簡便三餐，通常事先將大菜放在桌上。而且無論任何場合，男女並不同桌共食，婦女也不在旁邊倒酒伺候，孩子也不上桌，一般都站在旁邊或適當地方坐下吃飯。

　　吃飯原則男先女後。因此，每逢祭祀日宴客時，首先是男客、女客、家族的男人，其次才是家族的婦女的次序。前面的人吃剩的菜加熱後，再端上給下次上桌的人吃，所以過去在鄉下宴客，一看到大碗公堆放著數人份的菜，往往大吃一驚，殊不知這其中還包括著後面的人要吃的份量。因此吃全雞時，禮貌上不吃頭腳尾部，這要留給下面的客人，再度端上時，是「全雞」的模樣，祭日設宴，廣招親戚好友，斟酒勸食，賓主盡歡，其樂洋洋。台

灣習俗，以賓客象徵家運，客人愈多，家運愈昌隆，也具有誇耀人面廣闊用意，反之，客人稀少，也代表家運衰敗，因此宴席如有空位，隨即命家人入座，以免空著。桌上菜餚，盛肉如山，平常蔬菜、米飯是不上桌的，以免被人笑談。祭日一天的料理，可能相當於平常半個月，乃至一個月的份量，台灣俗話：「神得金，人得食」，即形容祭祀日神得金銀紙，人們則趁機大吃一頓。

　　祭祀日的菜也許以「吃飽」為主，但婚喪宴席的料理則精緻多了。宴席分上宴、中宴和粗宴。粗宴是以雞、鴨、魚、肉等材料為主，再配以蘿蔔、竹筍、冬瓜等蔬菜，是專為喪事宴席，俗稱「豆干菜仔」，表示粗簡菜色之意。台灣中等宴席，在日據末期曾留下一些菜單，茲抄錄於下，以明大概：(1)清湯大燕、生炒大蝦、紅湯魚翅、脆皮燒雞、清湯水魚、半席蝦餃、鴛鴦絨鴿、神仙冬瓜、八寶煎鰻、如意片筍、杏仁豆腐、完席不忍。(2)冬荷魚翅、金錢蝦餅、水晶鴿蛋、蔥燒小雞、蘆筍蟳羹、半席春餅、炸鹵香鴨、神仙白菜、鮑魚燴肚、紅燒鮮魚、杏仁白果、完席酥餅。

　　這樣一桌酒席，要日元三十圓，是相當高級的。分析菜單，除點心外，兩桌各十道菜，二十道菜中其中不是海鮮類的僅有九道，如雞、鴿、筍、鴨等，當然在冬瓜、鴛鴦、神仙之內仍會有海鮮配料，可見台菜主要材料是海鮮，烹調方式以湯為主。而且非常重視小吃點心，置諸角盤，食用方便。其次，整個宴席菜餚，基本是四冷盤、六湯盤。燕窩是用於最上等的宴席，平常是以魚翅先出的，以後出菜的次序是以湯類與乾類（指煎炒類）輪流出菜；半席出鹹點，再出魚，完席出甜點及甜湯。席上排有所謂的「豎碟」，即蜜餞四盤、水果四盤、瓜子四盤、花生四盤、加上

冷盤，是在頭碗菜之前，預先排在桌上的乾菜料。

　　總之，採取地方原料，發揮鄉土特色，是台菜的主流，台灣菜有幾百種之多，實在無法一一列舉，以下就略記一般台式菜名如下：

　　雞：蔥燒雞、清燉雞、軟燒雞、紅紋雞、白酥雞、生炒雞、八寶雞、草菇雞、粟子雞、凍煮雞、布袋雞……等。

　　鴨：冬瓜鴨、滷盤鴨、香酥鴨、蔥燒鴨、冬菜鴨、過橋鴨、清燉鴨、鹹盤鴨、鹹菜鴨、淮山鴨、陳皮鴨……等。

　　蝦：生炒蝦、燒蝦圓、蝦餅、金錢蝦、童子蝦、鳳尾蝦、冷盤蝦、松茸蝦、咖哩蝦、五味龍蝦、炸蝦酥……。

　　豬：炒排骨、排骨肉酥、鹹菜豬肚、三仙豬腸、紅燒肉、走油豬肉、粟子豬腳、生炒卜肉、紅燒豬腳筋……。

　　魚：魚丸、紅燒魚、柿汁魚、炒魚片、大五柳居、清燉魚、炸香魚、燉連魚頭、八仙魚鍋、四色魚鍋……。

　　點心：柴梳餅、馬薯餅、燕菜凍、杏仁豆腐、甜雞蛋糕、韭菜匣、咖哩酥、千層酥、龍角餃、炸春餅、什錦包。

　　甜湯：杏仁露、甜蓮子湯、銀杏、四果湯、梅仔湯、甜鳳梨、櫻桃、芋泥、花生湯……。

　　其他當然還很多，大體說來都是用豬、雞、鴨、鴿肉、魚肉、蛋類、鮑魚、香菇、銀茸、海參、魚翅為主體，再配上各種蔬菜與作料烹調而成。

日據時期台菜的轉變

　　明清以來，台灣移民大多來自福建、廣東，以農業墾殖為主，生活風俗習慣大致如同當時的福建、廣東。

　　當時移民的主食包括五穀雜糧，以大米、糯米為主，也食用紅蕃薯。人們一日三餐，或一粥二飯，或二粥一飯。糯米製品有糯米糕、糯米酒、湯圓等等。紅薯先製成細絲曬乾，然後或釀酒，或磨粉，或和鹽蒸食為飯，或和糖煮食為點心。先民還喜歡吃麵粉製的糕餅、饅頭等，但台灣不產麥，只能依靠輸入。農村雖養有母牛，而禁食牛肉。一般盛宴以燒小豬、魚翅、鴿蛋等為珍味上餚，廣東移民甚至有以貓肉待客，其他如食豬肉、食魚肉更為普遍。

　　酒類以自釀的糯米老酒為最好，村里也用紅薯釀酒，但味道較淡。大家也飲用大陸北方的高粱酒，紹興的花雕酒。嫁娶之時，宴上往往有特製的紅色老酒，取其喜慶洋洋、吉利之意。台灣水果種類豐富，又是蔗糖產地，所以蜜餞種類極多，有不少名產，深受歡迎。檳榔可以消食去濕，有辟瘴之效，頗受重視，常配荖

葉、石灰裹食；檳榔的枝梢可以去皮切絲炒肉，稱為「半天笋」。

　　除了鄉土風味的菜餚、小吃，移民也帶來了食補的習俗，每逢春夏之交（即半年節），秋冬之際，總要以中藥或四神等燉食雞鴨、豬肚，叫作「半年補」或「補冬」。

　　此外，眾多的歲時節日，各自有著規定食品的食俗。可是到了日據時期就有了很大變化。以每日三餐為例，日據時代，有從日本輸入改良並種植成功的蓬萊米，本地的在來米，和西貢米、邏羅米，食米一變為蓬萊米為主至今。台灣菜很少用調味料，都是用高湯去熬，但是日據時期，有日本輸入的「福神漬」、「澤醃」等醬菜。「味之素」剛上市時，一般人很少食用，之後日人大肆宣傳，才逐漸為台人所接受。以點心為例，日據時期多了日式點心，如「壽司」、「烏吞」（或名雲吞，是無鹹的麵條，今譯烏龍麵）。日人在台灣的新高製果株式會社出品的香蕉牛奶糖也風靡台灣，嗣後，日本兩大糖果公司——森永和明治，也緊跟著輸入台灣，一爭長短。後來，新高開設一家時麾的吃茶店於台北城內，供應咖啡、西點、冰淇淋和冷飲，大肆宣傳他們製造的糖果，一時轟動。

　　台灣氣候炎熱，果露的刨冰，頗為人們喜愛，這種草莓果露，大多採用在台日商松田、久保田的出品，其他枝仔冰、冰淇淋及雞蛋冰也都很流行。啤酒以高砂牌為主，剛開始沒有人喝，當局大力提倡，免費供人嚐試，以後才流行開來。在日本製造的三矢サイグー汽水，及本地大眾化的小汽水ラムネ，也暢銷各地，當時江潮富曾詠詩：「美味清涼孰與偕，允推特品黑松牌，片時口舌乾還潤，頃刻身心熱自排。恰似藍橋瓊液好，真同仙掌玉漿佳。笑余不染相如渴，亦試多杯爽詠懷」。今天風靡全台的黑松牌汽

水，即是借用日商當年的品牌。

　　至於酒，台灣那時因為專賣制度尚未實施，日本當局對此並不禁止，故酒類大多私製，當年艋舺鼎美號的老紅酒，源濟堂的紹興酒，與樹林的紅露酒馳譽遐邇。當時民間釀造的酒，以米酒和紅酒為大宗，他們都設有糟坊，自釀自售，從事批發。除了本地酒、番酒外，還有外地輸入之酒，如由大陸輸入的玫瑰露酒、五加皮酒、紹興酒、虎骨酒等；由外國輸入的有白蘭地、威士忌等，然均不足與日酒抗衡。

　　由日輸入之酒，品牌太多，如白鹿、白鶴、茗翠、菊正宗、澤龜、櫻正宗、金露、楓白鹿、月桂冠、賀茂司正宗、春駒、泉正宗、清力、賀茂鶴、菊露正宗、龜齡、都菊……及白玉葡萄酒、朝日啤酒等等，其中又以白鹿、白鶴、菊正宗，及惠比壽、麒麟兩種啤酒最叫座。

　　此外，日據末期日人全力進行「皇民化」，極力推行台灣人吃豆醬湯及生魚片等，下令學生、公務員、工人採用「便當」等（傳統台人的稱呼為「飯包」，今日已沒有多少人知道。）。總之，經歷日人半世紀的統治同化，台灣菜內涵形式均已改變，譬如魚蝦旁邊配上日式西洋沙拉，形成今日台灣料理必有的形式，部份食堂市招以「漢和洋料理」為號召，台菜又展現了一番新面貌。倒是街頭小吃反能保有傳統形式及滋味，顯得古色古香，清純可愛。

光復以來的大混同

　　台菜著重在菜本身的味道，以往作菜時很少加調味料，較為清淡。日據後，受到日本料理影響，大量加味精，逐漸失去原有特色。到了光復初期，台灣菜給人的觀點，一般說來，是佐料太簡，火候未到，加上無菜不入味精，湯湯水水，吃起來味道總是差不多，不能引人入勝。但它的長處是材料實在，所以在一席之後，朵頤雖未必大快，而大腹卻已便便了。

　　光復以來是一個可喜的大轉變，因為大陸各省同胞先後來到台灣，帶來了各地各族的風味，一下子，巷子裏有人叫賣「饅頭，山東大饅頭」，巷子口有「扁食麵」，小店賣「上海小籠包」，菜市場出售「廣東粥」，四川館有「紅油抄手」，北方佬表演「拉麵」，還有「溫州餛飩」、「粉蒸排骨」、「麻婆豆腐」、「牛肉麵」……，台北地區便匯集了全省各地，甚至中國各省的吃食，各物齊聚，應有盡有，多彩多姿，要什麼有什麼。經過六十餘年的發展，堪稱獨步中外，匯通古今。

　　舉凡如(1)北平菜的「涮羊肉」、「排爐烤鴨」，(2)蒙古、新

疆烤肉，(3)湖北菜的「炒鱔糊」、燒賣、珍珠丸子、豬油糍粑，
(4)湖南菜的臘肉、悶燒活魚、香瓜鴿盅，(5)四川菜的宮保雞丁、
魚香肉絲、麻婆豆腐、一品海參、蒜泥白肉、樟茶鴨子，(6)江浙
的烤菜、雪裡紅、冰糖甲魚、鱔魚糊、獅子頭、南京板鴨、上海
大閘蟹，(7)福州的紅糟鰻魚、煎槽黃魚、紅槽肉、佛跳牆、美人
蟶、螃蟹蒸飯（今稱紅蟳米糕）、蔥油酥、麻花、光餅、魚丸，
(8)潮州客家的燕窩湯、魚翅湯、水晶田雞、鹵水鵝、石榴雞、梅
干扣肉、燒酒雞、鹽焗雞，(9)廣東的飲茶、叉燒包、蠔油包、蝦
麵、河粉、米粉、牛肉燴飯、烤乳豬、廣東粥、狗肉、蛇肉……
等等，在台北地區，三步一小館，五步一大店，可真是應有盡有，
家家餐廳，生意興隆。

　　說起來，在我印象所及，台灣菜並沒有什麼特別之處，想要
舉一兩樣典型的台灣菜，偏偏只想得出一些小吃，很明顯地，台
菜館生意不如江浙館、廣東館、川揚館、湘菜館好。講到小吃，
只能以當時圓環小吃代表台菜，其中肉羹魚翅、炸麥花雀、煨青
菜、燉當歸鴨、魷魚羹、炒米粉，至今回想，口頰留香。不過台
灣菜，大半淡而帶甜，對吃慣外省較重口味的我，反而不甚相投。
說真地，讓我懷念不已的，反倒是窮學生時代的滷豆乾、滷海帶、
滷蛋，煮花生，扁食麵、榨菜麵、陽春麵、牛肉麵，經濟實惠，
物美價廉。

　　讀了大學，因為打工、賣書寫稿，手中寬裕些，對鹹水鴨、
板鴨、烤鴨、烤雞、醬牛肉、滷豬腳……這一類的滷味，興趣不
淺，信義路、武昌街都是打牙祭時，呼朋喚友常去「報到」的地，
口味仍偏重偏鹹。不幸地是進入七十年代，台北迅速發展，許多
高樓大廈矗立街道，出現一家家裝潢富麗的大飯店，很多人時髦

地擠到裏頭去吃「場面」、吃「派頭」，那些僻街陌巷的小吃攤、小館子，一家家歇業，要不老板老了，退休不做了。口味也開始混淆了，川揚北平一色，台灣外省不分，至如今所謂江浙館、湘菜館、四川館……口味全變了，本地與外省菜餚共處一桌，也說不上是那裏口味，不過口味並非一成不變，大家倒吃得其樂融融，不分地域，這倒是一個好現象，因為社會與文化的轉變，往往反映在飲食方面，最先是對不同口味的接納與認同，然後經過一個混同階段，最後才融合成一種新口味。

今天的台灣菜已成了一獨特系統，增加了不少菜色，吸收了日本料理、各省菜餚特色，要吃台菜，不怕避嫌，可以考慮到青葉餐廳與海霸王、甲天下吃吃，吃慣了大魚大肉，口味重的菜，不妨考慮一下清淡爽口的台菜，像蚵仔煎、潤餅、切仔麵、菜脯蛋、蚵卷、瓜仔肉、米粉……都是。也許「清爽可口」、「百饈雜陳」、「生猛海鮮」就是今日台菜的新特色了。尤其可喜的現象是，多年前台菜餐廳的賓客只限於台灣人或日本觀光客，而今外省籍的食客也漸漸多了起來，吃——是不分省籍和族羣的，先以「吃」統一藍綠吧！

台灣菜的烹飪方法

　　中國菜飲譽世界，久為世人所稱道。中國菜不獨講求色味調配，烹飪方法更講變化。譬如刀功便是一例，從大的方面說，就有：切、斬、批、剁、砍、削、旋、剜、剔、排、敲、拍、撬、刮、剖……之別：從小的方面言，光是「切」，又可分為直切、推切、拉切、鋸切、鍘切、滾切等等。經過處理後的原料形狀，又可變化成：片、段、條、絲、丁、粒、末、茸、球等。再說「片」吧，就有中舌片、刨花片、魚腮片、骨牌片、柳葉片、月牙片、馬蹄片、象眼片、鳳眼片、韭菜片、棋子片……等等。

　　火候的強弱，猶屬神技，因火候的大小快慢，使食物變化成鮮、嫩、香、酥、軟，所謂「三分技術七分火」，光就火候來說，就可分成火力、火度、火勢、火時等等，再以「火力」言，又可分成急火（武火）、旺火、慢火（文火）。總之，一位有經驗的廚師，必定熟悉食物的性能，考慮用什麼燃料和炊具，決定火力大小和加熱時間長短，火候適當，自能使食物或鮮嫩或香脆。至於像佐料的蔥、蒜、薑、花椒、胡椒、大料、芥茉、蔴醬、醋、

糖等物，不僅調味，更能中和食物性質，或能去寒去熱，或能助消化，殺毒菌。因為調味的變化，而有苦、辣、酸、甜、鹹五味，中國菜餚之好吃原因，就是做法多、調味巧、火候妙。

中國烹飪術種類繁多，雖名廚專家亦鮮能盡道其詳，加上中國版圖遼闊，做法既不相同，名稱亦不一致，粗略估計，至少有三十多種，有位趙中午先生把它編成一首歌，倒是幫助人好記好唱，歌曰：「炒爆溜烹涮，川抄煎炸拌，燒烤煨燴燜，滷煮蒸熬燉。烘糊焗熗拔，風糟醬凍燻，以上三十法，請君記在心。」不過，台灣平日居家的菜餚料理極為簡素，並沒有這麼繁富多樣的烹飪方法，一般而言，平日居家料理，常用的調理法有下列六種：

(1)煠的（用水煮的東西）：調理法為用水煮食物，再切成適當大小，沾醬油等調味品食用。

(2)炒的：這項調理最常用。首先在鍋裏放油，細切薑、蒜、蔥等調味料翻炒，再放入食物攪拌，最後加鹽或醬油調味。當然，其中火候、用油、下鍋、出鍋，端看個人的手藝了。

(3)炸的：食物裹上麵粉和蛋黃混合，再加以油炸。由於油炸需要大量用油，平常少做，多在祭祀或宴客場合才用。

(4)蒸的：將食物放入適當容器，用蒸籠蒸。因為蒸的也需要大量的燃料，平常亦很少做。燃料因地方而異，像雜木的枝葉、竹枝、竹葉、雜草、籽殼、甘蔗葉等都可以，像木炭等這些高價燃料就少用了。

(5)煮的：和炒的方法相同，先放油，加入薑、蒜或蔥等調味料，其次放入食物，再加少量水攪拌，若要煮成湯，則加入多量的水煮沸。材料煮熟時，再加鹽或醬油調味。

(6)焐（滾）的（煮久一點的東西）：焐的方法，通常用陶鍋，

加適量水份，放入食物，用文火充分煮熟，其次再加鹽調味。另外，肉類等食物用水煮熟後，再加入醬油，不加砂糖，再充份煮爛，名為「封」或「風」。

　　在台灣，炊事全由婦女負責，由於過去是大家族制度，慣例中各房的妻子輪流數日負責炊事，眾口難適，每人口味不同，順了姑意，逆了嫂味，可真難為了主持中饋的人。而且台灣過去沒有「調味料」這玩意，頂多是用油、鹽而已。譬如鹹味，主要用鹽，很少用醬油，即使用醬油，也是少量醬油，加入水份，再加入大量鹽，成為有醬油色的「鹽水」而已。調味既以油鹽為代表，蔬菜也是用水煮過，沾醬油吃。在台灣，油以蔴油最貴，其次豬油，再次土豆油（花生油）、白絞油（大豆油）、烌油（烌豆油）。這些都已經算是極簡素的做法了，如果連這些都用不上，台灣俗諺「吃無油菜湯，睏無腳眠床」，即吃沒有油的菜湯，睡沒有腳的床舖，為粗食的代表，也即是形容極端貧窮。至於「味精」這玩意，過去可沒有，日據時期也少用，反而是光復後才大量使用，這事可說來話長了，就此打住吧！

幾首有關飲食特產的諺語

　　諺語是人類生活體驗的累積，凡是文化發展到一定階段的社
會，在其日常生活中，都會使用這種特殊語言。這種特殊語言，
充分反映著人類社會的描述、智識、歷史、特性、經驗等都是。
這是一項珍貴的資料，因為人類社會的民族構成，歷史的發展，
或自然環境、生活方式、風俗習慣等的歧異，形成各國各民族各
地諺語的特質，在形式上或內容上有著種種差別，所以近代學者
在研究歷史、哲學、或社會學、民俗學等等學科，都把它視為一
項重要資料。

　　同理，台灣也有許多關於飲食的諺語與歇後語，反映了台灣
一地的社會狀況與生活經驗，其中頗多有趣益智者，本篇就介紹
數則於後：

　　(1)一食，二穿：形容民生，食第一，穿為第二。

　　(2)一尾魚落鼎：要煎要煮，任人宰割或決定。

　　(3)一領水蛙皮：笑人衣服少，僅有一件像樣的衣服，常在穿
用。

(4)一身食，三身相：相即看的意思，譏笑人只會看到別人吃。

(5)一粒米，百粒汗：粒粒皆辛苦，勸人不要浪費。

(6)一嘴飯，一尾魚到：謂人善於計較打算。

(7)一樣米，飼百樣人：形容人各有不同，形形色色。

(8)一粒田螺，九碗湯：湯過多，菜料少，或形容食少人多，或譏笑人慳吝。

(9)一皿魚仔，皆皆頭：皆音郭，「都是」的意思，形容一羣人都要強出做頭。

(10)一粒飯粒，擲死三隻黑狗公：「吝嗇之至」。

(11)十二月芥菜：有心。

(12)六月芥菜：假有心。

此外，有關往時本省各地的特產，也有編成歌謠，以下就介紹一首日據時期全台灣的特產，以今視昔，變化之大，不免令人有滄桑之感了。

台灣九份出金門，北投山頂出硫黃，金銅出在水湳洞，烏油石炭出瑞芳。山林一帶出木炭，關仔嶺腳出溫泉，北投山腳著燒碗，宜蘭鴨賭甲膽肝。士林名產石角芋，出名椪柑是新埔，金山海口出硘砧，打狗淺野紅毛土（指淺野牌水泥）。麻豆出名文旦柚，竹東山腳出石油，樹林出名老紅酒，鹽埕出在台南州。台南生產麻布袋，蘇澳出名大白灰，苗栗竹山出柿粿，南勢出名烏龍茶，新竹名悠出凸粉，過溪蕃薯較無根，雙園出名麻竹筍，新竹出名葫蘆屯。南部生產蕃仔豆，鹿港和美出蝦猴，員林庄腳出鹹草，新化線西出蒜頭。深坑淡水出毛蟹，鱸魚出在新店溪，安平海產出干貝，台北出產

茉莉花。內山蕃界出樟腦，士林名產出甜桃，台北溪州（今板橋）出石燥（即砂石），鹿港出名鳳眼糕。溪州出產菜脯干（蘿蔔乾切細小），東港出名紅蝦米，宜蘭金棗黃肉李，竹山粗紙甲筍絲。新莊出名白紗線，嘉義出產龍眼乾，小梅蓮霧與黃潭，豐原出名五牲盤（盛祭拜用五牲的盤子）

另外，還有一首膾炙人口的「安童哥買菜」的民謠，很能表現菜市場的景觀：

安童哥仔囉，一時有主意，匆匆行，你看匆匆去，上街到菜市，菜籃叮噹耳。安童哥仔囉，雙腳行人到菜市，開嘴叫一聲，頭家目睭叶叶耳。東邊看過來，西邊看過去，舉一目，噯唷，看一遍，彼號肥豬肉，肥嘟嘟，噯唷，瘦的紅赤赤。我安童，開嘴就問起，這號一斤是要哇多錢？刣豬仔兄就應伊，肥的一斤五角二，彼號赤的一斤六角四。安童仔囉，實在有打算，又順便買螺肉，返來去煮赤肉。錢將伊用乎伊乾，順便買豬腳，買鴨腳，買雞腳。安童哥仔囉，水蛙、鱔魚、鱉、伊他項嗎合意，又攔背不去，鉸結在領項仔叮噹耳。噯唷，東邊撞過來，又攔西邊撞過去。安童哥仔囉，安童買菜真正賢，味素買返來滲湯頭，彼號罐頭酒，彼號五加皮麥仔酒是食熱天，趕緊買買背背，返來去，安童哥仔囉。

摘敘了這些俚諺，可以讓我們明白，台灣有關飲食，有關各地特產的俚諺其實很多，透過這些俚諺，也正反映了台灣社會百態。

坪林吃蝦蟹

　　台北縣圍繞著台北市的四周，兩面臨海，大屯山在北，中央山脈橫亙在南，中部為寬廣盆地，穿插著淡水河與基隆河。由於靠海臨河，造就了台北縣聞名北台的海鮮與水產的特色，不過因為發展迅速，人口大量移入，破壞了周遭環境，使得昔日名產如新店、三峽的香魚，金山、野柳的蛤蜊，三重的桶柑等逐漸消失。幸好某些地段因近年旅遊觀光的興盛，開發了一些新產品，但也因如此，遊客大增，這批老饕蠶食鯨吞之下，不免令人擔心資源的枯槁。

　　台北縣的水產可以坪林的長臂蝦與毛蟹為代表。

　　坪林位在北勢溪與支流鰱魚堀溪的會合處，是北宜公路的中途站。下了車，憩憩腳，想吃一吃特產，不過，看一看沿路的小吃店，不外乎是貢丸湯，炒米粉、茶葉蛋、糯米腸、蕃薯簽……恐怕倒盡胃口。別急！別急！莫忘了坪林的紅袍小將──長臂蝦。水量豐沛的北勢溪，孕育了無數蝦兵蟹將，每年春夏時，長臂蝦成群活躍在溪裏，因產地不同，形成不同顏色：在坪林的蝦

子，殼色淺綠，愈往上游的澗瀨或水源的泰平，因山林蓊鬱，陽光照射不到，蝦殼顏色較墨綠烏亮，這種蝦當地稱為「黑殼」長臂蝦，其頭部的卵塊脂膏，最是香腴柔膩。尤其作法更是變化多端，形成坪林特有風味。

譬如以猛油急火，快炒幾下起鍋，蝦殼瞬間透紅，再撒上一把蒜瓣丁末，就是一盤香噴噴的「蒜瓣酥蝦」。或則是整盤下鍋油炸透酥的「鹹酥蝦」，酥脆可口，可以整隻咀嚼吞嚥。也可用滾水燙過，成為肉質甜美的「白煮蝦」。也有口味獨特的「燒酒蝦」，或者用鹹橄欖燉的「橄欖蝦」，味道鹹中帶甘，最開脾胃。膽子大的，可以生吞「活跳蝦」。想進補的，還有用活蝦生浸高粱酒的「蝦酒」，保證強精補腎，像一尾「活蝦」，活蹦亂跳。

除了溪蝦，坪林毛蟹以清澈水石、豐富苔藻，飲譽北台灣，號稱「清水毛蟹」，台北人公推第一。

毛蟹屬甲殼軟殼亞綱，頭胸部扁闊，腹部退化反褶於頭胸下方，俗稱「臍」，雌圓雄尖，步腳四對，螯腳一對，表殼堅如盔甲，像個坦克車一樣堅挺。帶卵母蟹年年秋冬之交，趁著山中夜雨的水勢，集體漂流落河，直奔淡水河出海口產卵。孵化的眼幼蟲，逗點般大，不久長成大眼幼蟲，火柴頭大。約經十天，即蛻變成會八腳爬行，兩螯揮動的小蟹。每年春雷乍響，指甲大的小蟹，開始自淡水河口湧入，一隻接著一隻，湧到關渡。一批進入基隆河，一支抵達中興橋，再分二路，一路爬向大漢溪，另一批湧入新店溪；到了雙溪口，續分二路，向右爬向南勢溪的烏來，向左驅向北勢溪坪林源頭。春夏覓食，秋冬下游產卵成了它的生態。

整條淡水河系，沿路都是毛蟹落腳處，排隊溯溪，宛如坦克

部隊。當年毛蟹之多，撿不勝撿，多到拿去搗碎餵豬，不勝其煩。而坪林的毛蟹蓋出名，任何一隻隨手一秤都有半斤重，最肥碩最好價的毛蟹，產在北勢溪的坪林。但如今呢？坪林毛蟹已絕種，原因不外乎人為的濫捕、溪水的污染與施毒，影響到毛蟹的生存，而直潭水庫、翡翠水庫的興築，阻斷了毛蟹的循環生態，洄游生路的斷絕。

　　時至今日，坪林街頭雖仍有出售，但貨源都是來自貢寮雙溪、頭城福德溪、三星粗坑、冬山武荖坑、南澳南澳溪等地，總算仍是北台毛蟹集散中心。不過價錢可貴多了，從前毛蟹是粗俗東西，如今可不輸菜蟳價錢。不過想一想那脂狀蟹膏，金澄蟹黃，連吮帶吸，吃得滿嘴滿手一抹腥黃，好酒佐客，齒頰留香，價錢也不計較了！

　　吃溪蝦、毛蟹，請到坪林！

觀音山的綠竹筍

　　竹性喜溫濕潤，台灣位居亞熱帶，是高溫多濕的自然環境，為竹的理想生育地區。北起基隆，南迄恆春，自平地到丘陵，從山野至田園，到處看得到青翠茂密的竹林。尤其在過去，果園、農田及鄉村住宅家四周，家家戶戶都種有竹叢，或做圍垣綠籬，或用作防風林，實用兼具美化環境效果，竹成為本省農村景緻的一大特色。

　　台灣的竹，種類繁多，計有觀音竹、刺竹、麻竹、桂竹、長枝竹、孟宗竹、綠竹、烏腳竹，及人面竹、箭竹、葫蘆竹等，一般種竹的農家，都是將竹林材當做主產物，做為主要收益來源，其他筍、籜、枝、葉、鞭等算是副產物，也就是說從頭到腳，其桿、枝、葉、籜、鞭根、芽幼，無一不為人類居屋、工具、器物、或食用之資，各有用途，無一廢物。例如竹枝可製掃帚，拂塵、薪材。竹葉可編簑衣、笠帽、包粽子，淡竹葉還可供中藥用，做清涼劑。鞭根用來製工藝品。竹籜用於靴鞋舖底或包裝食物。竹桿用途，大如房屋建築，小至筷子、牙籤、幼兒的欄床，老人的

枴杖，作用更多。衣食住行，無所不包，用途之廣，筆不勝書。因此台灣的竹材加工業，自古以來便相當普遍發達，全省各地均有生產，成為農村家庭的副業，婦孺老弱均可投入生產。主要產地，在當年以台北縣的新莊、台北市的內湖、台南縣的關廟、龍崎，南投縣的竹山，桃園縣的山地鄉鎮等地都有，其中尤以關廟最為馳名。

　　竹筍是竹自根莖生出的嫩芽，外包以籜，又稱「竹萌」、「竹胎」、「竹芽」，具有清香鮮美風味，富滋養成分，又是今日良好的減肥食物之一。在台灣產竹類中，麻竹、綠竹、孟宗竹、烏腳竹、桂竹等的竹筍皆可食用，其中麻竹筍和綠竹筍生產最多，而孟宗竹的冬筍，更是鮮嫩可口，為人間美味。想吃竹筍，不必走遠，在台北縣的觀音山，遍地皆是。

　　在台灣，台北縣的綠竹面積高居台灣第一；在五股鄉，又佔台北縣第一，就這樣，位於觀音山南麓的五股建立了綠竹筍王國，收入遠比種田好。觀音山綠竹筍產期分為春、夏、秋，每年五月一日起春筍開始上市，端午節後是夏筍，中元節則是秋筍，直到雙十節，才結束生產。至於冬筍，則要讓賢給孟宗竹筍了。

　　觀音山綠竹筍產量不僅是台灣第一，品質也堪稱第一。他地的綠竹筍，筍尖墨綠，筍身直聳，筍籜較厚，筍肉較黃，纖維較粗。而觀音山所產，筍尖較白，筍頭大，筍身短，成牛角狀，故又有人稱它為「牛角筍」，成了觀音山綠竹筍的註冊商標。綠竹筍的煮法，大支的煮半小時，小支的煮二十分鐘，煮時撒點鹽，更增竹筍的甜美。煮時帶籜煮的，會使筍肉帶點黃黃，若要筍肉清白如雪，切冷盤好看，則要剝籜煮。煮好放冷，可置入冰箱，隨時拿出吃，耐久可藏，不怕乾枯或腐酸。膽子大的，生吃活剝，

入口無渣，鮮甜幼嫩，勝過水梨，富有脆脆的口嚼感。尤其竹筍的纖維有助腸胃蠕動，竹筍涼質有助降低血壓清血路，是減肥者天然聖品，而且夏季是颱風季節，常有缺蔬菜之荒，更有賴綠竹筍的調節供應。

　　綠竹筍又分早筍與水筍，一大早上山挖的，早市賣的，沾有泥巴，這是早筍。上午挖的，下午集中到筍窟集貨站，以山泉水浸泡，分級後，傍晚送到果菜公司，隔早上市，這是水筍，味道差些。下次到觀音山爬山，看到路旁有「筍窟」，水面上漂著一堆堆的綠竹筍，把握機會，上前講好價錢，五斤、十斤的帶回家，趁鮮就吃，清淡可口，利脾開胃，過癮極了。

　　除了觀音山綠竹筍外，大屯山、七星山、竹子山的箭竹筍也不可錯過。箭竹筍只有人的指頭粗細，有一股淡香，誘人口水，而且一年中只有三月份有，從驚蟄開始，清明結束。清明之後，筍身短小，纖維老化，帶有苦澀，風味可差多了。烹調方法，或燉排骨湯，或煮熟再炒豬油鹹菜肉絲，亦可涼拌沙拉，風味遠勝番麥筍的玉米幼穗。

　　每年三月，沿著陽金公路，從竹子湖，下抵馬槽；在大屯山，則沿著淡水、北新莊往竹子湖的巴拉卡公路、于右任墓園往上山坡，就在路邊，到處是箭竹林，不怕麻煩的，儘管摘採，沒人管。嫌麻煩，就買現成，不過可不便宜，一斤叫價一、兩百元呢！

烏來的鱸鰻與苦花魚

　　台灣習俗稱流氓叫鱸鰻，為何有如此稱呼？學者專家有下列二說：（一）為「流僈」的「走音」（訛音），所謂流僈便是奢侈放蕩，耽於逸樂，不務本業的意思，鱸鰻之於流僈、流氓，於音為近，於義為長，是其偽音。（二）鱸鰻是魚類世界中的惡霸，恃其力強勁大，橫行江海，吞噬弱小的魚類、甲殼類，彷如流氓欺壓善良，橫行鄉里一般。而且鱸鰻滑溜刁頑，兇猛難捕，正像流氓難於制伏，所以拿鱸鰻來稱呼流氓，正是音義貼切。在台灣民間，把流氓分成文鱸鰻與武鱸鰻二種；文鱸鰻指的是那些假借名義，強銷書籍，或以刀筆訴訟，威脅勒索的藝文界敗類；武鱸鰻自然指的是魚肉善民的黑道兄弟了。

　　不過，在烏來的鱸鰻可不是那些耍狠逞勇的鄉里流氓，任憑牠再大尾再凶悍，到頭來還是逃不過生物最大的環保流氓──「人類」的手到擒來，被殺被吃。

　　鱸鰻是橫行溪流的傳奇霸王，牠的體軀龐大，行動隱密，台灣俗語：「鱸鰻箍，碗公粗；鱸鰻箍，大腿粗。」就可知道牠有

多大多重了，動輒二、三十台斤，小意思，民間可怕的傳奇故事才多，例如在宜蘭冬山武荖坑溪捕獲八十多台斤的鱸鰻，曾一口吃下一頭小仔豬，眼球如鴨蛋大。基隆河流經平溪嶺腳瀑布下的那窟潭水，流傳「鱸鰻耳，一斤十二兩」的故事。碧潭旁的老漁販林龜理，曾述說他的秤魚生涯，他有三支秤，一支十五斤，秤香魚用的；一支三十斤，秤鯉魚的，另一支六十三斤大秤，專門秤鱸鰻用的，如今呢？前兩支秤早已不用，不知丟到那裏，第三支秤保留至今，但也久矣不用。

在烏來，也留下一段傳奇，在雲仙樂園瀑布下的洞窟捕獲一尾五、六尺長，碗公粗，重達四十二台斤重的鱸鰻，被一名原住民利用鱸鰻秋來降河下海的習性，以粗網攔截到，轟動一時。但如今，隨著生態環境的破壞，鱸鰻逐年的稀少，烏來所產的，來自本地的桶後溪及福山溪，部分來自坪林、三峽，價格也愈加騰貴，一兩近百元，只有高級客人才捨得吃。

鱸鰻全身都是寶，講究燉藥吃補，「見頭三分補」，燉枸杞、當歸，老人吃，血路通補元氣；孕婦吃，產後補奶水；開刀後病人吃，補充體力。燉紅露酒，腳常抽筋吃了有用；冬天燉八珍，吃了禦寒。最重要的是牠「生猛有勁力」、「尾勁卡有力」，據說吃了可壯陽。回想當年，鱸鰻屬於粗俗物，多到沒人要，傳說八七水災那年，山洪大作，將北勢溪、南勢溪的鱸鰻，一舉沖到關渡，一路上與溪石漂木碰撞，死傷纍纍，趴死在泥灘上，估計不下千尾，這就可以想見當年鱸鰻之多。在今日，牠因卡路里高，油質膠質特多，富含荷爾蒙，普受重視；在當年嫌牠太油膩，和吸油的鹹菜乾合煮成一鍋「鹹菜鱸鰻」，是溪邊住家一道家常菜，還嫌吃膩了；或是將鱸鰻橫切成一圈圈，在鍋底煎焙烘乾，成一

片片的魚餅，可隨時吃來補，如今可大不同了。

　　正因鱸鰻野生的逐年稀少，現在也有人工養的，怎麼分別？簡單，野生的，充滿活勁有力，常鑽洞窟，嘴吻較鈍粗，顏色近乎岩褐色的保護色；人工的，大小一樣，活力差，懶洋洋的，嘴吻尖。

　　烏來除了出產鱸鰻外，還有「苦花故鄉」之譽，出產苦花魚。苦花魚即鯝魚，其得名有一說是因牠咽喉處有一粒血珠，吃時苦苦的，因此得名。其實不是，由於苦花魚性喜依偎溪石邊，斜掠式啃食苔藻，台人稱其「靠偎」，訛傳成「苦花」。苦花別稱頗多，有「石頭偎」、「齊頭偎」、「六口魚」，烏來原住民稱其「古烈馬賴」（意思是真正的魚），今日因牠盛產在烏來福山村，又名「福山魚」。

　　為何是「真正的魚」呢？因為苦花天性好逆流戰水，泳力剽悍，逆水直竄，愈是高山深谷，急流湍瀨，愈是清一色的大尾苦花。因此原住民每屆冬春，在懸湍瀑布處，埋下魚簍，請魚入殼。要嘛，夏秋兩季，以叉魚為主，這時只見他們身帶一支橡皮彈簧魚叉，一副潛水鏡，一只吊腰簍，一隻膠鞋，選擇兩石中急流，翻身潛水，瞄準魚蹤，咻的一聲，百發百中。捕來的苦花，作成「苦花乾」、「苦花漬」、「腸肚漬」，是泰雅族的傳統食品，不過苦花漬濃腥帶酸，不是一般人所能下嚥，反倒不如現烤，那滋味，苦甘苦甘，可不輸香魚。

吃在淡水

　　大凡海島居民生活，一般都喜歡吃海鮮魚類，在台灣也不例外。台灣吃海鮮，高雄的愛河、旗津，彰化的鹿港相當不錯，在台北，就要數淡水第一了，保證新鮮道地。其中一道「螃蟹炒蛋」，可是膾炙人口，幾幾乎成了「淡水鎮菜」的代表。不過可能很多人不知道，所謂螃蟹，用的是來自基隆的海蟳，並不是「淡水鎮產」。但何以基隆未發展出這道名菜，反倒是淡水發揚光大呢？原因就在炒「蛋」的蛋要選用關渡的紅仁鴨蛋，淡水佔地利之便，匯集兩地物，拼成一道名菜。

　　用鴨蛋原因是：雞蛋蛋黃是「黃」的，唯有紅仁鴨蛋和蟳仔的卵塊炒成紅色，混成清一色，足以亂真，好看又好吃。螃蟹炒蛋的要訣是：殼要酥、肉要Q，仁要紅。由於秋冬季節捕獲的都是下過卵的「空殼」，要吃這道菜，可要記得春夏時去吃，肉飽卵紅，正是時候。其蒸調方法是；先剝掉海蟳的背殼，去臍，除去瓣狀鰓。剁腳、碎螯，每隻均勻橫切三、四塊，裹蕃薯粉，下鍋油炸八、九分酥，呈乾煸狀，撈起，換鍋，撒下洋葱片，倒一

勻蛋黃，炒幾下，鏟起端出，就是一盤熱騰騰、油油的、紅嘟嘟的螃蟹炒蛋。

　　另外一道名菜是炒海瓜子。台灣海瓜子的兩大產地：一在淡水，一在澎湖。在淡水，從沙崙起到六塊厝，海邊砂石到處有，其中以沙崙海水浴場左側的「石滬」產量第一，地當淡水河出海口，半鹹水的滋養，海瓜子特別肥特別好吃。

　　海瓜子的滋味，在於肉嫩，呷氣味不是吃粗飽，「粉蟯吃肉，海瓜子吃氣味」，要吃儘是吃那殼內的一點湯汁，吃殼內的肉反倒成了外行。由於海瓜子殼較薄，炒時很容易碎裂，因此炒時，要猛火、熱鍋、快炒，幾秒鐘翻炒，只要口一開，迅速起鍋，鏟入盤中，連同蠔油、五味、九層塔端出，就是一盤香噴噴的名菜。不過有些海產店常用花蛤來騙外地來的外行人，因為海瓜子少，貴，花蛤量多，便宜。下次叫這道菜時，要注意一下真假，真的海瓜子呈卵圓形，樣子像瓜子形狀；冒充的花蛤，呈卵三角形，稍一注意，就可看出。

　　除了這些海產，早年還有粉蟯、血蚶、西施舌、竹蛆、沙穗仔、青蚶、廣呆、赤嘴仔等貝類，如今僅存較耐污染的粉蟯，不過，看來也不樂觀。而海產製品的魚丸與魚酥也是一絕，以鯊魚肉漿包一些肉燥的淡水魚丸，百吃不厭（其實就是小粒福州魚丸的做法），但是奇怪的是就是只有渡船頭那家可口魚丸湯，好吃，其他家就是差了一截。另外將黃魚的肉和骨打碎，混上蕃薯粉，做成條狀，炸熟再炸酥，作成魚酥，也成一道淡水特產。

　　「淡水阿給」也是一道特產，由於主要作料是油豆腐，日語稱豆腐音為「阿不拉給」，遂簡稱「阿給」，成了正式名稱。阿給作法是將四方形的油豆腐中間挖空，填進炒過的粉絲、肉燥，

用魚漿封口蒸熟（其實脫胎自揚州的獅子頭做法），吃時淋上甜辣醬、香、甜、辣、嫩，口感氣味十足，可是一級棒。淡水阿給集中在真理街，每家都說「正宗」的、「老牌」的、「頭一家」的、「老店」的，真假如何？只有各憑口味與服務了。

　　此外，到淡水大家只會叫海鮮，不知叫盤燙西洋菜，淡江大學後山，淡水的水源頭生長一種水生的西洋菜（又名水蘿菜），有退肝火、降血壓、解鬱的作用，是廣東人的一道名菜。炸蚵仔煎不用茼蒿改用西洋菜，另有一股淡香洋溢，吃時或用燙的或旺火快炒，莖白菜脆，別有一番滋味。

　　至於阿婆鐵蛋，已被炒作變調。鐵蛋的由來其實是當初滷蛋賣不完，捨不得丟掉，一滷再滷，加上吹海風，變成又黑又小又韌又耐嚼，意外成為一道特產。吃時，奉勸一句，可要注意新鮮度與乾淨度。

八月桂香龍眼甜

　　龍眼和荔枝，都是中國的特產，產地也都在南方的福建、台灣、廣東、廣西、浙江、四川等地。據古書的記載，早在西漢時南越王趙佗貢獻給漢高祖劉邦，朝廷也有賞賜給來朝貢的使者。至於台灣，據園藝學者的考證，大約在清初才傳進台灣。本省栽培的地方，集中嘉義、台南地區，再往南就少了。通常荔枝在五月中旬上市，端午節是盛產期，七月下旬就很少了。這時，龍眼才緊接上市，因其在荔枝之後，形狀又相似，故有「荔奴」之別名。龍眼產季以中元節前後為最後，過了九月就少了。

　　台灣龍眼大致可分為福眼、粉殼、鈕仔眼三種：福眼果粒最大，是市售常見。粉殼略小，罐頭多用這種。鈕仔眼最小，像鈕扣一樣故得名。台灣民俗，中元節祭拜，常用龍眼，一方面是應景上市，一方面是果實粒多，可供眾家好兄弟平分吃食。

　　關於龍眼的由來，泉州流傳著一個傳說：很久以前，有一位叫「桂圓」的小伙子，他所住的村莊附近河流有一條惡龍，每三年要興風作浪，發大水沖沒房屋莊稼，死傷無數，於是桂圓決定

勤練武藝，為民除害。有一天，他救了一隻受傷的小蒼鷹，傷好後，蒼鷹向他點頭振翅飛走。又有一天，救了一條小白蛇，小白蛇也向他點頭遊走。三年後，惡龍又來侵襲村莊，桂圓與牠一番纏鬥，正在難分難捨時，一隻大蒼鷹飛撲過來啄攪蛟龍，又有一條白蟒緊緊纏住惡龍，最後蒼鷹、巨蟒都犧牲了，但也耗掉惡龍的力氣，這時桂圓把握機會，殺死了惡龍，取下一對「龍眼」帶回家。不料當地有個悍財主想搶奪，便派眾多家丁包圍攻擊桂圓，桂圓不敵，一顆吞下，一顆丟擲遠方。吞下龍眼的桂圓，瞬間化作一條巨龍，飛天而去。而掉在地縫的那顆「龍眼」，不久長出一株果樹，每年桂花飄香時，便結果纍纍，一粒粒金黃色的果子，剝開殼，果肉潔白晶瑩，果核烏黑發亮，活像龍眼珠，後人便稱這種水果為「龍眼」或「桂圓」。

　　當然，眾所週知，選購龍眼，自然以新鮮者為上選。新鮮果肉大如彈丸，內含乳白色半透明果漿，色澤晶瑩，味甜如蜜。龍眼除了鮮食外，也有製成罐頭，也有烘乾後，果肉暗褐色，質地柔韌稱為桂圓（乾），是傳統的名貴補品，有補心健脾、養血安神的功效，明代李時珍《本草綱目》稱：「食品以荔枝為貴，而資益則以龍眼為良。」甚至也有治脫髮、心悸、產後調理、失眠、頭暈的用途，有人以「東北人參、南方桂圓」並稱，可以想見其珍貴。龍眼肉還有一種妙用途，代替膠囊糖衣，用作包裹苦味藥品吞服，恐怕好多人不知道吧！

　　龍眼是珍貴食品，也是有價值的中藥，它的肉、皮、核、根均可入藥，歷代的藥書推崇備至。到了廚師手中，還可以做出「東壁龍珠」、「碧玉龍珠」、「八寶龍珠」等十幾道名菜。龍眼的好處還不止此，龍眼花釀成的龍眼蜜，清香芳甜，解熱消暑。龍

眼木質堅緻，色澤古雅，宜於木雕，龍眼之用大矣哉！不過，龍
眼雖有以上的好處，中醫師也強調，凡是腹瀉、消化不良、中滿
氣壅、舌苔厚膩者，不宜使用，切記！！切記！！

　　在台灣，目前以台南縣東山鄉，龍眼與福肉成為其特產，昔
年還在嘉義組織「福圓郊」專作批發與出口。每年龍眼盛產期，
鄉民除忙著採收外，並加工製成福肉，方法是以傳統土窯「烘灶」
來烘培，約三天焙成十分乾，色澤黑褐，屬劣級品，今日大多採
用新式熱風烘焙機，時間縮短為一天，只焙七分乾，呈赤褐色，
為一級品；焙成九分乾，暗褐色，為二級品。帶殼的龍眼焙好後，
一方面用人工剝開，一面放在一口炭爐，上置小鋼板與竹篾，放
在上面燻烤可便利剝肉去核。龍眼肉剝下後，為耐久須再曝曬
二、三日，以防發霉，之後大功告成，成了一顆顆香甜的福肉。
想想，在嚴寒的冬天，來上一盅的燉米糕、八寶飯、桂圓粥，或
是熱騰騰的一杯桂圓茶，一股暖流直沁心脾，頓時化成了暖冬。

香蕉甘美如飴蜜

　　香蕉氣味清香芬芳，味甜爽口，肉軟滑膩，人人愛吃。據古書記載，我國漢代就已栽培，那時稱作「甘蕉」。晉朝人稽含曾描述香蕉：「剝其子上皮，色黃白，味似葡萄。甜而脆，亦療肌。」至於為何叫香蕉呢？宋人陸佃解釋：「蕉不落葉，一葉舒則一葉蕉，故謂之蕉。」倒是不假。

　　香蕉營養豐富，內含澱粉、糖份、蛋白質、果膠、維他命Ａ、Ｂ、Ｃ、Ｅ，和鈣、磷、鐵等礦物質。從香蕉中提取的香蕉精，芳香撲鼻，常用於製作果汁、甜酒、果糖、飲料、牙膏香料等等。中醫認為香蕉具有止煩渴、潤肺腸、通血脈、填精髓功用，適用於便秘、酒醉、乾渴、發燒、皮膚生瘡等症。香蕉全身上下都有藥用價值。根性味甘淡寒，能滲濕利尿、清熱退燒。根莖部去外皮，擦患處，可治麻疹。汁可治燙火傷，梳頭可生髮變黑。花燒化研末，加鹽開水送服，可治胃疼與子宮脫垂。葉研末加生薑汁塗腫毒，有消炎止疼效果。香蕉皮，煎湯服，可治高血壓和白喉，民間偏方據說可治失戀，那麼常服就不怕失戀了吧！（一笑）

　　香蕉為百果之冠，分佈最廣，產量最多，是大宗商品，可代糧食充飢，又可製成各式點心，還可用於烹調作菜，與釀酒。所以地處熱帶的中南美洲、非洲國家，普遍栽種香蕉外銷。台灣原來不產香蕉，據說是早期移民自廣東帶來矮種的象牙蕉（一說仙人蕉）。此外還有後來引自南洋地區的短指蕉，一般稱為芭蕉或呂宋蕉，其中有些是紫紅色外皮的紅皮香蕉，看過的人恐怕比較少些。過去在五十年代，台灣香蕉曾是重要的外銷品，號稱香蕉王國，還有曾爆發過弊端的青蕉案，喧騰一時。到如今大多被鄰近的菲律賓、泰國，以及近來的中國大陸所取代，已失去往昔光彩的地位。

　　香蕉其實應分為香蕉、芭蕉、粉蕉三類。但在台灣，習慣以產地及產期來區別，分為春蕉、夏蕉、秋蕉、冬蕉與華龍蕉等。也就是說在春夏季節氣溫較高時，產在高屏地區，果把與果指較長大，稱之為春、夏蕉、高屏蕉，也有人稱為北蕉。在氣溫較低的秋冬季節，產地以台中地區為主，數量較少，果把果指也較小，習慣稱為秋、冬蕉、台中蕉，或山蕉。

　　北蕉主產地是眾人皆知的高雄旗山鎮，素有「番蕉王國」美譽。鎮民冬以植蕉為業，放眼望去，整個旗山鎮的農田幾乎全是蕉園，一片蕉葉青翠高聳，形成蕉海，真是景色壯觀。山蕉主產地則是南投縣的集集，雖種植面積不如旗山廣大，但也是有名產地，令人印象深刻。

　　台灣香蕉外銷以春蕉為主，春蕉又可分成白皮、黑皮兩類。黑皮約在五月初採收，白皮則在五月底採取，由於以外銷日本為主，在台灣市場較難見到，平常消費者所看到的多是外皮帶著花斑紋的華龍蕉。不過黑皮、白皮到了成熟，外皮由青轉黃，一般

人不易辨認分別，這時只好從兩層排列長短來看。上層長下層短的是白皮，兩層相差不大的是黑皮。

挑香蕉，應該挑果指肥大，果指尾端圓滑，果皮外緣稜線不明顯的。若表皮變色，有黑斑的，這是香蕉最熟透之時，俗稱「芝麻蕉」，固然是風味最好時，但要快吃，這也表示即將開始霉壞。若想實地採摘嘗鮮，在集集到水里之間的洞角、大坪，有數家店面專賣蕉農未及採收的「在樹黃」香蕉，表皮黃綠摻雜，吃起來，說句良心話，未必清香柔潤甘美，但卻是別有一番滋味在心頭。

日啖荔枝三百顆

　　入夏之後，荔枝又到了成熟季節。荔枝由於香氣清遠，甘香適口，自古以來不少帝王和文人墨客，便對荔枝有很高的評價。唐代詩人白居易曾對荔枝描述：「朵如葡萄，核如枇杷，殼如紅繒，膜如紫絹，瓤肉瑩白如冰雪，漿液甘酸如醴酪。」並寫詩讚美道：「嚼疑天上味，嗅異世間香。」宋人蘇東坡也認定荔枝是世上最鮮美的水果，寫詩誇大的稱讚：「日啖荔枝三百顆，不妨長作嶺南人。」

　　荔枝甘甜如蜜，所以人人愛吃，但是千萬可不要相信蘇東坡的話，真的日吃三百顆，因為在中醫觀念中荔枝性熱，《本草從新》記載：「食荔枝過多，使人發熱煩渴，齦腫鼻血。」所以台灣俗語說：「一顆荔枝三把火」即是指此。萬一真的吃多了，可會引起上火發炎，輕則噁心，四肢無力；重則頭昏眩暈。果真貪吃引起這些症狀時怎麼辦？別擔心，民間也有偏方治療，很簡單，即是把荔枝殼煎水，飲下便可消解。

　　除了這一個害處外，荔枝功用可多了。含有豐富蛋白質、脂

肪、維他命 B1、B2、C，和檸檬酸、蔗糖、果膠、鈣、磷、鐵等。中醫看法則是：益心肝、養肝血、止煩渴、填精髓、益顏色，可治療淋巴結核、腫毒、痘疹、脾虛久瀉、貧血、胃寒痛等症。尤其荔枝核，中醫認為核可入肝腎二經，是散寒去濕之品，是疏肝理氣良藥，能去寒散滯，能行血氣。所以荔枝營養價值高，除鮮食外，還可製成罐頭、乾脯、荔枝膏，也可以釀成荔枝酒。

荔枝普受大家喜愛，歷代帝王宮妃也不例外。漢武帝愛荔枝，下令在長安的上林苑築「扶荔宮」，把生於南方的荔枝強行移植到西北地區，結果失敗，居然生氣殺了一些植樹人。唐代楊貴妃楊玉環愛吃鮮荔枝，玄宗便派人從廣東、四川乘驛馬，一刻不停地從千里外運到長安，累死害慘許多差官和驛馬，詩人杜牧寫道：「長安回望繡成堆，由頂千門次第開。一騎紅塵妃子笑，無人知是荔枝來。」在文學史上這是一段佳話，在史實上卻是人民的災難。到了宋徽宗，從福建移植小株品種到汴京（開封），置於瓦器中供觀賞，還寫詩吹噓：「蜜移造化出閩山，禁御新栽荔枝丹。」

荔枝產在閩、粵、蜀三地，種類多，名稱雜。根據學者考證，台灣荔枝栽種是早期移民從福建帶來苗木，種在屏東的東港。目前東港據說還有一部分老荔枝樹還是碩果僅存的「開台荔枝」呢！台灣荔枝產地，從南端的屏東，到北部的新竹都有，上市時間恰好也是由南到北，從五月屏東荔枝先上市，一路往北：高雄→台南→彰化→台中→南投→新竹，到了七月，荔枝產期就結束了，產期很短。

荔枝是世界上稀有水果之一，品種有三、四十種，有著豔麗的名稱，如：妃子笑、一品紅、釵頭、紅綉鞋、滿林香、綠衣郎、

丁香、玉荷包、陳紫、掛綠、糯米滋、鶴頂、周家紅、十八娘等。但為什麼叫荔枝呢？據說是因為結果實時，枝弱而蒂牢固，不可摘取，只能連枝一起摘割下來，所以取名「離枝」，以後雅化改稱「荔枝」。台灣荔枝品種，目前較重要的有四種：（一）狀元紅：成熟時果園整片紅豔，俗稱「滿山紅」。因果粒較小，肉層較薄，且稍酸，多用來曬乾出售。（二）黑葉：果粒大，果肉厚，核子大，甜度高，風味好，結果多，是目前台灣最主要的優良品種。但產量有一年多第二年就少的討厭現象。（三）糯米滋：果皮粗，有疙瘩粒狀為其特徵，尤其種核子小是最大特色。可惜汁液較少，在台灣栽種不多。（四）玉荷包：上闊下尖，形似荷包而得名。種小肉厚，甜度高，也是優良品種，可嘆結果率低，只有少量栽培，初上帝時一斤要價高達三百元左右，一般大眾可捨不得買來吃呢。

荔枝的色、香、味俱佳，選購時以皮色鮮麗、著色完整、不脫粒為原則。反之表皮變褐乾萎，風味不新鮮，不買為宜。白居易說：「若離本枝，一日而色變，二日而香變，三日而味變，四五日色香味盡去矣！」雖誇大，但不失實情。

清涼飲料青草茶

　　炎炎夏日，如能喝到一杯清涼解渴的青草茶，的確是一件非常愜意爽快的事。在現代有各種消暑飲料冷飲，如汽水、可樂、冰淇淋、雪糕、冰棒、果汁等，在清代的台灣可沒有這些，所以古人只有靠打扇取涼，飲用冷開水來解渴，稱得上冷飲冷食以解渴的傳統飲料，似乎只有仙草、愛玉、米苔目、涼粿、青草茶、地骨露、涼粉條、涼粉圓、杏仁豆腐……等等。

　　現代人們習慣常飲用的冷飲，大半引自西方，可惜只能解一時之渴，卻難以有益身體。近年來，有感於市面上飲料的缺點，以及復古之風，乃轉而提倡過去民間的傳統飲料，紛紛出現各種烏龍茶、包種茶、冬瓜汁、椰子汁、楊桃汁、蜂蜜檸檬汁及青草茶、仙草凍等等，這些由天然植物製成的飲料，不僅能生津止渴，降火消暑，有益健康，又無副作用，受一般民眾及年輕人歡迎，只是若要提起製法或是傳奇故事，恐怕就沒有幾個人知道了，以下我們就一一介紹吧！

　　在路邊攤上，常常可發現擺著一個大陶瓷，上面斗大的字寫

著「生津止渴，清涼退火——青草茶」，桶中的青草茶，可是用各種青草調製烹煮而成。不過，各家的配方不一，通常都秘而不宣，視之為最高商業機密。雖然在青草茶攤上喝一杯，便宜又方便，但到底口味不一定適合。在今日講究自己動手的時代，只要對草藥有點常識，不妨親自走一趟青草藥店，定有斬獲，也更能有個清涼健康的夏天。

　　所謂青草茶，是以一種，或多種具有藥用性質的草本植物，加水及其他配料煎煮後，取汁飲用。用來做成青草茶的植物，種類有四、五十種之多，各家配方，少者三、四種，多者十餘種，成為各家秘方。在這四、五十種植物中，鳳尾草是最基本的一種，其他較常用的有：臭腥草、薄荷、車前草、香菇、絲草、一枝香、豐草、甜珠草、岡梅根、倒地麻、馬鞭草、含殼草、馬蹄金……等等。欲購配製青草茶的草藥，識得草木的，可以到郊區山野採取曬乾泡製，懶惰或不懂得，不妨直接到青草店購買，他們通常已將草藥配好，束捆成包供應顧客所需。

　　當然，如何調配，全視個人口味作變化，例如想要有苦味，可選擇鳳尾草、小飛陽草、苦鳳尾草。喜歡甜甜的，可選擇岡梅根、仙草、甜珠草、草梧桐、黃花蜜茶。想顏色濃點的，可加香菇、仙草、草梧桐。若加些薄荷，則喝起來有泌涼入脾之感。

　　一般青草茶作法是：將採購回去的青草洗好，放進大鍋裏，隨個人喜好，加適當的水，先以小火煎煮二、三個小時，再放進冰糖，最後濾去葉渣。將汁液放進冰箱冰涼就可。洛神花茶作法更簡便了，只要在市面上買現成的洛神花泡水煮沸即可，再加冰塊、冰糖或檸檬、蜂蜜，便成為一杯紫紅色帶有酸梅味道的夏季冷飲。苦茶的配方是由紅尾蛇、鳳尾草、茵陳草、萬點金、薄荷

草、苦參根合成。至於處處可見的酸梅湯，是用烏梅、仙楂、桂花瓣、甘草片合成，用大火煎熬二十分鐘，再以小火慢熬個把小時即可。

這些青草大都具有消暑、解熱、利尿、降火等功效，有些甚至還具有祛風、治感冒、肝炎、糖尿病、盲腸炎、高血壓……等等效果，對時下一般吃得太好的富貴毛病，倒有調節救濟作用。例如很多人喜歡吃麻辣火鍋，吃多了容易上火，生理不適，便可多喝苦茶平衡。尤其吃慣油炸性食物，或正值青春期的年輕人，常為「戰痘」苦惱，常喝苦茶有意想不到的功效。

幾種消暑的水果

　　除了青草茶可以消暑降火外，像甘蔗汁、椰子汁、冬瓜露、楊桃汁、西瓜汁……等，亦具有同等效果。

　　我國是甘蔗的原產地之一，早在原始社會，人們就懂得採蔗莖「咋嚼其汁」。根據古文獻的記載，甘蔗那時或叫做「拓漿」、「甘藷」古人已知它具有生津解渴，解酒銷醉的功用，所在郊祭或宴席之後，喝酒太多，用它來解醒。故事傳說，三國時魏文帝曹丕愛吃甘蔗，他和大臣議事時，邊啃邊議，下殿時還把甘蔗當手杖拄著。到了唐宋時代，我們可以在時人的詩文中，大量發現讚美蔗汁的詩句，這可證明當時人們，愛好喝蔗汁的風尚是如何盛行了。明清時代，甘蔗產地遍佈全中國，其品種有三十餘種，有的以形取名，如竹蔗、茅蔗；有的以色味取名，如紅蔗、紫蔗；有的以用途取名，如藥蔗、臘蔗；還有的以產地取名，如昆倉蔗、扶風蔗等。

　　在台灣，中南部地區因氣候、土壤適宜，產量豐富，其中又可簡分為綠皮和紅皮兩種：綠皮甘蔗因纖維粗，糖汁少，不適合啃食，都用來製糖。紅皮的纖維較細，糖汁多，適合人們啃食。

甘蔗長成後約有一丈多高，越靠近根部莖節越硬越甜，俗諺「倒吃甘蔗，越來越甜」，即是指此。以前人吃甘蔗是直接削皮啃食，自從壓蔗機出現後，就可直接飲用甘蔗汁。告訴你們一個小秘訣：在街道攤販買甘蔗汁喝，可要挑顏色淺的，深的是放久了，味道自然差。顏色淺的是剛壓榨出來，看來透明清涼，若再加上一、二滴檸檬汁，那股甘甜微酸的滋味，可真是應了一句廣告詞——清涼有勁。

椰子又稱柳粟，果實之大，有「熱帶巨果」之外號。椰子在中國也大約有兩千年歷史，分布在海南島及東海沿海栽培最多。在台灣，是屏東地區的特產，成熟時，裏面盛滿椰汁，搖晃有聲，其汁清如水，甜如蜜，晶瑩透亮，清涼解渴，是提神袪暑的好飲料。椰汁純淨，剛剖開的椰子，沒有任何污染，據說在二次大戰時，曾有美國和日本戰地醫生在緊急時，用新鮮椰汁代替葡萄糖液，直接注射靜脈，就可以知道它的功效了。只可惜在台北想喝上一杯椰子汁，價錢可不便宜。

西瓜是炎夏恩物，是瓜果之王，在炎熱夏天，吃上一塊西瓜，馬上感到暑意頓消。元人方夔詠西瓜詩：「香浮笑話牙生水，涼入衣襟骨有風」確實將西瓜風味形容得維妙維肖。

西瓜原產地是南非，後來經由埃及傳入東方。據說在漢代時由西域傳入中國，故名西瓜，因其性寒，又名寒瓜，也有水瓜、夏瓜之稱，由於水土、氣候不同，全國各地培育出不同特點的西瓜，形色各異：如瓜瓤有大紅、桔黃、白色等，籽有黑、黃、絳、白各色；瓜皮有黑、青、花、白等數種。在台灣，因氣候關係，在各季皆可出產西瓜，清代康熙、雍正皇帝在位時，還屢次由內廷頒賜瓜種試種在台灣，再由閩浙總督專門進貢朝廷，當做廟祭

或祝壽之用，博得了「萬壽果」之美名。西瓜是夏季大眾愛吃水果之一，除了消暑解渴外，還有利尿、解酒、提神、開胃的功效，不過凡事適可而止，西瓜不可多吃，容易傷脾胃，引起腹痛腹瀉，貪食則適得其反。

各種瓜類，大都在春夏秋三季結實，惟有冬瓜，雖在冬季也能生長，故名冬瓜。冬瓜一年四季皆有，分油綠色、綠色、白色等品種，街市菜販出售的都是綠色。冬瓜性甘而微寒，皮厚，瓜瓤潔白如棉絮，瓤中有子，可以入藥，中醫稱為冬瓜子。冬瓜能治腫脹、清熱毒、利小便，也是消暑盛品，做冬瓜露極方便，只要到雜貨鋪買一塊塊的冬瓜糖，回家加水煮，冷卻後冰凍喝，即是清涼可口利尿消暑的冬瓜露。

在台灣，除了上述消暑的水果外，還有近年來普受歡迎的楊桃汁。楊桃原生地在印尼，在中國又有洋桃、星星果、五斂子的別名。選購時，以稜片厚、有重感，且透明狀為佳。由於楊桃多數由加工廠收購產製蜜餞或楊桃汁，飲用方便，再加上具有潤喉功能，更是風行一時。

物以人傳名愛玉

　　在雪糕、冰淇淋、冰棒還沒出現之前，夏日火傘高張，解渴冷飲除了青草茶、果汁外，最普及的是仙草凍、愛玉凍，泡以冷糖水，喝下去猶如甘露，沁涼脾肚開。

　　仙草凍是用仙草曬乾之後，加水熬汁，冷了便凝結成黑漆色的果凍。至於愛玉凍，一名愛玉冰，不過它在民間的唸法叫「澳（凹）玉」，它的發現經過，可是一段有趣奇聞。

　　原來清朝道光年間。有個福建同安人，住在台南媽祖宮街，常往來嘉義採購土產作買賣。有一天經過嘉義後大埔（今大埔鄉），天熱口渴，便到溪邊找水喝。意外見到水面有一層薄薄凝凍，掬而啜之，但覺冷沁心脾。他覺得非常奇怪，這麼炎熱夏天，為何溪水會有結凍？經過一番觀察，但見水面有許多樹的種子，子細如黍，於是伸手拾取，沒到想稍稍一捏，擠出許多漿汁，凝結成凍，心想便是這種樹子所化成。於是拾了一大筐回家，放在水中攪和揉捏，果然頃刻成凍，他摻上糖水試食，覺得風味甚佳，若用茶水來揉，又結成像瑪瑙色澤的果凍。正不知如何命名這新

發現，正巧他有個女兒，名喚「愛玉」，年十五，長日無事，在家製成果凍，出售給路人飲用解渴，於是大家順口稱它為愛玉凍，久而久之，便成了它的正式名稱。

另一則傳說，與前相似。相傳嘉義有一貧家女叫「愛玉」，奉母至孝，及笄不嫁。一日，入山打柴，迷失了，忽見澗邊樹上，有一爬藤植物，結實纍纍。風起時，果實種子掉落水中，撞得破碎，流出的汁液頃刻便凝結成一片片，晶瑩可愛，試著一喝，十分涼快，便採了一堆，尋路回去，製成塊狀，拌以糖水出賣，倒是十分暢銷，大家便稱呼這新飲料為「愛玉」。

光緒末年台中霧峰有位詩人林資修（字南強），有一首七古「愛玉凍」，即是吟咏此段傳說：「神仙石髓黃金液，流入雲根生琥珀。佳人欲製甘露漿，自躡蒙茸竄荊棘。歸來洞口尋玉泉，颼飀夏腋松風寒。交融水氣多真餳，便作木蜜金爰看。傜山六月日生火，沈李浮瓜無一可。行人涸鮒望西江，一勺瓊漿真活我。道旁老人髮鬖鬖，能語故事同何戡。六千餓渴同病者，更乞菩薩分餘甘。驅車六月羅山南，一飲瓊漿濯炎酷。食瓜微事問當年，物以人傳名愛玉。愛玉盈盈信可人，終朝采綠不嫌貧。事姑未試羹湯手，奉母依然菽水身。無端拾得仙方巧，擬煉金膏滌煩惱。辛勤玉杵搗玄霜，未免青裙踏芳草。青裙玉杵草辭難，酒榭茶棚宛轉傳。先挹秀膚姑射雪，更分凍味月宮雪。月宮偶許游人至，皓腕親肇水晶器。初疑換得冰雪腸，不食人間煙火氣。寒暑新陳近百秋，冰旗滿月掛林楸。誰將天女清涼般，一化吳娘琥珀甌。」

一般大眾總有個錯覺，以為「愛玉凍」是本省獨有特產，其實不對的，大陸沿海各地多有，廣東叫「涼粉」、興化叫「白仙凍」、福州叫「草凍」，自閩北遠及浙江、江蘇等地，也都叫「涼

粉」。其實這種植物正式名稱應稱做「薜荔」（Ficus Pumila），俗名「木蓮」或「木饅頭」，桑科，常綠灌木，蔓生，葉卵形，莖長數十尺，往往纏繞在大樹上或岩石上，花小，像無花果，常隱於花托之中，果實像饅頭似的橢圓形，上銳下胖，表面光滑，內空色紅，果皮厚，內長滿小種子，種子未成熟時色黃，成熟後變成紅色，並會自動裂開。把種子曝乾揉碎，放進水裏，就變成好像煮好的石花菜所造成的半透明的凍兒。

吃愛玉冰，一般人都加冰加糖，偶爾加幾滴檸檬，告訴你一個配方，加些香蕉油，以蜂蜜代糖，才是最好的調味法，那沁涼的風味，保證你回味無窮。再告訴你一個小秘密，薜荔除了可以作愛玉凍外，將它摘下，果蒂會流出黏黏的白色乳汁，半乾之後，便凝成一團軟軟膠體，黏性很強，這可是我們小時候捕蟬的最佳黏劑；只要一碰到蟬身，「老鼠入牛角──穩踏踏」。

油條居然可以入詩

　　台北縣最有名的燒餅、油條和豆漿店是在永和市。提起永和的豆漿，那可真是名聞北台，它之所以享有盛名，除了歷史悠久之外，主要的還是味美質醇，喝起來香濃爽口，冰的、熱的、甜的、鹹的都有，任君挑選，而且全天候供應。永和豆漿店大都集中在中正橋頭附近，最盛時期有十多家，可惜現在只剩數家了！

　　豆漿是中國特有的食品，起源漢代，物美價廉，營養豐富，其蛋白質和鐵的含量超過鮮乳，可說是經濟又實惠，許多人以豆漿加油條作為早餐，因此燒餅夾油條，配上一碗香香濃濃的豆漿已成為典型的中式早餐，但許多人可不知道油條還有一段歷史掌故可談。

　　油條台語稱「油食（炙）粿」，以前油食粿在台灣是沾（搵）杏仁茶、米漿（米乳）吃的，或是吃糜配油食粿，可從沒有燒餅夾油食粿配豆漿的吃法，這可是政府遷台才流行開來的。提起油食粿，可有九百多年的歷史，據說是「油炸檜」的諧音，不論是台語、廣東話、上海話、福州話皆是唸成「油炸檜」，是「油炸

秦檜」的意思。話說南宋初，奸相秦檜討好宋高宗，不願岳飛北
伐成功，迎回徽、欽二宗，影響高宗帝位，乃假傳聖旨，連下十
二道金牌，強迫岳飛班師回朝，並誣陷岳飛，以「莫須有」罪名
殺害岳飛。如此陷害忠良，被當代、千秋後世所痛恨，因此有人
以麵團拉成長條狀再壓成連體狀，象徵連著的兩個人形──秦檜
夫婦，放進油鍋炸酥，炸了來吃，表示食其肉啃其骨，以洩千古
憤恨，從此就流傳開來，以至於今，也成為中國人愛吃的食物。
沒想到吧！吃油炸粿還有歷史教育與民族精神教育的意義在。更
沒想到吧！油食粿居然可以入詩，清末民初的台南詩人趙雲石曾
有一詩吟道：

> 粉身何足蓋前尤，千古奸雄此局收。
> 遺臭居然人膾炙，沉冤三字怕相酬。

　　趙雲石為人性真，連橫曾描述他：「能詩何礙作閒人，薄醉
尤時見性質。省識此中心樂地，風流道學兩相鄰。」正因他風流
性真樸，才能寫成「遺臭居然人膾炙」的佳句。另外提倡少棒棒
球有功的謝國城，其父謝石秋也有一首〈油炸檜〉詩：

> 宋代江山一擲休，權奸還有姓名留。
> 虧他赴火探湯後，偏為人人口腹謀。

　　油食粿為人入口吃掉，還要蒙此惡名，可真冤哉！枉哉了！
　　與油食粿同為民間所喜愛的，有一種圓圓的，中間挖一小洞
的燒餅，名叫「光餅」或「繼光餅」，則是紀念剿滅倭寇的明代
名將戚繼光的製法而流傳下來。原來明世宗嘉靖年間，日本倭寇
肆虐東南沿海。戚繼光率領軍隊戡平海寇倭亂，但倭寇北剿南
竄，遊走不定，日本倭寇流竄之處，多是山崖海澥，不但行走不

便，亦不便造灶舉炊，伙食成了大問題。戚繼光乃以麵粉和鹽製餅，厚三、四分，徑約一寸，中有小孔，集數十枚，串以細繩，像夏威夷花圈似的，懸掛頸前，隨時可食，且走且吃，省下埋鍋造飯的吃飯時間，緊追倭寇不捨，消滅倭寇。現在本省大拜拜，神明出巡時，常可看到陣前有八家將，赤膊背了一大串光餅，手搖足舞，並將光餅分送給路旁小孩，據說吃了可以祛邪去厄保平安，這些都是紀念當年戚軍平倭的雄風。

　　光餅可放數月而不壞，只是硬了些。吃的時候，可以撕開一小塊一小塊吃；也可以將光餅剖開，夾以辣菜、苔菜，紀得小時候最喜歡的吃法是將五花肉配酸菜，再灑些胡椒粉或花生粉，那滋味可棒極了，口頰留香、回味不已。另外還有一種較光餅略大，徑二寸許的餅，係和土糖製成，味道淡淡甜甜，稱為「東征餅」，也是紀念平倭歷史，只不過不容易儲藏，留置四、五日即變質，不堪食用。

檳榔妙用多多

　　檳榔是一種熱帶植物，幹直而聳，高二、三丈，葉是羽狀複葉，簇生幹端。雄花則生梗上部，雌花則生於下部，結實成房，出於葉中，一房簇生果實數百，形長橢圓，味澀而微甘。

　　我國南方人嚼檳榔的習慣，由來已久，可以遠溯到南北朝時代。古時食檳榔，係先將檳榔切開，拌以蜆灰，用蔞葉包裹嚼食。食後不久，面頰生紅，煞是醉人，故蘇東坡有詩說：「暗麝襲人簪茉莉，紅潮登頰醉檳榔。」除了蔞葉蜆灰外，也有加一兩片椰絲糖的，宋代詩人邱瓊山有詩道：「階下腥臊堆蜆子，口中膿血味檳榔。」描寫出那一顆顆黑齒，紅如血盆的嚼檳榔的嘴巴，令人印象極其強烈鮮明，卻也令人生厭。

　　檳榔在一般人印象中，是勞動大眾和司機的嗜好品，似乎是下階層人們食用品，上不得檯面，其實這是一種誤解。檳榔的功用很多，中藥方面，和常山、草菓、柴胡等合用，可作驅瘧劑；其果皮稱大腹皮亦可入藥，為治赤痢及消導劑，現今德日等國製為家畜的蛔蟲驅逐劑。又有消滯去膩的功效，故酒醉飽食之後，

可嚼檳榔助消化。此外據說檳榔能增加夜視功能，熱帶地方白日天氣炎熱，各種活動多在夜間，人們之酷嗜檳榔大概也與此有關吧！另外檳榔常配上蜆灰，蜆灰是貝殼粉末，主要成份是碳酸鈣及硅酸等，有健胃功能；再包上扶留葉或夾上扶留花「荖藤」，扶留是芳香劑和祛痰劑，有特殊香味，可提神醒腦，兼以椰子的纖維強韌，耐咀嚼，有固齒的作用，可知嚼一口檳榔同時兼有抽香煙、口香糖、抹清涼的功能，再加上那股特殊的香味，功用可多了。當然檳榔也不是全然無害，吃檳榔易造成口腔病變、臉頰肥大、腮骨突出，甚至引起口腔癌，實不宜多食用。而一窩蜂種植檳榔所引致的破壞水土保持、環境污染與破壞產銷平衡等等問題，也日益嚴重，令人憂心忡忡，但利之所在，趨之若鶩，擋也擋不住。

　　檳榔在本省俗稱「青仔」，檳榔樹則稱「青仔欉」，是台灣的代表性植物，尤其是南部，從前台灣風光的插畫都會出現一排檳榔樹。日據時代發行的紙幣與舊台幣的百元圖案都印有檳榔樹，因此老一輩稱之為「青仔欉」，遂出現了一句俏皮俚語「青仔欉──沒見過百元大鈔」，再一轉成「沒見過世面」的意思，更因「檳榔」二字音義兼美，很早便被視為珍貴禮物，友朋聯歡，兩姓合婚，常派上用途，迄今本省婚俗，婚禮中仍用檳榔，有「檳榔偕老」、「愛情常綠」之義。而民間習俗，在排解糾紛、消釋彼此嫌怨場合中，更少不了「送檳榔」的禮節，清代詩人劉家謀《海音詩》中詠檳榔一詩云：「鼠牙雀角各爭強，空費條條誥誡詳。解釋兩家無限恨，不如銀盒捧檳榔」。除平息糾爭外，根據荷蘭人的記錄，在明末荷據時期，荷人攻擊本省台南原住民，原住民抵擋不住，只有歸順，在儀式中有種植檳榔和椰子作為象

徵，也即是說以新植的檳榔樹和椰子樹表達他們歸順和奉獻土地的意義。

利用檳榔葉做扇子更是普及，可是用之既久，可就時髦講究起來，以犀角作扇柄、滾花邊、薰香氣、畫圖案，清末到過台灣的福建巡撫王凱泰有詠檳榔扇詩一首：「海上猶存樸素風，檳榔不與綺羅同。無端香火因緣結，翻笑前人製未工」，便是描寫此事。

更可笑的是據說娼妓可利用檳榔迷惑嫖客的方法，丁紹儀《東瀛識略》書中曾記載：娼妓選定恩客後，偷偷以自己口嚼的檳榔汁，塗抹在客人辮子尾，嫖客就會迷上娼妓而流連忘返。檳榔除檳榔子可供嚼食外，其樹梢嫩尖，形如竹筍，稱「半天筍」，美食者每每割下炒肉，這在清代可是一道名菜，傳說具有解熱、降血壓功能，不過在現代檳榔值錢，只有在颱風吹倒檳榔樹後，農戶才捨得折取，平常可是求不到。

檳榔性喜高溫多濕的氣候，故本省檳榔產地多集中在南部，包括台南、南投、嘉義、高屏、蘭嶼、台東、綠島等地，其中草屯一路下來的雙冬白肉檳榔，嘉義梅山的檳榔市場，恆春的檳榔街，有機會經過，可要記得下車參觀此一特殊景觀。

芒果與蓬萊醬

　　芒果原名檬果，或許因其筆劃太繁，約定俗成寫做芒果。本省俗稱檬子、番檬、或番蒜，檬字讀音是ㄙㄨㄞ，是根據原住民的發音而創造出來，在康熙字典是找不到這個字的。連橫在《雅言》中寫道：「台灣之檬字，番語也，不見字典，故舊誌亦作番蒜，終不如檬子之佳。檬為珍果，樹高二、三丈。當從木，如柑、桔、桃、李之類，望文知義。若夫林投之樹、藍發之果（即蕃石榴），亦番語也，故名從主人。」根據這則記載，我們可以知道「檬子」其實是山胞語，並非漢人稱呼，並且因無「檬」字，所以我們先民採用同音的「蒜」字取代。

　　芒果為東印度熱帶原產，其栽培歷史悠久，迄今已有四千多年。十六世紀時，芒果由葡萄牙輸入東非，再傳入巴西。十七世紀又傳入牙買加，十八世紀傳入美國。時至今日，芒果栽植地區遍及南洋羣島、澳洲、地中海沿岸諸國。中國之有芒果，據說是由印度傳入，約在唐代時，由往天竺取經的唐三藏帶回中國種植。在台灣的芒果，是明末荷蘭人傳入，今台南縣六甲鄉尚存當

時栽植之老樹，官田溪北岸芒果行道樹，及新化附近的大芒果樹，樹齡都在三百年以上，據說也是荷人從南洋引入的。不過時日一久，經十數代種子繁殖後，品質漸趨劣化，這些在地化、野生化的芒果，果實不大，果肉少纖維多，富有一股特殊濃濃香味，我們習慣稱它為「土芒果」，殊不知「土芒果」其實也是外來的。

　　清人統治台灣之後，初次履台的清朝官員、幕僚，看到台灣島上有許多這麼稀奇的芒果，充滿了極大的驚奇與喜愛，常在筆記中記錄下來。其中較引人注目的一種吃法是「蓬萊醬」。由於芒果樹結實纍纍，在初結實時予以摘稀，以免影響其他果實生長。所以每年三、四月間，街頭就有成擔挑著的細小芒果在賣。果粒大如橄欖，買來切片，加以糖與醬油，及少許薑汁拌食，味道鮮美，俗名「蓬萊醬」。嘉慶年間任嘉義教諭的謝金鑾有詩讚美道：「兒家一盌蓬萊醬，待與神仙下箸餐」；道光年間福建巡撫孫爾準巡閱台灣，也留下「樣擣蓬萊醬，椰傾沆瀣泉」的詩句。同光年間的福建巡撫王凱泰在《台灣雜詠》中有一首芒果詩：「高樹濃陰盛暑天，出林樣子最新鮮，島人艷說蓬萊醬。誰是蓬萊籍裏仙？」自註云：「切片醃食，名蓬萊醬。台屬二百來年未得館選，常以此勗多士。」，「館選」是指入選翰林館閣，翰林又稱「蓬萊仙班」，意思是勗勉台灣士子多吃芒果，多加用功，早日考上進士，名登翰林。多吃芒果有助金榜題名，看來考前多吃芒果可是終南捷徑之法了（一笑）。

　　日人據台後，陸陸續續由印度、爪哇、菲律賓輸入多種優良品種，一開始試種在今台北市士林園藝試驗所，因北部冬季氣候寒冷與雨水過多，均不結果。以後改在嘉義農事試驗所種植，而結果頗佳，從此台灣芒果的栽培，日漸發達。光復後由農復會自

美國佛羅里達引進許多有名的品種，如「吉祿」、「愛文」、「肯地」、「凱特」、「海頓」等，哉培成功後，再行推廣於民間生產，到如今只剩下「愛文」和「肯特」較具代表性了。

　　芒果是熱帶地區的果樹，屬於常綠喬木，樹身高大，能長到二十至三十三公尺，製成木材，不怕曝曬雨淋，不會變形，是優良木材。果實為核果，長橢形，熟時呈金黃色，果肉多汁有特殊香味，除了好吃外，且具有補中益氣，健胃祛風之效，果核可作藥用。不過吃多了，會引起胃腸痙攣，俗名「檨子痧」，此時要吃「破布子」才可消解。破布子是一種葉似榆樹的喬木，果子很小，黃皮多漿，加鹽煮爛可以作小菜。芒果除了削皮去核，切成瓣狀，配上糖、醋、醬油作成「蓬萊醬」的吃法外，這幾年還流行「芒果青」吃法，在其半生不熟時，加以醃製拌糖冰凍，味道酸酸甜甜，涼涼脆脆，味道棒極了。若想換個口味，可將果肉切片放入果汁機內打汁，然後過濾纖維，再調以適量的牛乳、糖、冰塊，即成一杯香濃可口的芒果汁。

鰈魚出在新店溪

　　在淡水河龐大的魚類家族，有一種奇特的魚，其背脊上有一條滿是香脂的腔道，渾身散發一股獨特的瓜香，這就是被譽為淡水魚之王的香魚。香魚又名「溪鰻」，又稱「鰈魚」，在世上並不多見，原產於中國、朝鮮和日本，但皆瀕臨絕跡，為數不多。

　　台灣也有香魚。民間俗傳：鄭成功曾從福建九龍江引入香魚，在台北新店溪等地放殖。後人為紀念鄭成功，便稱香魚為「國姓魚」。台灣淡水河的香魚馳名中外，而淡水河首屈一指的香魚在新店溪，「新店溪鰈魚甲天下」，大漢溪、基隆河所產又差些了。同樣新店溪所產，又以北勢溪的坪林為翹楚，「坪林鰈魚肥燙燙」，坪林得天獨厚的清澈水質，夾岸濃蔭下豐富的苔藻，特別有利於香魚棲息。除此外，在淡水河流域，北勢溪直抵闊瀨，南勢溪直達烏來瀑布下，大漢溪直到高義，三峽溪直到熊空，景美溪到石碇，基隆河到十分寮瀑布下的大滫，都有香魚的蹤跡。

　　白露前後，逗留在溪流源頭的肥碩香魚開始折返，大約立冬前後，游抵碧潭橋迄中正橋之下的石礫瀨區，預備產卵。授精產

卵過的香魚，瘦骨瘠身，筋疲力盡，即使被釣起撿獲，也是味道極差，往往剁碎飼鴨餵豬。在瀨區孵化的幼魚，順流漂到淡水河出海口的內灣，覓食蜉蝣性甲殼類。就在春雷驚蟄時節，半寸長的「鰈魚籤仔」上游到關渡、到社子，到台北橋，此時已有二寸長。之後，生長快速，六月六寸、七月七寸、八月八寸、九月九寸、十月一尺。春天溯溪源頭，夏季覓食成長，秋天降河產卵，冬日孵化出海，這是香魚周而復始的生命史。

香魚體形長而側扁，色呈青黃，鱗小潔白，尾叉部份尖細窄長，形似鳳尾，其肉醇厚，細嫩鮮美，營養豐富，不論油炸、薰焙、清燉、做湯，味道俱佳。香魚是最好的下酒物，油炸回鍋，佐以適當的薑蔥蒜醋，吃來香醺無比，而且連鱗帶骨，魚肝魚腸一起吃下去，滿口生香。基隆詩人簡清風曾詠「啖香魚」詩道：「香鱗風味勝蓴羹，時聽江干喚賣聲。我與季鷹同嗜好，思鮎未減億鱸情。」日本詩人尾崎大邸曾讚嘆：「新店香魚天下魁，銀鱗無數壓波來。一層羅得三千尾，向晚溪流喚酒杯。」

北台詩人林佛國也有「碧潭香魚吟」長句，云道：「碧潭香魚久著名，近來歷劫難逃生。寶島鄉味稱第一，佳餚微此不怡情。新店南北溪，水質本來齊，南溪者小北溪大，盤飧時時費品題。溪流急且澄，銀鱗逐遊行。一旦水濁香不見，可知魚亦愛澄清。庖人料理視能手，用鹽用糖均適口。和醬和糖亦隨便，燒烹煎煮卻堪受。隔日有餘不腐敗，骨好咀嚼齧亦快。病夫療養食隨佳，特長類此非誇邁。君不見三峽大溪隨處有，何日聚餐取侑酒？又不見綺筵列豐餚，嘗試須知言不苟。吁嗟乎！何物漁夫太不仁，每多炸殺無餘鱗。願官下令嚴禁止，以時加護體聖神。」

「一旦水濁香不見」，香魚生活性至潔，最愛乾淨水流，不

泳於濁水之處，如今淡水河成了黑龍江，少見魚蹤，只能遙想當
年空回味了！

關渡的鹹鴨蛋

　　淡水關渡古名甘答門、干豆門或江頭，地當淡水、基隆兩河交會處，是通八里的重要渡口，跨山而西，兩岸對峙，每值海潮上漲，與兩河相遇，水色三分，「關渡分潮」成為有名淡北八景之一，附近勝蹟頗多，有關渡宮、三將軍廟、玉女宮、黃帝神宮。詩人至此，觀看觀音山倒景與漁舟遊艇，盪漾其間，景色絕麗，無不吟詩詠嘆，如大龍峒陳維英詠關渡分潮：「第一關門鎖浪中，天然水色判西東。莫嫌黑白分明甚，清濁源流本不同。」

　　由於這一帶正是淡水河、基隆河、塭子川、關渡河的匯流處，港溪水渠紛歧，沼澤叢草處處。漲潮時，海水從河口直入關渡，形成半鹹水的水域，帶來豐富的小魚蝦，在水邊鴨寮的鴨母，正好大快朵頤，飽餐一頓。關渡地區，早年能成為台北郊區首屈一指的養鴨莊，關鍵就在此。當時這一帶盛產一種瓜子般大的「花殼仔」蜆，鴨母整粒帶殼吞。另有在河邊洄游的大頭蝦，只見鴨母一記倒栽蔥，「唼」的一聲，頭朝下，尾朝上，大口大口地吞食。甚至追逐潮水，集體下漂至竹圍紅樹林，呱呱地盡情大餐招

潮蟹。春夏之交，更有海潮湧來的魚苗，又讓這羣鴨母增添美食。

　　因此這一帶養鴨戶，省錢省料，日間放港，夜間回寮，溜來溜去，潮來潮往，「關渡的菜鴨母，正宗放港的」，覓食的盡是些活海鮮，「吃腥的」，所下的蛋大粒又紅仁，成為名產。關渡的鹹鴨蛋紅、沙、鬆、油、香、鹹味俱全，正是吃魚腥得來。他地的鹹鴨蛋，蛋仁不紅，因為是飼料鴨，但是過度紅，又可能是飼料摻紅色素。總之，關渡鹹鴨蛋的紅仁全靠魚腥，尤其是蝦頭，生蛋的菜鴨一吃，不但紅仁，而且產蛋率高，約有九成。若是飼稻穀的，只有六成蛋。放港鴨母到底有別於一般的圈飼鴨母。

　　本來關渡鹹鴨蛋不上檯盤，只是自家醃來吃，自從旅遊風氣一盛，到關渡拜拜及賞遊的人潮一多，生意才興隆起來。關渡鹹鴨蛋，因為依照傳統的醃製辦法，用紅土、粗鹽、煮滾放冷的開水攪拌在一塊，把蛋裹住，冬季醃四十天，夏天醃二十五天，醃得熟、醃得道地，自然比別的地方整桶浸鹽水紅土十天就上市，來得鹹一點，放久也不會有一股臭水味。而且生意太好，供不應求，剛蒸熟就賣完，供不應求，現蒸現賣，蛋殼熱呼呼的，卻意外的也成為關渡鹹蛋的另一項特色——「燒的」鹹鴨蛋，不像別地的，一般菜市場、雜貨舖出售的冷鹹鴨蛋。

　　說了老半天，可別太高興，那是以前的事。政府在民國五十五年炸掉獅子頭、關渡兩岸的突岬，拓寬河道，有利於洩洪，可也破壞了自然的水文生態，造成海水倒灌，蛤蜊、花殼，不是被鹹死，就是遷居為良，少見蹤跡，少了這麼重要的一道食物，從此關渡鴨母垂頭喪氣，走路有氣無力，岸邊的鴨寮從極盛的七十多處，銳減到如今的兩三家點綴。不過四十多年，變化極大，所以現在您買的關渡鹹鴨蛋是不是真正關渡鴨母所下的蛋，可想而

知了！

台人不羨四腮鱸

　　台灣小吃是許多人旅遊重點之一,精緻、量小、多樣化,價錢大眾化,吃法平民化,但在飽啖珍餚之時,莫忘它背後還有一些典故在,這才算真正領略其風味。

　　由於台灣濱海,海產豐富,材料多且鮮,有著特別鮮美的好滋味。在南部,常可在廟口街衢看到熱騰騰的虱目魚粥攤子,攤子旁有人在洗魚、刮鱗,剛從魚塭撈起不久的虱目魚像白銀似,閃閃發光,經過切頭、去尾、剖腹與剁開背脊,分別歸類整理,而且油黑的腸肚並不丟掉,用水漂淨,堆做一旁。的確,湯頭鮮甜、肉質細膩的虱目魚粥,吸引了不少老饕前來一嚐,而魚肚粥,以蚵仔、魚脊肉同煮,燙上一截無刺肉質滑嫩的虱目魚肚,真是滋味絕美。段數高的,會點個魚頭湯,精於此道的,更愛叫那黑黑的魚腸湯。

　　虱目魚是台灣南部特產,每年春季,海生的虱目魚在海產卵,孵化成千萬條小魚苗,隨著潮信漂浮到台南沿海一帶,漁民乘機捕撈、然後養殖在魚塭中。三、四個月後以魚網來回干擾魚

羣，逼其騷動，增加運動量，加速體內的消化及排泄。接著一聲令下，大夥左右逼進，將魚羣網到魚塭一角，把魚網盤繞成螺旋狀將魚羣團團圍住的撈捕。

虱目魚塭大部份分佈在安平沿海一帶，北起七股鄉，南迄彌陀鄉都有，那裏原是當年的台江水道。鄭成功征台，初次嘗到捕獲的虱目魚，鄭氏驚其美味，詢問道：「這是啥麼魚？」不料左右以為鄭氏指定這魚的名稱「這是虱目魚！」，從此定名，便名為同音的「虱目」魚。還有一種傳說，鄭成功之子鄭經酷嗜虱目魚，故稱「皇帝魚」。其實「虱目」二字，來自當地平埔族語的音譯「麻撒末」，後來荷人也跟著唸「撒勃西」，二者的意義都只是泛稱「魚」。雖然搞清楚「虱目」二字的由來，不過我們還是喜歡鄭成功誤會成名的故事，來得親切有趣。

虱目魚的養殖，據說最早開始於爪哇。荷人佔台灣，便將爪哇的虱目魚養殖技術帶來台灣。也據說鄭經最嗜虱目魚，曾在今台南縣七股鄉附近闢塭養魚，所以該地有一「國姓塭」，即其遺跡。最早，虱目魚養殖技術還不發達，產期短，只在夏秋之間，入冬而止，連橫在《台灣通史》記載：「清明之時，至鹿耳門首網取魚苗，極小，僅見白點，飼於塭中，稍長，乃放之大塭，食江豚矢。或塭先曝乾，下茶粕，乃入水，俾之生苔，則魚食之易大。」又在《雅言》中說：「台南沿海多育之，歲值數百萬金，海中巨利也。」

因其魚肉鱗細味腴，台人以為貴品，所以乾隆年間曾任鳳山縣教諭的宋仕玠曾寫詩稱讚：「鳴蜇幾日弔秋菰，出網鮮鱗腹正腴。頓頓飽餐麻虱目，台人不羨四腮鱸。」

虱目魚、啥麼魚、國姓魚、皇帝魚，知道這些典故後，下次

吃熱騰騰，鮮美味腴的虱目魚粥，順便講些故事，可騙騙週遭的
朋友，突顯自己「很有學問哩！」

黑米最滋補

　　在台北縣八里鄉觀音山腳的米倉村、淡水鎮大屯山腳中寮里一帶出產一種奇特的糯米——黑米。它的樣子比一般穀粒瘦長，穀殼是黃褐色的，與一般稻穀相同，奇就奇在去了殼，竟渾粒深褐、紫褐，近於黑色，當然並不完全如芝麻一樣的黑；再把那層黑褐的糠膜去掉，即呈乳白胚乳，胚乳不甚粘，屬於秈稻系統。

　　黑米在生態上，屬感光性品種，也即是說日照時數長，並不抽穗結子，直到日照時數漸短的立冬前才抽穗，因此只適種於晚冬，在民間經驗相傳是在第二期稻作的時候，晚冬才種得起來，就是這道理。一般說，在立秋前播種，立冬前十月即可收割，生長期大約一百天，速度算是頗快的，而且增萃分株力十分驚人，一般秧苗十支插成一叢，但黑米只要三支就能衍生成一叢二十支，因此黑米的秧苗插播時，間隔要寬。黑米適宜栽種於沙壤地、避風地、瘦地，因此收獲量差，政府不鼓勵推廣，農家也少種，所以產量稀少，一分地只能收成二百斤，與一般米的五、六百斤實在相差太遠了。

　　由於產量稀少，十分罕見，倒成了地方上一項特產，論兩計價，還帶穀賣，四兩一包、六兩一包地賣，在林口觀音廟、台北行天宮、及木柵指南宮都有人在販賣。不明者乍看黑米，以為是染色的，要不然以為是毒藥，用來毒老鼠，可鬧出不少笑話。因此顧客買時，老板還要介紹燉食方法，顧客似信不信的，買來試試，深怕被騙了。

　　其實黑米有明目活血，滋陰養腎、健脾暖肝、烏髮黑鬚、延年益壽的功能，適合胃寒、冷質身體，或坐月子的婦人吃。食用時，視量多寡，加幾倍的水，先大火後轉小火，煮半小時，加入各種配料如白果、銀耳、核桃仁、花生米、白糖之類，繼以文火熬成稀粥，滑溜香甜，別有風味。若與紅棗合煮，則紅黑相間，增添一番色香。在台灣，因為黑米在立冬前收獲，正好用來補冬。通常以四兩黑米燉番鴨、土雞、補虛寒；若加巴蔘、當歸、蜜耆、枸杞、龍眼肉、燉排骨，治小兒夜尿，外助發育；加當歸、川芎、黑棗、枸杞、蜜耆、燉排骨，用來滋陰補腎，兼顧脾胃；若要黑米泡藥酒，添加一味黑杜仲，可以治高血壓、腰酸背痛。可見黑米是滋補珍品，清代陝西民謠有云：「黑米一斗，攜見知州，上司高興，諸事順手。」可知黑米是多受重視珍惜了。

　　黑米怎麼來的？已不知道，只知道在觀音山、大屯山腳，及宜蘭的雙溪、貢寮、羅東、三星一帶清代就已有人種植，在台灣早期方志記載也有提到「烏米」、「烏占」、「烏穀」等稻秫，不過在陝西倒有一有趣傳奇故事，相傳黑米是張騫發現的．張騫年輕時，勤奮好學，嘗在渭水河畔讀書。一日困乏依柳樹打瞌睡，夢見上天庭遇到了文曲星，問他何時可以發達？文曲星回答：「黑米見，鴻圖展」。以後，他常到草澤水稻中尋找黑米，果然在漢

武帝建元元年（西元前一四〇年）找到了。翌年，應募通西域，
成就一番大事業，封博望侯，黑米傳奇也就這麼流傳下來。

甘薯有五德

　　中國傳統糧食作物有稻、菽、麥、稷、黍等五大類，到了明代甘薯傳入中國後，遍布大江南北，對我國糧食生產產生巨大影響，成了稻、麥之外最重要的糧食作物。

　　甘薯名稱很多，各省不同，比如北京叫白薯、山東叫地瓜、四川叫塡苔、江蘇叫山芋、浙粵叫蕃薯、福建叫金薯，有的地方還叫紅芋，但正式學名叫甘薯。

　　甘薯的老家在中美洲，起源於秘魯、厄瓜多爾、墨西哥一帶。哥倫布發現新大陸後，把甘薯帶回西班牙獻給女王伊莎貝拉，至十六世紀初，西班牙已普遍種植，以後很快傳遍整個歐洲。明世宗嘉靖四十四年（1565）西班牙佔領菲律賓，傳入馬尼拉、摩鹿加島，再從這些地方傳到亞洲各地。甘薯傳入中國有三種說法，時代都在明神宗萬曆年間。

　　一說萬曆十年（1582）左右，廣東東莞人陳益從安南引進甘薯到家鄉種植，到了明末清初，東莞已成為盛產甘薯的鄉村，珠江三角洲一帶也普遍種植。一說在萬曆四十年由福建溫陵洋舶的

海商傳進泉州。比較有故事可說的是第三種說法：萬曆廿一年，
福建長樂人陳振龍，經商呂宋，發現當地出產的甘薯產量又快又
多，於是向當地農民學習種植法，並賄賂統治的西班牙官吏，暗
中將薯藤帶回廈門，並呈獻給當時福建巡撫金學曾。由於試栽成
功，在次年福建饑荒中發揮救饑效果。於是金巡撫下令推廣種
植，福建人遂名之為「金薯」。後人為感謝他們的功績，在福州
烏石山興建了「先薯祠」以為紀念。民間也傳頌一首民歌：「不
愛靈藥與仙丹，惟愛紅薯度荒年。何人遠來傳此種，陳公父子取
洋蕃。」

　　甘薯耐旱高產，營養又豐富，後世對之有不少記載和讚頌，
如有人譬喻甘薯有五德：無論怎樣乾旱貧瘠的土壤皆可生長，勇
也。不必施肥照料，必然有收成，忠也。售價不高，人人吃得起，
廉也。全株上下都可以利用，可以說利天下而為之，仁也。作為
主食，營養好，熱量低，而且功可整腸通便，和平也。

　　甘薯傳入中國，傳播很快，數十年間已廣泛種植閩粵江浙地
區。約在明末清初，荷蘭統治台灣時期，甘薯也傳入了台灣，到
了雍正、乾隆年間已普遍台灣，在民食中占了重要地位。當時在
台北平原以生產稻米、甘薯、蔬菜聞名，艋舺還有個「蕃薯市」
的地名出現。甘薯成了稻米之外的主食，用途十分廣泛，煮粥、
炸條、調湯，枝葉可為飼料，在現代工業上也有許多新用途，如
造酒精、檸檬酸，也可用於人造橡膠、人造纖維等，實為高經濟
價值的農作物。

　　尤其在日據時，光復初那一段貧乏困苦時期，許多人是吃甘
薯簽過日子的，只有生病時才能吃點米飯，有時候問人「吃飯
沒？」還會被誤會是在詛咒人生病。時光飛逝，五十年代台灣經

濟起飛，生活日漸富裕，三餐改吃米飯麵食，曾幾何時現在三餐僅吃菜不吃飯，還拼命想節食減肥。甘薯倒成了「食巧」的小吃點心，成了懷舊的傳統食物品，甘薯菜也不是豬的飼料，倒成了台菜館的主菜，當然，價錢也不便宜，早已不是救饑饋貧的糧食了。

椪柑與桶柑

　　「一年好景君須記，最是橙黃橘綠時。」賞過菊花，看完楓紅，天氣一天天冷了起來，到了新年期間，市場上的水果，將會發現以柑橘為大宗。台灣各類柑橘中，果肉酸甜適中，橙黃似金，風味絕佳，廣受歡迎，就是椪柑。椪柑名稱的由來，據說是因蒂頭一邊，肩部之處膨起，異於他種柑橘，於是稱之為「椪」柑。

　　台灣椪柑最早是以「西螺椪柑」聞名，可是如今椪柑在西螺卻無蹤影。到了嘉慶初年，有一位叫楊林福的人自嶺南移植於新竹縣新埔鎮，從此「新埔椪柑」聞名北台。但或許氣候稍冷，或許土質不對，新埔椪柑就是結果小了些。五十年代台灣果樹慘遭名叫「黃龍病」的病毒侵害，新埔椪柑也就從此沒落了。

　　民國初年以後，「員林椪柑」成為台灣椪柑的代表。員林的員林椪柑，果實碩大，汁液清甜，剝皮又易，遠近馳名。可惜果實鬆弛，常在運輸過程中碰傷損耗。尤其在四十年代末期，遭受不知名的病毒侵襲，員林椪柑也從此退出。

　　除了北新埔、南員林外，台灣中央山脈南端的嘉義、台南一

帶，長久以來也是椪柑產地，產量約占全台的七成。由於嘉南地區日照充足，到了十月初，果皮仍然青綠時，已具有稍許甜度，就可以採收上市，俗稱「青皮椪柑」，如果採收晚了，汁液反被枝幹吸收，果農稱之為「倒吊水」。也因為青皮椪柑色澤不好看，不能貯藏，大約十二月間，就沒有了，因此一直沒能闖出名號。另外，台中縣的東勢和苗栗縣卓蘭鎮一帶，也有椪柑栽培，果皮橙黃，酸甜尚可，頗耐貯藏，但因日照不如南部，成熟期較長，往往在十二月後才上市。

　　椪柑之外，還有「桶柑」。桶柑的得名是因將柑橘裝在木桶中，整桶出售，叫做「桶柑」。目前產於陽明山、三峽地區的「草山柑」、宜蘭地區的「高牆桶柑」、東勢、台東地區的「大春柑」，以及新竹縣的「海梨柑」，全部屬於桶柑之類。本省習俗，每年除夕夜祭天公拜拜，一定要擺設柑橘，「柑橘」音同「甘吉」，耐貯放的桶柑，自然也就成為「年柑」的代表。年柑的佈置，有其規定，先取三個大小相同的桶柑平放成三角形，再取一個放在上面，帶頭放下；最後取一個，蒂頭向上，放前一個的上方，這五個桶柑堆成塔狀，稱為「柑墩」。柑墩是不能輕易移動的。必須過了元宵晚飯後，才取下分食，除了取一年甘美喜祥諧音外，也有要家人收攏放散的心情，開始一年新計畫的要求，這種習俗，倒有個名堂，稱「上元暝，倒相坪」。

　　柑橘屬芸香科植物，春天開白花，秋天結朱實，性喜溫暖濕潤之地。柑橘種類繁多，分佈區域也廣，其耐寒性隨品種而異。柚類最耐寒，柑類蜜橘其次；文旦、檸檬較喜高溫。溫度高低對品質影響很大。在溫暖地方種植，外皮緻密而薄，易於貯存，其味亦佳；在低溫栽培，則結果剛好相反。台灣地形，東西狹南北

長，由屏東往北，柑橘品種漸有變化，成熟時間也漸晚。如高屏一帶出產早熟的椪柑與柚類，俗名「潮州椪柑」，以味酸色青，應市最早著名。雲嘉台南一帶，是文旦柚與斗柚、白柚的出產地。台中、彰化、南投一帶，出產中熟性的椪柑、柚類。苗栗、新竹以北，柚少而柑橙多。其中台北、宜蘭一帶以出產高牆桶柑著名，上市時間在陰曆新年左右，所以又有「年柑」之稱。把這些地區柑橘產品，依收獲時間順序排列下來，幾乎全年都有，台灣水果之豐富，與品類之多，恐怕全中國那一省都比不上，柑橘即是一證。

跳石芋頭鬆又香

「南部有名甲仙芋，北部出名跳石芋」。甲仙鄉位於高雄縣東北方，左臨楠梓仙溪，位於南部橫貫公路上，是來往交通要地。甲仙以往係以出產鹿、羊、山豬、木耳、香菇等出名，今天倒以「芋頭」而揚名。其實甲仙並非原產地，而是附近的少林、阿里關、荖濃、寶來、桃源等地出產，運集甲仙以為集散地，久而久之，甲仙芋大名反倒傳開來。

跳石芋產於台北縣金山鄉跳石一地，即今日的民興村，位於石門到金山海邊的一個小村落。跳石之得名，傳說在公路未修通前，沿岸卵石累累，行人經此，必待海水退潮時，踏石跳躍而過，因而得名。金山自古出名「金包里芋」，指的即是跳石芋。從淡金公路經過，就可見到跳石的山坡地種滿一片芋葉田田的綠意。每年從農曆中元節到年底都可採收，屆時採收，小的、蟲蛀的留給自家吃，好的、大的，就在路邊用溝水刷洗，搭個草寮，便在路旁招徠過客賣將起來。

跳石芋頭的出名在粉、鬆、香俱全，外表圓圓赤皮，不同南

部芋頭的長圓黑皮。據說台北市永樂市場有一家林合發專做芋粿的老行號，專門採購跳石芋，別個地方的芋頭寧可不要。內行的，只要髒兮兮泥土的跳石芋，不要水洗過的乾淨跳石芋，因為買回家不僅可多貯藏幾天，而且可以保持原味。

芋的食用部份，主要在肥大的地下莖，小時候蒸芋頭或烤芋頭，是常見的傳統零嘴。烤熟時那股芋香，遠遠就可嗅到，鑽鼻穿腦，令人食指大動。此外從芋頭剁下來的芋莖，嫩嫩多肉，去掉皮絲，加上薑絲、蝦米，炒成一盤黏滑可口的美味佳餚，這道菜，在日據末期，大戰期間，因物質缺乏，可是一道重要蔬菜呢！

芋的原產地在南洋羣島，台灣產的芋，約可分為麵芋、里芋、檳榔心芋三種。麵芋是大型品種，重約六百公克以上，球形，淡黑褐色，肉為灰白色，質地細緻少纖維。因為富含澱粉質，多是加工廠收購做成芋粉，再加工製成芋泥或芋冰，所以市面上買不到。里芋很小，成圓球形，皮為黃褐色，肉白色，質地硬實，無香氣，產量不多，上市多在春季。

檳榔心芋是台灣芋的代表品種，屏東縣為產地代表．形狀為短圓筒形，重至二百公克以上，皮黃褐色，肉為灰白色，有紫紅色斑紋，香氣頗濃，生產季節由五月延續到十月。初成熟時的檳榔心芋，養分多集中在靠近根部一端，養分不足，質地硬實多水份，風味欠佳。但貯藏久的芋頭，養份漸達肩部，這時購用，就應以肩部比例大者為優。

芋頭吃法很多，如芋酥餅，即是把芋頭切片，油炸過後，撈起瀝油，再拌上糖粉成甜的。或拌上炒香的蒜末與鹽粒，即成鹹的。製作芋泥則將蒸熟的芋頭打碎、脫水，再加入豬油、砂糖攪拌即成。將芋泥當成餡，包入糯米粉做成的糰糬，即成芋仔糰糬。

包入麵團，烘烤即成芋泥麵包，作法簡易又好吃。不過，小時候最常吃的方法是把芋頭蒸熟或烤熟，直接剝皮吃，或沾蒜泥醬油吃。也可切成絲炒熟，與米粉一塊煮或炒來吃。也有將其與糖、醋、排骨一起熬成湯來食用，更是一道佳餚。至於聞名全台的「草湖芋仔冰」，其做法是將檳榔心芋頭蒸熟、打碎磨油，加入一級特砂、麵粉、太白粉等材料拌勻，在冷凍箱中不停攪拌，然後結凍成塊，切開成小塊即成。草湖芋仔冰特色在於質地綿細耐嚼帶勁，味道香濃不易溶化。因為太出名了，全台灣每一家冰店都號稱草湖芋仔冰，是真是假，只有天知道了。

　　小小芋頭，可做成芋粿、芋泥、芋酥、芋冰、烤芋、炸芋、芋簽、芋湯、不可簡單，下回開車經過淡金公路的跳石，可別忘了，吸一口氣，聞一聞芋香，採購一袋跳石芋頭，回家吃。

冬至到烏魚跳

　　交冬以後，台灣海峽中的西北風日見凜烈，一年一度的烏魚汛可來囉！

　　烏魚是南台灣的特產，學名叫鯔魚，廣東人叫「子魚」，頭略扁平，體圓長，尾側扁，背色藍灰，腹色銀白。烏魚棲息地在大陸東南沿海一帶的江河湖泊中，烏魚性喜半鹹半淡的水域，所以河鯔不如江鯔，江鯔又以海口一帶所產最好，如果是養殖生產，其品最下。夏天的烏魚長不滿一尺，秋深之後，長至一、二尺，脂膏豐腴，鮮美肥腴。到了冬至之前，烏魚須到南方的暖海中產卵。而台灣海峽乃是南北海流必經之途，烏魚南下產卵，必須通過海峽，所以每年冬至前後，便有一批批烏魚羣，沿大陸海岸南下，在本省西南海岸結集，逗留一陣子，轉赴巴士海峽七星岩一帶產卵。屆時各漁船羣集西海岸恆春到新竹沿岸，其間最佳攔截漁場，就是茄萣至東港之間海域，有經驗的漁民，從海面上翻滾的銀鱗，結隊直行的魚羣，判定是烏魚羣，一次拉著網包抄過去，準可撈捕上萬尾的「烏金」。茄萣漁船的習慣，若撈補一

萬尾，在船桅上插上一面旗子，一支一萬尾，二支二萬尾，三支三萬尾。到時漁船入港，只見一片旗海，只聽烏魚出艙的吆喝聲，車子發動的隆隆聲，可熱鬧極了。

又只見拍賣場內，女工團團圍坐，手腳乾淨俐落的剖腹、取出烏魚卵、烏魚鰾、烏魚肫、烏魚肝，剩下的烏魚殼、分堆處理。一萬尾的烏魚時價約二百萬元，足可想像為何漁民稱呼「烏魚」為「烏金」了。不過，並不是每次出航都能如此幸運，能有漁獲者不及十分之一，但如發現烏魚羣，那可發了大財了！

烏魚全身上下都可賣錢，「烏魚殼」，碎冰裝塞予以冰凍，火速送往各地漁市場出售，一尾可賣得五、六十元，價格便宜，一鍋「烏魚煮米粉」或是「烏魚燉米糕」，價廉物美，可是只有冬至前後才吃得到。「烏魚肝」，曬乾之後，另作料理。「烏魚肫」即是烏魚的嗉囊，香脆出名，遠勝雞肫、鴨肫、買賣可是算粒的。烏魚肫曬乾醃製，吃時用烤的，撕成絲狀嚼咀，可不輸魷魚絲。「烏魚鰾」是公魚的精巢，浴稱「烏白」，一台斤可要四、五百元，是僅次於烏魚子的貴重品。吃時半煎半炸，皮酥即可下筷，再澆上辣油、蒜泥、米酒三味，風味絕不輸烏魚子。

「烏魚子」才真正是「烏金」，此時捕到的母烏魚，腹中脂膏滿溢，公魚亦膏腴肥美，漁民俗稱「正頭烏」。如果是冬至以後，烏魚產卵已畢，成羣游回北方，這時如果被捕獲，不論公魚、母魚都瘦瘠味劣，名為「回頭烏」，屬於劣品。各種魚卵都能製成烏魚子，但公認烏魚子風味第一。一般行情，一斤生卵曬成十四兩乾的烏魚子，八兩重以上稱「大比」，一斤在一千四、五百元；六兩以上是「中比」，約一千二百元；四、五兩以下的「小比」，約一千元。撈捕到的烏魚，十尾中只有二、三尾是母魚，

可見其珍貴。當然越大越富油質，風味越佳，價錢也越貴。烏魚子不宜久藏，到隔春三、四月，油質消褪，遜味多多。買時應挑硬中帶有彈性，指壓下去不留指痕者為佳。吃時先將黃中透亮，亮如琥珀的烏魚子，先用棉花沾白乾酒（以金門陳高最佳），一遍又一遍的擦拭，把表面那層薄膜，擦得脫皮去掉。再切成薄片，炭烤、電烤或油炸皆可。最好是用文火慢慢烤，烤到魚子皮鼓起一粒粒小泡，配上切得薄薄的大蒜片、蒜白、蔥莖或蘿蔔片來吃，斟杯酒，呷杯熱茶，哇！香鮮適口，柔而不膩，那滋味夠你三月不知他味了！明人孫文恪有詩云道：「思歸夜夜夢鄰居，何事南宮尚曳裾。家在越州東近海，鯔魚肥美勝鱸美。」可謂深得其中三昧了！

白河蓮子群美兼備

　　蓮是中國人最喜愛的一種植物，也是水花之中最美的，所以一向被譽為「水花魁」、「蓮出淤泥而不染」、「蓮令人淡」。試想，在炎熱溽暑時，沒有一池蓮花，實在不知如何消夏，許彥周《詩話》云：「世間花卉，無踰蓮花者，蓋諸花皆薰風暖日，獨蓮花得意於水月。其香清涼，雖荷葉無花時，亦自香也。」，除了洋溢清香的氣氛外，還能調節氣候，使之清涼爽快，杜甫詩：「竹深留客處，荷淨納涼時。公子調冰水，佳人切藕絲。」，這種景象實在令我們心嚮往之。

　　蓮原產於印度，很早就傳入我國。不過我們一般人老是將荷花與蓮花混在一起，事實上，在植物分類上，兩者同屬於睡蓮科；荷花固然又可稱為蓮花，屬於蓮屬，但它的葉柄可支撐葉片使其挺立在水面上，長長花梗使花朵高於葉片。睡蓮花色種類較多，包括紫、黃、白、粉紅、紅、紫紅、藍等顏色，它的葉片通常都漂浮在水面或沒入水中，所以荷花與睡蓮極易分辨，一花色少，一花色多，一花葉挺立，一漂浮水面。

　　荷花、蓮花一般人雖分不清楚，但若僅提「荷、蓮、藕……」，大家反倒清楚，會聯想到這是同株蓮花不同部位稱呼；荷是荷葉，蓮是蓮花或蓮蓬，藕是地下莖，如再細數下去，竟然會發現蓮的身上，竟是妙用無窮。荷葉可用來包裹食物蒸煮，例如荷葉蒸蝦、荷葉排骨、荷葉飯，風味清香。蓮花謝了之後，留下蓮蓬裏的蓮子，蓮子有豐富的營養，且補血、保腸胃、止瀉、降火、清心安神的功效。其食法甚多，將蓮子熬煮熟透後，添加冰糖、銀耳，便成一道甜食。台灣傳統補品，蓮子加薏仁燉豬肉，或滷豬肉、香菇一起紅燒，香濃不膩。而水中根莖的蓮藕，脆嫩多肉，供做菜蔬，美味可口，功能補血止血，李時珍《本草綱目》說：「蓮藕能厚腸胃，固精氣，治女人帶下。」除了將藕切片煮吃外，也可乾製為藕粉，食時用滾水沖和，加糖和桂花少許，不斷攪勻，便可當點心服用，具有補血功能，尤其加水調製成蓮藕粉凍，更是一份消暑解熱的食品。

　　過去，台北地區的士林一帶，因地勢稍稍低窪，幾乎有 2 / 3 的水田種植蓮藕。近五十年的開發，農地變成高樓大廈，已少有蓮花蹤影，反而要到台北植物園去欣賞。目前主要產地已轉移到南投縣一帶的嘉南平原許多低窪的水田中，其中最具代表性的即是台南縣白河鎮，栽植規模最大，集中在蓮潭、詔安、廣安、玉豐等里，放眼望去，道路兩旁僅是一畝連一畝的蓮田，令人憶起那首有名的漢樂府：「江南可採蓮，蓮葉何田田，魚戲蓮葉東，魚戲蓮葉西、魚戲蓮葉南、魚戲蓮葉北。」

　　蓮性喜高溫多濕，日照充足、無強風的環境。白河鎮沼澤少，多將蓮栽於水田中。每年農曆二、三月之交，蓮農即開始施肥。四月中旬後，朵朵蓮花紛紛在一波波綠浪中綻開，一週後花朵凋

零,凸露出倒圓錐形的蓮房,其上有十數個小孔,孔內結果即是蓮子,等蓮蓬由青色轉成紫綠色成熟後,大約是端午節前後,從這時開始到九月底,便是採收蓮子的時節。蓮子須除去外殼與內膜,再剔去苦澀的蓮心。呈翠綠色的蓮子,俗稱「生籽」,約七、八分熟,供應市場;咖啡色的稱「乾籽」,已十分熟,通常由中藥店收購;另外,剝剩的蓮心與蓮蓬,曬乾後也是中藥材之一。而且未破裂的蓮蓬,塗上金粉,也是一束很好的插花素材。蓮子採收後約 2 個月,即年底左右,蓮田已乾涸,蓮農便開始掘藕清洗,省產蓮藕,可分成白花與紅花兩種,白花蓮藕,表皮為淡淡土黃色,肉質白色,肉嫩富水份,可供鮮食煮食。紅花蓮藕,表皮與肉質均是淡粉紅色,富有澱粉質,多供做藕粉原料製造。不管那一種,選購時,以表皮鮮艷,肥大質嫩為佳。

　　如果在一個月光如流水般的夜晚,獨自一個人去看蓮,這時滿地花葉,臨風招展,香氣四溢,又如果適巧有一佳人低頭撥弄蓮子,不禁令人想起西洲曲:「采蓮南塘秋,蓮花過人頭,低頭弄蓮子,蓮子清如水。」想想,那會是多麼愉悅的情景啊!我的一位攝影家朋友張雲騰如是說!

三寶薑的傳奇

　　薑屬於蘘荷科，為宿根多年生的草本植物，植株高二、三尺，葉長披針形，互生，葉脈平行。生在暖地區的，夏秋時期自根莖抽出花軸，頂端開球花，淡黃色，不整齊。若是長在寒地，則不開花。薑的地下莖肥大多肉，成扁塊不規則，有爽快的辛味，早在周朝，便是烹飪上必需品，不僅是調味佳品，且有去腥作用，例如孔老夫子常講「不撤薑食」，可知受人喜愛的程度。

　　薑的功能能健胃助消化，凡是粘膩堅硬不易消化的菜餚，烹調時總要加上幾片薑片。又如烹調寒性食物，如魚蝦蟹等，也要加薑片或薑絲，消滅寒性。薑又能暖胃散寒氣，所以大家都知道遇到天氣寒冷，中途淋雨，因而受寒受涼，都可用薑片略加紅糖煮湯飲服，便能驅寒舒適；更嚴重的，有畏寒，關節酸痛的，可再加上桂枝或麻黃同煮，這可是咱們醫聖——漢代人張仲景所流傳下的古法，用了二千年呢！

　　薑的品種不少，各地所產形式不同，在北方產的都是大薑，閩台所產的是中薑，至於小薑，各地皆有。以時令來說，秋分前

長的尖芽，略帶紫色，這種薑叫紫薑或紫芽薑，此種薑肉嫩質爽脆，易於入口，一般用作蔬菜，作為佐餐的醬薑與糖薑，就是這種，晉代潘岳在〈閒居賦〉裏曾將紫薑與青筍並列，可以想見其脆爽入口，而宋人劉子翬也有詠子薑詩：「新芽肌理細，映日如空瑩，恰似勻妝指，柔尖帶淺紅。」把嫩薑形容成女子的纖纖玉指，真是絕妙的想像了。霜降後長成的就叫做「老薑」，其味愈老愈辣，還記得那句俗諺嗎？「薑是老的辣」！將老薑曬乾，就是「乾薑」，用火炮乾，叫做「炮薑」，向來作為散寒止嘔劑，能刺激胃神經，使它蠕動加速，又能刺激小腸，使乳糜管吸收力加強。

　　生薑除了上述的功用外，還能夠急救暈厥，恢復神志。從前伶人登台演戲，有時在盛暑中穿棉衣，或者在嚴冬時期者單衣，每因過冷過熱，常暈厥在舞台上，有經驗的檢場人員，馬上用薑汁把他灌醒，這可成了演藝界的一個小常識。總之，薑的用途廣泛，在醫藥方面能發汗解毒，袪寒益脾胃，也可製成薑汁、薑酒，或薑油供藥用。日常用途，除作蔬菜和調味的辛香材料外，也可以鹽漬、醋漬，或蜜餞，此外又有作成佐餐的醬薑及糖薑。

　　除了這些以外，在台灣更有一段「三寶薑」的傳奇故事。相傳明代鄭和下西洋時，在第六次航行，因為躲避颱風，曾在台灣停泊，並將帶來的生薑送給鳳山一帶原住民，說明生薑能避寒邪，當作藥材來使用，從此原住民廣泛種植，名之為「三寶薑」，據說可治百病，甚至各種疑難雜症，只要泡薑水澡即可痊癒。而高拱乾纂修的《台灣府志》說得更加神奇，他說：鳳山縣地方，相傳有明代太監王三保植薑在岡山上，至今尚有出產。有意尋求者，終究不容易得到，有一樵夫偶然發現，結草作記號，第二天

再去尋找，卻找不到原來道路。幸運得到的，可治療百病。讀了這段記載，讓我們有一種似曾相識的錯覺，好像在唸陶淵明的桃花源記。

這段傳說，也因此引起了學者一場大討論大筆戰，有的說三寶薑的「三寶」不是鄭和，是同時身邊的另一太監王三寶（即王景宏）；也有說鄭和根本未曾到過台灣，這僅是傳聞，不可靠⋯⋯等等。其實在台灣民間也有不少著名人物在某地手植某種植物或引進某種生物之傳說，例如台南市延平郡王祠的庭院中有一株梅樹，據說就是鄭成功親手栽植。又如台南市開元禪寺的後殿左側，有一叢高不及丈，每節有銀紋七條的「七絃竹」，俗傳是鄭成功夫人董氏從黃岡移植過來。像這類傳說遺事，我們可作以下如是觀：一種是歷史事實，一種是故事民話，事實的固然要考證，傳聞的也要搜輯記錄，不必廢棄。想想，天雨淋濕，口中喝著一杯暖暖的薑母茶，一面敘說著當年鄭和下西洋的故事，豈不是也是美事一樁呢！

葉如鳳尾稱鳳梨

　　鳳梨的稱呼很多，土名荳萊、黃梨、黃萊，或因諧音稱「旺來」——好運來到，另一名稱就是「菠蘿」。不過，我個人還是喜歡「鳳梨」這名稱，這名稱的由來，古書都有介紹，而且寫的很美：如《諸羅縣志》記「黃梨以色名，台人名鳳梨，以末有葉一簇，如鳳尾也。」，《鳳山縣志》「葉自頂出，森若鳳毛，故名。」，有葉如鳳尾，想想，多美多浪漫。諸書中，自然以連橫《台灣通史》介紹得最完整：「鳳梨，一名黃萊。葉長，攢簇有如鳳尾，可劈絲以織夏布。實生叢心，皮有鱗甲。棄皮食，味甘微酸，夏時盛出。採後，以足踏碎叢心，至秋再生，實較小，味尤甘脆。置之室中，清芬襲人。台人以鳳梨炒肉，亦珍羞也。鳳山、彰化出產最多。」

　　可別小看了鳳梨，它與香蕉、荔枝、柑桔，號稱嶺南四大佳果。它營養豐富，含有糖份、蛋白質、檸檬酸、維生素 A、B、C、E，和鈣、磷、鐵、鉀等礦物質。鳳梨還能增進食慾，這是因為它有誘人的香氣，能刺激唾液分泌，引起人們的食慾。特別是果

實中所含有的一似胃液素的酵素，具有分解蛋白質的功能，凡是吃多了肉類、油膩食物，或麵食的人，感到飽悶難耐，飯後吃幾片鳳梨，可以幫助消化，不會覺得肚子漲漲地很難過。它也有醫療作用，味甘性平，功能健脾和胃，解渴防暑，消腫袪濕，消食止瀉，降壓利尿，對於中暑、消化不良、腹瀉、高血壓、咳嗽痰喘等症狀都有效果。未成熟的果實，榨出果汁，有通經、驅蟲的作用。西方有些藥廠，甚至從鳳梨汁中提煉蛋白酶製成菠蘿酶片，可通過加速溶解組織中的纖維蛋白與血凝塊，改善局部血液與淋巴循環，產生消炎、和消除水腫的功效。

　　鳳梨有這麼多好處，那可以大吃特吃了吧！對不起，偏偏就有一些人屬於過敏體質，吃後約 15 分鐘便會發生嘔吐、腹痛、腹瀉、頭暈、皮膚潮紅、發癢、口舌發麻，嚴重者出現呼吸困難、休克等現象，這被稱為「菠蘿病」或「菠蘿中毒」，這些人可是沒有口福的。

　　鳳梨的故鄉在南美洲的巴西，當時當地土著對這種長得奇特像刺蝟一樣的水果，沒有人敢吃。一直到西元 1555 年有一位法國探險家查列威，到巴西遊歷時，在叢林中迷路，在又飢又渴下，發現這種全身帶甲的果實，別無選擇，只好用力剜開，大吃其瓤，渡過危局。當他脫離困境後，就將這一發現告訴同行的荷蘭友人，從此傳開。歐洲人紛紛引進本國，再傳到亞洲，成為世界性的熱帶水果。歐洲人因見此物外形像松果，風味不輸蘋果，於是合併稱為 pineapple。隨著西洋人腳步，西元十六世紀初傳到了印度與中南半島，不久再傳進廣東，再廣佈於台灣、廣西、雲南、福建等省。

　　台灣栽培的鳳梨，在日據時期一度是外銷重要農產加工品，

日人也引進多種品種栽培改良。光復初期有三個重要品種：（一）是本地種，其特徵是成熟果肉香味特別濃鬱，肉色濃黃，生長力強健，少病蟲害，缺點是果實小，纖維多，果目深。（二）是卡因種，圓筒長形，果實特大，纖維少，味甜多汁，多用來製罐頭。（三）瓦拉西種，與卡因種很像，較能耐濕，抗病力強。（四）爪哇種，果實中等，甜味強，質嫩多汁，清香四溢，適合生食。

鳳梨在民國四、五十年代是本省重要外匯來源，以後因勞工成本提升，失去競爭力，六十年代後少見加工出口。不過拜賜現代農業科技的進步，經過多次改良後，成為目前省產鳳梨代表品種──「開英種」，果實碩大，果目無刺，普受市場歡迎。近年來更培育出「金鑽鳳梨」與「牛奶鳳梨」，汁多香甜，色澤像黃金像牛奶，大受歡迎。另外，嘉義的農試分所也培養出新品種，俗稱「香水鳳梨」，其特色在不用去皮，由尾端向頭部按果目順序，一目一目剝下食用，因甜度高，酸度低，以及含有強烈清香，更是吸引消費者，近來更是外銷到日本。

鳳梨廣植於台灣南部，但論代表則以台南的關廟聞名。關廟鳳梨香氣十足，果肉脆嫩無渣，汁多甜高，不論是切片生食，或烹飪、炒雞肝、豬肺、拌紅燒魚、蝦球，或作鳳梨甜湯都很適合，尤其是鹹鳳梨用來佐餐開胃，或是煮虱目魚頭，風味尤佳。每年四～九月都是鳳梨產期，只見關廟街中心山西宮前市場，即見一堆堆金黃色鳳梨充塞水果攤上，空氣中瀰漫一股濃鬱香味，令人胃口大開，口水直流，垂涎欲滴，到關廟一遊者，千萬別忘了享受這「鳳梨氛多精」的特殊風味。

「蓮霧」竟然是印尼話

　　連橫在《台灣通史》中曾介紹一種水果，說：「南無，或稱軟霧，譯言也。種出南洋，傳入台灣未及百年，故舊志不載。樹高至三、四丈，葉長而大。春初開白花，多髭，結實纍纍，大如茶杯。有大紅、粉紅、大白、小青四種。味甘如蜜，夏時盛出，台南最多，彰化以北則少見。實曝乾煎茶，可治痢疾。」讀了老半天，猜到是什麼水果嗎？不錯，正是蓮霧。

　　蓮霧的原產地是馬來半島，栽培最多的地方卻是印尼。本省栽培的蓮霧，也是三百年前的十七世紀，由荷蘭人自印尼爪哇引進，因此連帶把印尼名稱「Jambu」也傳進，所謂「蓮霧、南無、軟霧、翥霧、暖霧、輦霧、璉霧」等等名稱，都是從 Jambu 音譯而來，沒想到吧！「蓮霧」竟然是印尼話！

　　蓮霧屬桃金孃科植物，性喜炎熱氣候與潮濕土壤，因此很快分佈全省各地，不過以台南縣市栽培最多，高雄縣市次之，嘉義、彰化又次之，澎湖、台北、基隆等地幾乎無不栽培。不過近二十年卻又有了大轉變，而且蓮霧也躋身為熱門水果之一，那就是聞

名全台的屏東縣林邊鄉的「黑珍珠」。

省產蓮霧，從果皮顏色可細分為五種，但業界習慣粗分為兩種，一是紅蓮霧，果皮紅色，是主要品種，果實大型、產期在春季，果皮顏色深淺不同，又可分為大紅、次紅、粉紅。另外一種果實較小，春末夏初應市，果皮顏色有乳白色和粉綠色，習慣稱白蓮霧。蓮霧本為春季水果，但因農業科技的進步，造福消費者，如今內行的都知冬季蓮霧風味更好。

本省蓮霧的開花期，南部是三月，北部是五月，經二個多月後結果成熟，產期集中在五～八月，由於蓮霧不耐久貯，最後不免導致賤價銷售。果賤傷農，鳳山熱帶園藝試驗所有鑑於此，遂努力研究調節蓮霧產期的方法，由於屏東地區是全省蓮霧栽培主要地區，故在此地先作實驗，經過數年研究改良，終於成功。屏東縣濱海鄉鎮如林邊、潮州、枋寮等地，在輔導之下，從事一種噴灑藥劑，可以抑制發芽激素的生成，而轉變為開花激素，加上大量有機肥料施用，在寒冷的十二月～三月之間，可以生產出一些果實小、色暗紅、質地脆、甜度特別高的蓮霧。由於小而黑，價錢又貴，就便稱為「黑珍珠」。不過，「黑珍珠」的成功，另有「地利」一說。有人指出，因海水倒灌，這些地區土地富含鹹度，其他植物不易生存，唯有蓮霧因根部耐鹹而依然生存良好，並因海鹽抑制根部吸收過多水份，因而減少水分，相對提高果實糖份，才產生超甜的黑珍珠蓮霧。

黑珍珠大受歡迎，高雄六龜地區果農也急起直追，也透過農技生產出一些果粒特別巨大，顏色深紅，含水份多，甜爽可口的蓮霧，上市後的價格不比黑珍珠差，六龜果農便稱為「黑鑽石」，一別苗頭。「黑鑽石」也罷，「黑珍珠」也好，新春期間，消費

者都可盡情享用，重要地是會挑選蓮霧，不論是那一品種，選購時秤秤手，感覺有重量，而且頂端四片萼片越是分開，越是成熟，吃起來別具風味！

官田菱角為一秀

　　菱角別稱薐、蔆、水栗子、芰、芰實、沙角，為一年生草本水生植物，其習性與荷相近，性喜高溫多濕的沼澤地。在中國已有三千多年的栽培歷史，在《周禮》、《楚詞‧招魂》等書均有關於菱的記載，晚唐詩人杜荀鶴在〈送人游吳〉一詩中寫道：「夜市賣菱藕，春船載綺羅」，說明到了晚唐，菱的栽培已很普遍。而且有時糧荒，菱也可代替糧食，明代李時珍說道：「嫩時剝食甘美，老則蒸煮食之。野人暴乾，剝米為飯為粥，為糕為果，皆可度荒歉」。所以菱角營養豐富，內含澱粉、蛋白質、葡萄糖、脂肪，和多種維生素，及鈣、磷、鐵等礦物質。

　　菱角肉厚味甘，老少咸宜，生熟皆佳，生食可當水果，熟食可代糧食。將菱角加工成菱粉，可作為原料或配料，亦可用來做糕點、熬糖、釀酒、做醋、做藥、提煉酒精；菱葉、莖可餵豬，可當肥料，用處多矣！在中醫藥材上，古書《齊民要術》說：「能養補強志，除百病、益精氣」是一味很好補養食品。李時珍《本草綱目》記載：食用菱角「安中補五臟，不飢輕身。蒸後，和蜜

餌之，斷穀長生，解丹石毒。鮮者，解傷寒積熱，止消渴、解酒毒。搗爛澄粉食，補中延年。」若干醫書也指出，食用菱角能治一切腰腿筋骨疼痛，周身四肢麻木不仁、風濕入竅之症。

　　菱角還有一段「泮塘五秀」的傳說：相傳一千多前五代十國時，廣州泮塘原是南漢王劉鋹的花園遺址。他的愛姜名叫「素馨」，不幸患病早夭，葬於泮塘附近花田中，為了紀念她，南漢王命人在墓地周圍遍植素馨花、菱角、蓮藕、茡薺和茭笋，稱之為「五秀」，這便是「泮塘五秀」的典故來歷。菱角品種不少，據《酉陽雜俎》記載：蘇州產折腰菱，多兩角。荊州郢城菱，三角無刺。漢武帝昆明池有浮根菱。不過現在常見的有兩角菱，其品種有水紅菱、扒菱、蝙蝠菱、五月菱、七月菱等；四角菱品種有大青菱、小白菱；還有一種無角菱，又叫南湖菱，據說清代乾隆皇帝很喜歡吃這俗稱「餛飩青」的無角菱。此菱兩角退化，上寬下窄，形狀頗似餛飩，果殼軟薄，易咬易食，而且帶有香糯味道，成為御前珍品。

　　菱角的栽培，北至嫩江流域，南到海南島都有，但以長江中、下游，特別是華東、華南一帶出產較多。在台灣，栽植地區則分佈在嘉義以南，自嘉義水上、太保，台南官田、麻豆、柳營、白河、六甲，高雄左營，至屏東林邊、東港都有，連成一條生產帶，其中以官田鄉為最大產區，栽植面積有二百多頃，占全省的 1／20。栽培時機通常是利用稻田轉作期間空檔，於每年 5、6 月時，在一期稻作採收完畢後，即行下栽育苗。育苗是約一坪大的池沼中，一個苗團種一棵，大約 45 天後，整個苗團長成一大片，接著開花結果，大約 8 月時就可以採收了。

　　採收時，但見一片翠綠菱田中，划著一艘艘木扁舟採收，不

禁令人想起一首廣州竹枝詞：「欲採新菱趁晚風，塘西採遍又塘東，滿船載得胭脂角，不愛深紅愛淺紅」。不過，奉勸大家還是不要太浪漫，揭開頭巾一看，扁舟上的姑娘竟是一羣中年歐巴桑，哇！絕倒！採菱船長約 3、4 尺，船上隔成二進，一人蹲坐在前頭，一面用手划動扁舟，一面翻動菱株，採摘隱藏在葉下的菱角，隨手丟在後頭。菱角採收期長達 3 個月。約每半個月採收一次，可連採七次。當最後一次採收完畢，即準備第一期稻子的下種，如此年復一年，循回輪流。

菱角買賣多半採現場交易，準備水桶與磅秤，將菱角倒入水桶清洗，同時較鮮嫩菱角會浮在水面，較成熟者沉在桶底。一般行情，成熟者價錢較好，通常連殼煮熟當作零食出售；浮在水面上的，水份多，味也甜，照理講最鮮美，價錢應該更高，但相反地價格反遜一籌，通常直接剝成菱角仁在菜市場或餐廳販賣出售。省產菱角大玫上說來皆是同一品種，模樣有點像山羊頭。幼嫩時，外殼略帶紫紅，肉質鮮嫩甘美，可以作蔬菜或果品食用。老熟後，成為黑紫色，肉質增加澱粉，可以作為糧食或零嘴。選購時，以呈黑褐色，外殼堅硬，肥大新鮮，分量沉重為上品。

菱角除了煮熟吃外，菱角仁還可與排骨燉湯食用或作成粉蒸肉，滋味鮮美極了。另外再告訴大家一個小秘密，菱角還是一種抗癌的藥用食品，據日本醫學界研究，食用菱角可以防治食道癌、胃癌、子宮癌、乳腺癌呢！

水果大餐一路吃

　　民國八十七年七月中旬，全台第一條東西向快速道路，從玉井鄉到台一線通車後，嘉南山區一帶對外公路網更形方便，而且在近年來鄉土產業朝向觀光化後，嘉南一帶各色農業品應時應景推出，這一路線勢必搖身一變為夏季最熱門的水果農產旅遊路線。也即是說，從七月到九月，由台南縣玉井的芒果→白河的蓮子→官田的菱角→再到密枝、楠西吃楊桃，一路吃水果，可是叫人邊吃邊玩，過癮極了。

　　楊桃的原產地在印尼，因不是中國土產，來自外洋，故稱「洋桃」，以後又不知怎麼的訛傳成「楊桃」、「羊桃」。由於楊桃橫切片形狀像星星，美國人喜歡稱之為「星星果」，福建人也因其果狀有五稜，福州音「稜」為「斂」，所以稱之為「五斂子」。不過它還有「磅碡」的俗名，（因其形狀像農器鋤車，台語名為磅碡）恐怕就沒有多少人知道了。

　　連橫在《台灣通史》內將楊桃，寫成羊桃，並介紹道：「羊桃有甘、酸兩種。又有廣東種者，實大多汁。樹大、葉細密，春

時著花於幹，朵小色紅。實有稜五、六，酸者以製蜜餞，或漬糖水泡湯食之，可治肺熱止嗽。」《台灣草木狀》一書中也說道：「洋桃或四稜或五稜，小而色綠，文理直者甘，大而微黃。稜角不甚周正者酸。橫斷之，似車輪；去其廓，又如白蘋初放。瓣中有微核，如橄欖仁，入口稍澀亦相似。」一般說來，本省產的都是五稜種，偶爾才會見到六稜的。果肉成熟時呈現半透明黃色，目前台灣栽培的楊桃，農民習慣分成甘味種與酸味種。

　　酸味種的，果實小，甜度低帶酸味，不過成熟後卻帶有濃郁香味，果肉深黃色，有渣，不好吃，所以多半由加工廠收購做成蜜餞或楊桃汁，很少上市出售。

　　甘味種，果實較大，果肉細而無渣，甜度高，尤其這數十年，引進南洋優良品系，不斷培育栽培，出現很多優良新品種，如：五瓣頭、秤錘、青坱等，遍植卓蘭、莿桐、楠西，黑港、潮州等地。不過，出名的還是台南縣的楠西、玉井一帶，品種主要是青坱與紅種，其特徵是稜緣均帶有一抹青綠色，色彩極為柔和。不同之處，紅種果實較大，果肉為黃色；青坱較小，果肉為橙黃色。卓蘭、東勢，及國姓一帶種植者，為軟枝楊桃，果肉呈琥珀色，稜緣少了青綠色。選購時，記得挑稜片厚，有重量，且透明狀者才好。

　　前面說道，每年七月到九月，為嘉南地區水果盛產季節，從白河一路可吃可遊，直到楠西。在白河的「蓮花節」可參觀品嚐蓮藕粉示範、剝蓮子比賽、蓮子大餐、蓮子美食品嚐會，單騎遊蓮鄉等，在官田的「菱角節」，則有紅菱生態解說、葫蘆埤賞白鷺歸巢、菱香舟影一日遊，採紅菱、菱角美食大餐、剝菱角仁等。在玉井、楠西，可從高速公路新營交流道下，接台一線，再沿南

一七四縣道，抵楠西，再接台廿線到玉井。或則相反地，從新市交流道下，接台一線，再接台廿線，在玉井換台三線抵達楠西。

　　這時沿著玉楠公路（台廿號公路），也即是從玉井到楠西，再進入曾文水庫。省路上盡是水果纍纍，只見玉井芒果展現誘人的透紅，隔著防蟲的白紙袋，成為公路奇景。玉井除了芒果外，木瓜、鳳梨也是頗有名氣。而相鄰的楠西鄉不僅以密枝楊桃聞名全台，其他水果還有荔枝、龍眼、百香果，及梅子，幾乎全年每個季節都有應景水果登場誘人。不僅如此，當地果農還發明了「水果大餐」，如黃金水果魚、荔枝牛排，道道都果鮮味美，尤其「楊桃沙西米」，將楊桃冷凍後，去除澀味，沾芥末醬吃，酸甜帶嗆鼻，那種滋味令人又害怕又愛吃，真不知如何形容了。

　　我常鼓勵旅遊一定要吃得到、看得到、走得到、玩得到、摸得到，從白河到楠西，這一路田野風光，不僅隨時可停留遊玩，隨心所欲，無拘無束。而且這一點水果大餐，也保證讓你吃得飽飽，臨走還可多買些既便宜又應景的水果，胃袋、囊袋裝得滿滿的，只是口袋可就空空了。

紅柿金果營養多

俗語說：「七月小棗八月梨，九月柿子上滿集。」，這說明了農曆九月正是柿子的收穫季節。柿子，古稱為「柿」，原產於中國，已有三千多年歷史，現在世界各地栽培的柿子，全是由中國傳出去。柿子種類極多，以形狀分，有方柿、塔柿、牛心柿、鏡面柿、銅盆柿、葫蘆柿、蓮花柿等；以顏色看，有紅柿、黃柿、青柿、烘柿、白柿、烏柿、朱柿、酬柿、椑柿等。不過，說簡單些，不外乎澀柿與甜柿。

在早年，澀柿必先脫澀，方可食用，脫澀方法都是照古法處理。連橫在《台灣通史》〈農業志〉記載：「柿：嘉義、新竹出產較盛。有大、小兩種。將熟時採下，針以煉油，數日肉軟，謂之紅柿。若浸以灰水，可棄澀，則肉黃爽若梨，謂之浸柿。八月盛出，或曝為柿餅。又有毛柿，種自西域。」也就是說，早年作法，在採收後，選取較差或壓破的澀柿，予以打碎，泡在水缸中成為柿水，再將澀柿浸泡在內，不數日就可以脫澀，風味甜美。也有泡在米酒中脫澀，別有一番酒味，酒量淺者是不適宜的。日

據以來，講究時效出售，大致皆採用浸泡石灰水脫澀，不過一、二天即可以食用，能大量生產，但風味不免稍遜，這種柿，果皮都是黃綠中帶有金黃色，市上習慣稱為脆柿或水柿。

至於紅柿，是直接以尖銳硬物在果蒂下刺一小孔，滴入鹹水，放置陰涼處，數天後，果肉變軟變紅，就可以上市。但是近十數年，改變方法，在紙箱下層放上電石土，上層置放澀柿，密封後直接上市，也不過二、三天，即可變成紅柿出售。

柿子是一種價廉物美的大眾化水果，內含醣、蛋白質、脂肪、澱粉、果膠、和多種維生素、礦物質，營養豐富。除食用外，還可加工製成柿酒、柿醋、柿粉、柿餅、柿霜、柿漆、柿茶等產品。其中柿子、柿蒂、柿葉、柿霜都是有名的中藥。柿子味甘性寒，有清熱、潤肺、生津、止渴、祛痰、鎮咳等作用，用於治療慢性氣管炎、高血壓、動脈硬化、痔瘡出血、大便秘結等。將柿子榨汁，名為柿漆，加牛奶或米湯調服，每次半杯，可用於高血壓或有中風傾向時。柿餅性味甘平，能和腸胃、止血，可治吐血和痔瘡下血，適量熟食，可止瀉止痢。柿蒂俗稱柿子把、柿錢、柿丁、柿萼，性味苦平，功能降逆氣，止噁心、治呃逆、噫氣，和噁心不止，甚至研成末內服，還有天然避孕的效果。柿葉性味澀平，有抗菌消炎，止血降壓作用，除可用柿葉研末，或煎湯內服外，日本已製成柿葉注射液、血淨片、止血散等製劑，用於臨床治療。同理，日本人酷愛飲服柿葉茶，就因它有延年益壽，防治疾病效果，不僅可以軟化血管，防止動脈硬化、治療失眠、清熱解毒，而且消除浮腫。至於柿霜則是製造柿餅的副產品，係將熟的柿子採摘，除去外皮，經日曬夜露，若干時日，表面滲出一層白色粉末，性味甘涼，入肺胃經，功能清熱消炎潤燥，可治療口舌生瘡，

咽乾喉疼，氣管炎等，功同西瓜霜，讀者朋友實在不必遠至大陸購買西瓜霜回台。

　　台灣氣溫較高，不適合栽培甜柿，一向種植澀柿。目前主要產地在嘉義、台南、以及苗栗與台中交界處的卓蘭、公館、新竹的山區。新竹縣的新埔鎮與北埔鄉則是全省柿餅最大製造中心。說來這也有一段奇遇。新埔一帶製造柿餅已有百餘年的歷史，但因柿子產量有限，行銷不大，不具知名度。到了民國七十年代，自苗栗引進生產過剩的牛心柿，配合原有製造技術，打響了這項特產知名度。其製造過程是：柿子在九月採收後，先用刨刀削去外皮，然後放在圓形竹篩上，置於戶外柿棚曝曬，約 3 日開始變軟，變成茶褐色。此時以手擠壓，捏成扁平狀，並加以翻曬，稱之為「定型」，經過多次壓捏曝曬，前後一週，日曬風乾，才算完工。近年來因擔心看天吃飯，天氣不穩，製造者改用簡單的乾燥窯來處理烘乾，但是外乾內濕，風味差太多了。

　　台灣柿子，南部所產，果實大，狀如牛心，俗稱牛心柿，通常就以脆柿形式出售。北部所產為扁圓形，俗稱四周柿，有四個瓣狀，果實較小，多半做成紅柿或柿餅上市。選購脆柿，以果形勻稱，具重量者為佳。至於柿餅，若發現表皮有白色粉末，表示放久了，但不必疑懼，那就是柿霜，反而有好處。不過近年有不肖業者灑上太白粉來矇騙消費者，不可不慎，辨別方式簡單，只要沾水消失即是，反之即假。末了，要特別交待一點：千萬不可空腹吃柿子，尤其未削皮，吃多了吃久了，易引起胃結石，引起消化道出血，腸梗塞，而貧血者也少吃柿子為妙。

木瓜奇香治風濕

　　連橫在《台灣通史》一書中提到木瓜，說它「種出爪哇，樹高及丈，亭亭直上，開花甚小，結實於幹。或以醃醬，或煮糖，味尤美。台人以木瓜煮肉，產婦食之通乳。」由於其果實長在樹上，又有瓜之形，故稱為「木瓜」。木瓜古名楙，《爾雅》說：「楙，木瓜。」，郭璞注解：「木實如小瓜，酢而可食，則木瓜之名，取此義也。」

　　木瓜的名字雖不美，但其花卻是柔婉姿艷，其果也是香氣濃郁。唐代詩人劉言史曾寫詩讚美：「浥露凝氛紫艷新，千般婉娜不勝春。年年此樹花開日，出盡丹陽郭裏人。」詩中讚美木瓜花柔媚婉娜，也描寫了丹陽人觀賞木瓜花的歡樂愉快。

　　木瓜屬薔薇科，落葉灌木或小喬木，其特點是花香果亦香。原產在中國山東、浙江、湖北、安徽等地，尤以安徽宣城為佳，山東荷澤為盛，「宣城以北為土貢」，其他地方的人們也常以此為饋贈。宣城木瓜品種小，狀如雪梨，大如拳形，曬乾堅實如木，有濃烈香味，可作為藥用。中醫處方，一定要用宣城木瓜，其性

溫，味酸澀，能舒筋袪濕，主治筋脈拘攣，腰膝酸重、腳氣溫痺、霍亂腹痛、臍下絞痛等症。宣城木瓜曬乾或陰乾後，香味更烈，病後胃口不開的，可購乾木瓜幾個，安放枕邊，時時有香氣透發出來，馥郁薰鼻，令人胃口大開。舊時一般人家中，病人枕邊常放宣城木瓜，我們可以在《紅樓夢》第五回，劉佬佬在秦可卿閨房裏，見到供著木瓜為觀賞品，都是這個作用。宋人陸放翁詩：「宣城綠瓜有奇香，偶得並蒂置枕傍。」，就是指宣城木瓜，常放置枕邊意思。

　　木瓜有兩種，各不相類，除了上述中國原產的宣城木瓜外，還有一種「番木瓜」。番木瓜原產於美洲，十七世紀初，傳入東南亞，再傳進閩廣。由於是南洋引進，所以稱為番木瓜，久之，省稱去掉番字，都叫木瓜。番木瓜在中國舊書上的記載有幾種名稱：《植物名實圖考》名為「番瓜」，《嶺南雜記》稱之「木瓜」，《肇慶府誌》叫「萬壽果」。

　　番木瓜的栽種，不適於寒帶，所以華中、華北各省並無出產。至今只限於廣東、廣西、福建、海南島、台灣五個地區。台灣最初有番木瓜，據說是由福建傳入，因繁殖容易，產量多，價格低廉。農村間凡有餘地，必種此瓜，除了供給一家老幼啖食之外，還可用作養豬飼料，據說豬吃了，肉質特別細嫩。番木瓜在台灣繁衍日久，成為在來種土產，也漸次劣化。直到日據時期，分別在一九〇三年、一九一一年、一九一五年，先後自夏威夷及爪哇引進優良品種，久之，成為台灣木瓜主流，即我們常見橙黃色果肉的品種。到了民國四十年代後期，再從國外引進「日陞」種的木瓜，日陞種雖然果型較小，風味卻勝過原省產木瓜，這就是目前大家熟悉的橙紅色，俗稱肉木瓜的品種。

　　木瓜生長時期，比其他水果長久，以夏秋季開花，秋冬季節結果上市為多。一年之中，以十月至一月之間為盛產期，不過，若氣溫太低，會使果實帶有苦味，因此冬季開花結果，二、三月上市的木瓜，時帶有苦味，就是因此緣故。

　　台灣木瓜到處都有。屏東、台東、花蓮、南投、台南、雲林等地，都有大面積木瓜園，目前較出名的以台東、屏東出產為主。而市面上常看到的木瓜，形狀可分為兩類，一是長橢圓形的「春瓜」，果肉厚，種囊小，價錢較貴。一是圓形或卵形的「母瓜」，果肉較薄，種子多，價格低。成熟木瓜，果肉柔軟，不耐運輸，因此在七分熟時就要採收，裝置紙箱，箱中再放電石土助其追熟。其實要是真正樹上熟的，味道更好。木瓜有沒有成熟，千萬不要僅以果皮顏色是否變黃作為判斷，那是不可靠的，要看近梗地方是否已經軟化，已稍軟化的，才是成熟的可以食用。

　　木瓜在冬季是滋養潤燥妙品，在夏季是生津解渴瓜果，味道清甜可口，肉質酥軟，有特殊香味，卻無瓜類的生腥氣息。至於它的種子，有一種薄薄膠質粘住，是不能吃的。木瓜可增乳、潤膚、消蟲積、助消化。在未成熟時，剖開時可加糖或鹽生食，或與萵苣混合充蔬菜佐膳，也可煮魚同食，湯液如乳白色，味道清醇。與火腿一同煮湯，火腿容易酥爛，有益於老年人進食。將木瓜切成薄片，浸在酸醋和白糖之中，做成醋漬木瓜，也可作消閒食品。而「虎骨木瓜酒」更是用來治療風濕骨痛的傳統漢方藥酒。木瓜一物，真正是物美價廉，功效良多。

附錄一

貢瓜何其難——
清代台灣貢物考之一

一、小引

　　據《辭海》解釋「貢」字：「下奉上曰貢」，指的是從前帝制時代，把一切獻給朝廷的事物，都稱之為「貢」。以台灣地區為例，常聽到金門「貢糖」與新竹「貢丸」，似乎當年曾上貢朝廷而博得佳名，其實這兩種土產都不曾貢諸朝廷，在清代曾真正入貢的有「番羨」、「番薯」、「番稻穗」、「番雞」、「台猴」、「台狗」與「西瓜」等物。番羨即台灣土生芒果，在康熙年間由福建巡撫呂猶龍一度上貢敬呈御覽，卻不料就只有這麼一回上貢御覽的身價，康熙帝硃批道：「知道了，番樣從來未見，故要看看，今已覽過，乃無用之物，再不必進。」，這「無用之物」，從此只能在台灣民間流行品嚐，不能登大雅之堂。

　　不過，西瓜則不同了，清初諸帝對在台灣地方試種西瓜的

事，極其熱心與耐心，有計劃的連年不斷安排賜種播植，甚至成了一種定制。

二、西瓜由來

西瓜原產於南非，再由埃及傳入東方，在紀元前已傳入亞洲與南歐，至於何時傳入中國則難以考知。顧名思義，「西」瓜，原來並非中國土產，而是經由西域輸入中國。西瓜之名不見古籍，如較早的《爾雅》、《本草》或《齊民要術》等書均不曾提及，或云漢代張騫通西域時，曾傳入中原；或云宋人陶穀《清異錄》記載五代吳越王錢鏐的「瓜戰」之「瓜」即西瓜；但均不可靠確切。

較可信者為歐陽修《新五代史》卷七十三〈四夷附錄〉裡，轉引胡嶠的「陷虜記」說，隨蕭翰入使契丹的郃陽縣令胡嶠，在旅居契丹期間曾吃到「西瓜」，並介紹說：「契丹破回紇，得此種，以牛糞覆棚而種，大如中國東瓜，而味甘」，可知是知契丹人從土耳其族的回紇人傳入西瓜，在塞外播種繁殖，可惜胡嶠並未將西瓜種子帶回中國，時為西元十世紀（周廣順三年，西元953年）。首先把西瓜引進中國的可能是南宋人洪皓。洪皓是派往金國大使，在金國居留十五年（1129~1143），寫有《松漠紀聞》，在此書內有一段回憶提及西瓜，略云：「西瓜形如扁蒲而圓，色極青翠，經歲則變黃，其歠類甜瓜，味甘脆，中有汁尤冷，洪皓出使攜以歸。今禁圃、鄉圃皆有，亦可留數月，但不能經歲仍不

變黃色。」[1]，據此可知金人種植西瓜必得自契丹，後據中原地區，廣植黃河下游的豫、魯、冀一帶。洪皓攜回南宋，栽培於長江流域，才開始在江南地區大量種植，則至遲江南地區至十二世紀中葉才引進西瓜，而華北地區則早在十世紀前即有，從此西瓜繁衍孳生於中國各地。

　　西瓜始於五代雖較可信，不過仍有若干疑點，《南史》〈滕曇恭傳〉說：曇恭五歲時，其母楊氏患熱，思食「寒瓜」，土俗所不產，曇恭歷訪不能得，銜悲哀切。後遇一桑門而得，「舉室驚異」，成為一新聞，可知其時「寒瓜」之難得。而唐代段成式《酉陽雜俎》卷十九曾引沈約的「行園詩」：「寒瓜方臥壟，秋蒲正滿陂。紫若紛爛漫，綠芋鬱參差。」從詩中談到寒瓜臥壟時節，生長的情形來看，正跟西瓜相符。明代李時珍在《本草綱目》中也指出：西瓜又名寒瓜，並說明：「陶弘景注瓜蒂，言永嘉（西晉懷帝年號）有寒瓜甚大，可藏至春者，即此也。蓋五代之先，瓜種已入浙東，但無西瓜之名，未遍中國爾。」[2]而北京一帶農家，稱先上市的西瓜為「水瓜」，晚上市的為「寒瓜」。另外，據 1959 年 2 月 24 日中共《光明日報》報導，在浙江杭州水田畈新石器時代遺址中曾發現過西瓜籽。1976 年，廣西貴縣西漢墓槨室淤泥中曾發現西瓜籽；1980 年，江蘇省揚州西郊邗江縣，漢墓隨葬漆笥中西瓜籽，墓主則卒於漢宣帝本始三年（西元前 71 年）。

---

[1]　洪皓《松漠紀聞》，轉引自殷登國「消暑解渴談西瓜」，文見氏著《草木蟲魚新詠》，世界文物出版社，民國 74 年，頁 60。

[2]　李時珍《本草綱目》卷卅三果部〈西瓜〉（甘偉松增訂本，宏業出版社，74 年版），頁 53。

[3]根據上述文獻資料及考古資料相印證，則西瓜在五代以前已經傳入我國東南沿海地區，因其性寒解熱，稱「寒瓜」，並不叫「西瓜」，且種植不普遍，是希罕難得之物。因此西瓜是從西域傳入中國說法似有疑問，而且在中國的西瓜可遠溯到距今四千年的新石器時代，則西瓜原產非洲的說法又成了疑問？

　　總之，不管何時傳入中國，西瓜引進中國後，因為西瓜喜歡乾旱氣候和沙質土壤，華北地區生長情況自比多雨潮濕的江南來得好，清人吳其濬《植物名實圖考》卷三十一〈西瓜〉條，記載山西榆次一帶西瓜味殊甘美，且已入貢，而「江以南瓜蓋尠，余所至如湖廣之襄陽、長沙，皆有瓜疇。江西贛州，瓜美而子赤，豐城瀕江亦種之。滇南武定州瓜，以正月熟，上元饋瓜，鏤皮為燈，物既非時，味亦迴別。」[4]概略說明了江南地區僅湖廣、江西、雲南一帶有所種植，且味道遠不如華北地區。

三、台灣貢瓜始末

　　台灣瓜種由來，舊志太半含糊說「多內地來」，台灣西瓜較早見於文獻記載的，有康熙卅三年（1694）高拱乾《台灣府志》卷七〈風土物產〉記：「西瓜，蔓生，漢張騫使西域得之。」[5]，以及康熙卅六年郁永河《裨海紀遊》載：「瓜蔬悉同內地，無有

---

[3]　詳見馬執斌「西瓜何時傳入中國」，收入《古代禮制風俗漫談（二）》，（北京中華書局，1986 年，台灣國文天地雜誌社發行），頁 103~105。

[4]　吳其濬《植物名實圖考》卷三十一〈西瓜〉條，轉引自殷登國「消暑解渴談西瓜」，頁 61。

[5]　高拱乾《台灣府志》卷七風土物產〈蔬之屬〉，台灣文獻叢刊第六五種，頁 199。

增損。西瓜盛於冬月，皮薄瓤紅，可與常州並驅，但遜泉之傳霖耳。」[6]，則台灣西瓜何時引入已無法確知，可能早在明末隨著漢族移民傳入。

至於清初台灣的貢瓜，則始於康熙末年，清人趙翼在《陔餘叢考》卷三十三〈西瓜始於五代〉裏記：「西瓜……台灣則并種於秋，至十月採取，貢入京以備臘月廟祭之用。」[7]，並且因在三月半入貢北京作為康熙帝生日賀禮，台灣貢瓜還博得「萬壽果」的美名。要之，台灣這種西瓜是專門進貢到北京當作廟祭或祝壽之用。

關於清初台灣貢瓜情形，故宮博物院整理出版的《宮中檔康熙、雍正朝奏摺》中有詳細記錄，茲參酌台灣志書略述如下：

台灣開始有貢瓜試種是始於康熙五十二年（1713），當時福建巡撫覺羅滿保在五十二年七月二十一日呈於清聖祖一份報告裏，提到：

「今年四月裏聖主所賞賜的西瓜種子，命令在福建試種，敬謹遵旨。……台灣地區，九月裏收割芝麻之後，可種西瓜，到十二月中可以成熟，因此奴才我已派了人，把一半的瓜種帶到台灣去種植，到十二月看收成情形，再行奏聞。除此以外，剩下的另一半種子，四月裏就已在福州、泉州、漳州等地試種了。今年四月播種的這些西瓜，到七月裏都已成熟如數的送來了。奴才我揀選看了，看成熟的情形很好。不過由於不能等候台灣種植的西

---

[6]　郁永河《裨海紀遊》卷上，台灣文獻叢刊第四四種，頁 12。

[7]　趙翼《陔餘叢考》卷三十三〈西瓜始於五代〉，乾隆庚戌湛貽堂板，頁 379~380。

瓜，所以恭謹的先送來給聖主看看。……」[8]

　　卻不料康熙御筆硃批：「我並沒有命令（你）送此物來，只叫（你）要在台灣地方試種看看。竟把這當作進貢的事來做，實在很不應該。」可見台灣貢瓜最早是康熙帝所賜，始於五十二年，原意只是推廣試種西瓜，並不是以貢瓜為主要目的，那知以後成為積習，不可不貢，也不敢不貢，弄擰了康熙帝一番好意。台灣試種的西瓜，於年底有了收成，翌年正月初九，覺羅滿保派人上京敬呈，並報告說：

　　「去年四月聖主賞賜的西瓜種子，奴才我曾立即派人帶到台灣去種植，現在收成的西瓜已送到了。經查詢知道，是在（去年）八月間播種下西瓜種子的，到十二月即成熟了。發芽、生長時都很好，只是在割稻以後，十一月中雨水略少一些，又由於第一年種植，水土還不太服，沒有能長得很大。奴才我經過揀選，特派人敬呈聖主御覽。還懇請聖主恩典，再賞賜內廷的瓜種，今年可再在台灣種植。」[9]

　　不久皇帝就派人把宮中西瓜種子送到福建，同年六月覺羅滿保便差專人，帶著御賜瓜種，再到台灣栽種，到年底成熟，又挑選一批西瓜，派人進呈皇帝，並再度請求「敬請聖主降恩，再賞賜內廷的瓜種，待六月間帶去台灣，小心的種植。」康熙帝批准：「送去了。」顯然康熙皇帝還是相當熱心起勁的。

　　其後幾年，詳情不知。至康熙五十七年又有記錄，不過那年栽種，因雨水不豐，品質不理想，而且十一月廿九日由台灣裝船

---

[8]　《宮中檔康熙朝奏摺》，第九輯，國立故宮博物院，頁348~35。
[9]　同上引書，頁385~386。

運到福州時，因在澎湖候風，延誤了半個月，到第二年的正月初四才運到福州。第二天初五，覺羅滿保迅即挑好八十個西瓜，派人送往京師，同時懇求皇帝：「如此好的西瓜種子，奴才在外省是得不到的。乞求聖主降賜恩惠，再賞給內廷瓜種，等到今年秋天再種。」

康熙帝雖然續賜瓜種，鼓勵閩省官員再種，但卻反對進呈西瓜，乾脆批道：「此物再也不必送來了！」[10]不過底下官員等因奉此，有例不敢廢，仍然上貢，康熙五十八年陳文達修的《鳳山縣志》卷七〈風土志物產〉說明西瓜：「內郡熟於六、七月，鳳山則種於深秋，熟於隆冬，貢大庭，以三月萬壽前至京，名曰萬壽果，其餘以漸次熟焉。」[11]，五十九年陳文達修的《台灣縣志》卷一〈輿地志土產〉也記西瓜：「實大如斗，皮綠肉紅，台產甚多，早種者熟於仲冬，充貢大廷，以三月半前為期，名曰萬壽果，……台種又自內地來者。」[12]

康熙六十年，在朱一貴事變後，覺羅滿保又差人帶著御賜的瓜種來台灣，這年種植仍不理想。滿保在翌年正月二十一日的奏摺曾提到此事，並仍向皇帝乞求賜種，康熙帝隨即派人帶來。康熙六十一年十一月十三日，清聖祖崩逝，繼統的清世宗仍然繼續台灣種瓜事宜。雍正元年正月初三，新任福建巡撫黃國材上奏：

「康熙六十一年十二月二十七日據台灣運載西瓜到省，奴才

---

[10] 同上引書，頁 718~719。

[11] 陳文達《鳳山縣志》卷七風土志物產〈果之屬〉，台灣文獻叢刊，第一二四種，頁 97。

[12] 陳文達《台灣縣志》卷一輿地志土產〈果之屬〉，國防研究院台灣叢書第一輯，頁 13。

謹查舊例，自五十二年奴才衙門奉發瓜子，齎往台灣佈種。每年於十二月成熟恭進。今據台灣裝運西瓜前來，奴才隨親自細加挑選，謹專差恭進，仰祈主子賞收，仍懇將內廷瓜子頒發，庶奴才得照例專人齎往台灣佈種。」[13]

　　清世宗下達指示，殊批：「發下瓜種所種，轉年進五十個足用。其泉州本地之種所種，皆不必進。路遠徒費，不中用。」這一回內廷賞賜的瓜種在雍正元年（1723）二月十九日由黃國材的家人帶回福建播種。第二年正月初三，黃國材遵照皇帝批示，只挑選了五十個台灣的西瓜，恭送到京城。雍正三年，黃國材解任，繼任的閩撫毛文銓仍進行此項工作，雍正四年四月二十一日，毛文銓上奏：

　　「竊閩省敬進上用之瓜，每年俱應八月中赴台灣擇地佈種，理合恭請皇上將喇嘛瓜種俯賜給發至督臣衙門，例應同臣一體遣員赴台佈種。若俟高其倬到閩之後，再行奏請，為時已晚。伏乞皇上並賜給發。」[14]

　　高其倬當時剛被任命為閩浙總督，要到六月初才來福建，因而毛文銓才有此一奏。雍正六年正月，高其倬也曾上奏頒發瓜種，清世宗批示：「不用進多了！此無用之物，專為供獻之用，汝等各處通共三、五十足矣。可通知撫提一體而行可也。」

　　可知內廷賞賜瓜種已成定制，進貢台灣西瓜是當時閩省官員的例行公事。是以雍正初年黃叔璥《台海使槎錄》卷二〈赤嵌筆談〉記載：「四月……（鳳山）民間西瓜熟（原註：正月種）。

[13]　《宮中檔雍正朝奏摺》第一冊，頁 21。
[14]　見前引書第五冊，頁 830。

五月，台邑番檨、西瓜熟；鳳山瓜、檨、蔬果於四月間先熟，五
幾盡矣。台、鳳地暖，凡所種植，先期成熟，……十二月，台、
鳳進貢西瓜及王瓜。」[15]

　　但至乾隆二年，乾廷不再發下瓜種，而上貢定例卻並未廢
掉，乾隆六年（1741）劉良璧修之《重修福建台灣府志》卷六〈風
俗‧物產附〉：「上進西瓜：乾隆二年二月初四日，奉旨：『福
建督撫每年著進西瓜十元，提督不必進瓜，瓜種亦不發去，欽此。』
[16]，乾隆十二年范咸修的《重建台灣府志》卷十八〈物產〉亦記：
「西瓜，暑時多內地來，台灣種於深秋，熟於隆冬。乾隆二年，
定福建督撫每年正月各進瓜十圓。」[17]，乾隆卅九年朱景英著的
《海東札記》卷三〈記土物〉：「西瓜種於八月，成於十月，台
灣、鳳山二縣有之，歲以充貢。」[18]

　　至於貢瓜何時停止，嘉慶十一年（1806）謝金鑾纂修的《續
修台灣縣志》卷一〈地志‧物產〉明言：「舊制貢西瓜，今罷。」

---

[15] 黃叔璥《台海使槎錄》卷三〈赤嵌筆談〉「物產」，台灣文獻叢刊第四種，
　　頁 52。

[16] 劉良璧《重修福建台灣府志》，卷六〈風俗物產〉「果之屬」，台灣文獻
　　叢刊第七四種，頁 111。

[17] 范咸《重修台灣府志》卷一八〈物產‧草木〉，台灣文獻叢刊第一〇五種，
　　頁 508。又，此書附考收錄《禪海紀遊》與《台灣志略》二書有關西瓜記
　　錄二則，其中引錄《禪海紀遊》，「台人元旦多啖之」一語。而引述《台
　　灣志略》之「台、鳳兩邑，每年分進上西瓜，八月下種，十一月成熟。氣
　　候之異，直不以可常理測也。」，遍查台銀文獻叢刊第一八種之《台灣志
　　略》一書，並無此文，反而卷一物產〈果〉敘西瓜，僅簡短記載：「舊制
　　貢西瓜，今罷。」

[18] 朱景英《海東札記》卷三〈記土物〉，台灣文獻叢刊第一九種，頁 35。
　　另，除上引諸書外，尚有多種台灣方志之物產頁有記錄西瓜之上貢，率多
　　輾轉抄襲，茲不具引。

[19]，成於嘉慶年間李元春之《台灣志略》亦云：「舊制貢西瓜，今罷。」[20]，則知嘉慶初年就已停貢，今人林文龍考證，認為貢瓜之停止，應受到乾隆五十一年～五十三年的林爽文事變影響，蓋當時林爽文曾率眾南下圍攻府城數月，且鳳山縣也有莊大田起兵響應，戰亂之中貢瓜一事不得不停止，[21]此說極有道理；但不妨將嘉慶十年至十一年海盜蔡牽兩次擾台之事合併考量，何況清廷賜瓜種植原本旨在推廣試種，視為「無用之物」，可有可無，並不在意它的進貢與否。

根據上引資料，可歸納綜述如後：

台灣貢瓜始於康熙五十二年由內廷頒發試種，以後每年由內廷發給，成為定例，至乾隆二年始停止發種。乾隆末年或因林爽文之亂及嘉慶初年蔡牽之騷擾，以致嘉慶初年貢瓜才告停止。貢瓜沿習為定例後，成為閩省總督、巡撫、提督職責之一，貢瓜數量由康熙年間的八十個，雍正年間的五十個，縮減至乾隆年間的二十個，而且提督以下可以免進。至於貢瓜時間，由康熙年間趕在三月半萬壽節前（故有萬壽果之別稱），至乾隆年間提早到正月進貢，作為廟祭之用。

四、貢瓜何其難

台灣貢瓜品種有別於一般西瓜品種，可能因水土、氣候等因

---

[19] 謝金鑾《續修台灣縣志》卷一〈地志・物產〉「果」，台灣文獻叢刊第一四〇種，頁 52。

[20] 李元春《台灣志略》卷一物產「果」，台灣文獻叢刊第一八種，頁 37。

[21] 詳見林文龍〈清代台灣貢瓜小考〉，見氏著《台灣史蹟叢論》下冊，民國76 年，頁 195。

素，成熟後不像今天如此甜美，而且栽種不易，極其費心，如前述滿保奏摺中提到雨水略少，水土不服，「沒有能長得很大」，或是「葉子上生了蟲，結果在西瓜的外皮上，略帶疤痕，不過內裏瓤子還很好」，甚至康熙六十一年正月二十一日奏摺中更提及遭受風災之害：

「去年六月二十二日，平定台灣之後，閏六月中，奴才我就派了人把聖主賞賜的瓜種，帶往台灣種植。現在派往種植西瓜的人已經回來了，經問知道：他們是在台灣縣附近的一處地方和南路觀音山下的一塊土地上種的。這兩處地方都是在七月十四日那天下種的。正長很良好時，在八月十三日，突然刮起了大風，非常可怕。第二天到園裏查看時，發現西瓜的蒂和藤都被風吹掉了，於是就拿出根來，加土澆水再種，雖然種活了，但沒有開花。觀音山下種的西瓜，因為地勢低下，受風比較小，重新栽種後，漸漸的復活了，收穫了大小不同的西瓜十個。……這次從台灣運來的西瓜……因受當地氣候的影響，長得很小，色澤比較深，和其他地方的不同。」[22]

不僅如此，並且專門派人種收，解交督撫轉進，還誇大其實，說瓜子外殼有「番」字圖紋，董天工《台灣見聞錄》卷二〈台果記〉：

「西瓜，暑時多內地來，台產種於深秋，熟於隆冬，元旦多啖之，皮薄瓤紅，可與常州並驅，但遜泉之傅霖耳。乾隆二年，額定福建督撫每年正月各進瓜十圓，取之於台。台有進上瓜地一區，約數十畝，所產之瓜，其子兩旁有番字，台太守僱工種收，

---

[22] 同註 6 前引書，頁 787~789。

解交督撫轉進，以此別為台瓜，此數十畝外所產之瓜，子即無番字，亦一奇也。」[23]

　　王必昌《重修台灣縣志》卷四〈賦役志〉「土貢」一節，更詳細記載栽種的小心翼翼：

　　「上用榆次瓜（有白皮、青皮二種），奉諭旨：『福建督撫每年著進瓜十圓，提督不必進瓜，種亦不發去，欽此』。每年五月中給發銀兩，僱募瓜戶，稅賻腴園，於白露節前擇吉（按即八月初），知縣到園敬謹下種，著令瓜戶加意灌溉培植；看守至十月末成熟，知府會同營員遴遣弁役，慎重護送赴省。十二月，督撫差員恭進，以供獻新。應給瓜戶園稅，工資及解送盤費等銀，係知縣捐給。」[24]

　　是知種瓜成一要事，《鳳山縣採訪冊》〈藝文部〉收錄有鄭際魁茂才一首西瓜詩：「莫將萍實異茲看，老邵當年學種難。青蔓依微緣力弱，含香獨抱此心丹。」[25]可見種瓜難之又難，但不知此「老邵」是誰了？

　　其次，朝廷所賜瓜種，據上引資料有「喇嘛種」及「榆次瓜（有白皮、青皮二種）」，按吳其濬《植物名實圖考》卷卅一「西瓜」條，轉引《山西通志》云：

　　「西瓜今出榆次中郝、東郝、西郝三村。一種黑皮黃瓤絲子；

[23] 董天工《台海見聞錄》卷二〈台果〉「西瓜」，台灣文獻叢刊第一二九種，頁53。

[24] 王必昌《重修台灣縣志》，卷四〈賦役志・土貢〉，台灣文獻叢刊第一一三種，頁119。

[25] 盧德嘉《鳳山縣採訪冊》癸部〈藝文二〉詩詞，台灣文獻叢刊第七三種，頁517。

一種綠皮紅瓤黑子，子有文，名剌麻瓜；一種綠皮紅瓤紅子，名蜜瓜，味殊甘美，今已入貢。市廛售者，有一種三白瓜，皮瓤子白，味絕美……江以南瓜蓋尠。」[26]

從「子有文」、「綠皮紅瓤黑子」、「名剌麻瓜」，暨「皮瓤子白」等參證，可以確知朝廷所賜為出產於山西榆次的剌麻瓜與三白瓜的瓜種。

復次，「進上瓜地」栽種貢瓜的所在地，據上述知在「台灣縣附近的一處地方」和「南路觀音山下的一塊土地」，其確切地點，連雅堂《台灣通史》卷二十七〈農業志〉指出：西瓜此物「色綠，其瓤有白有紅，味甘性冷。台灣地熱，十月則熟。舊時入貢園，在小北門外。」[27]，但在《雅堂文集》卷三〈台灣漫錄〉「西瓜」一條中記：

「瓜果之屬，以時而出，故詩載七月食瓜，周之七月，夏之六月也，而台灣則異是。台灣之瓜，長年俱有，前時小東門外，有西瓜園一區，由官理之，每至冬節採以入貢，以供元日之用，此則地氣使然。」[28]

則台灣縣種貢瓜地點在今台南市小北門、小東門外一帶。至於鳳山縣種瓜所在地，其確切地點則難以稽考，盧德嘉所修的《鳳山縣採訪冊》地輿、疆域篇中詳列各里莊名，其中港西里在縣治東北方，距城二十里，有一「西瓜園」地名，或即當年種瓜所在地，林文龍先生在〈台灣貢瓜小考〉宏文中推論其地或即今屏東

---

[26] 同註2。

[27] 連橫《台灣通史》卷二十七〈農業志‧蓏之屬〉「西瓜」，台灣文獻叢刊第一二八種，頁663。

[28] 連雅堂《雅堂文集》卷三〈台灣漫錄〉，轉引自林文龍上引文，頁197。

縣麟洛鄉內，理頗近焉。[29]

西瓜的栽種，十分辛苦麻煩。從瓜種的選擇、瓜秧的培植，瓜實的看護，都須特別當心。台灣西瓜的播種，南部八至二月為多，其中又以九至十二月最適，從種植至成熟，大約需要三個月時間，可說是一年三季皆盛產。貢瓜在七、八月下種，把瓜子埋入土中，等瓜秧出土後需要分秧（汰弱留強）、翻蔓（避免蔓上生根）、摘花（摘去多餘瓜花，一蔓一瓜最宜）。平時則要勤於鬆土培根，定時施以人糞、鷄糞、豆餅等肥料。當花落瓜生時，開始在瓜田用蘆蓆搭起瓜棚，此時幼瓜照顧尤費心血，天熱怕晒要把幼瓜遮陰起來；天雨怕爛必須不時排水檢視；白天捉蟲除草，晚上還要防止鼠嚙啃咬，絲毫不能輕心。

雖然每年只有三、五十個西瓜上貢，但對閩省各級官吏而言，無不如負重擔，戰戰競競，不敢怠慢，從領種、栽培、採收、解交都全力以赴，形成一大負擔拖累，《明清史料戊編》第九本收錄有一件乾隆二十一年戶部題本，正足以說明期間困頓形擾之一斑。此件題本大意是說原署鳳山縣知縣魯光鼎在任內「「尚有支銷修理察院衙署報事，栽種西瓜進京盤費二款，係奉部刪減之項，又各官透支扣缺養廉銀兩，係不應支銷之項」，所以「應追修理衙署並栽種西瓜盤費，扣缺養廉等銀九十六兩一錢二分九釐零。」，但魯光鼎本人「原籍既無產業可追，今各任所確查，又無資財寄頓。」經查定律可以豁免，遂由閩浙總督喀爾吉善題請，准其照例豁免，乃於乾隆二十一年閏九月十二日奉旨由戶部議奏，結果戶部意見是「應如該督所題，准其照例豁免」，最後當

---

[29] 同註19，頁197。

然皆大歡喜，批示「依議」了[30]。這件因種瓜貢瓜而致拖欠進京盤費的案例，足可說明貢瓜之到後來如何扭曲原先推廣試種之好意，而變成一種擾官脮民的秕政，也算得上是台灣貢瓜史上的一項奇聞了。

五、小結

西瓜學名 Citrullus vulgaris, Schard，屬葫蘆科植物。原產於非洲，中國原無出產，五代前名寒瓜，有可能已在東南沿海地區種植，迨契丹破回紇後，得到此一種籽，大量在華北地區推廣，因從西域而來，故名西瓜。西瓜是夏令大眾所愛吃水果之一，除了消暑解渴外，還有利尿、解酒、提酒、開胃功效，不僅西瓜瓤可吃，瓜皮汁液擦在皮膚可以消炎退腫，兼具美容效果，是以中醫常用來治療高熱便秘，和黃疸病患者飲料，有「天生白虎湯」之美名。

台灣栽培西瓜，歷史甚早，約於明末即已傳入。本地品種有黑皮、白皮、汕頭、幼花、虎皮、瓜子用種等六、七種類，日據時代廣設品改所，又有新種的引進與舊種的改良。光復以來，品種增至三十餘種，也出現了無子西瓜，台灣的西瓜不僅種類更多，品質也愈細嫩甜美。但在清代，以白皮種栽培較多，於春天下種，夏季成熟。較為奇特的是不在夏季成熟，卻是「熟於隆冬」的貢瓜，康熙五十二年自內廷引進新種（山西榆次出產的喇嘛種，或稱刺麻瓜；暨皮瓤子白的三白瓜種），種植於昔年台灣縣、

---

[30]　《明清史料戊編》第九本，頁 831~833。國立中央研究院歷史語言研究所，民國 43 年 8 月出版。

鳳山縣一帶（約今台南市小北門、小東門外，以及屏東縣麟洛鄉），種於八月，成熟於十月末；分由台灣知府、鳳山知縣董理其事，僱募瓜戶灌溉培植。成熟後，由知府派營員遣弁役慎重護送至閩省省垣福州，於十二月督撫差員恭進，送往北京，在三月半康熙帝誕辰前送達，以為慶賀，故又有萬壽果之稱。乾隆二年停發瓜種，貢瓜額數亦由原來之八十個，減免為二十個，至嘉慶初才停止進貢。

　　台灣土產，固不乏奇瓜異果，但在清代充貢者僅有芒果、西瓜二種，並博得萬壽果之稱號，可惜不知此一貢瓜「喇嘛瓜」、「三白瓜」種今日尚存否？[31]

---

[31]　按道光年間周璽所修的《彰化縣志》，於卷十〈物產志‧蓏之屬〉提及西瓜：「西瓜，種來回紇，其色青綠，其瓤紅白，性生冷，傷脾助濕，但食之能化畜毛。又有一種小而色白者」，則似乎為貢瓜之遺種，只是水土不服，其種愈趨劣小。

〈後記〉──文章背後多少往事

　　這三本小書的由來，從書寫到出版，背後頗有一番往事可談。

　　話說民國七十年代末，我已是小有知名度的古蹟史專家，當時因同窗好友尚世昌任職救國團的緣故（今已貴為致理技術學院校長，世昌與我大學、碩士班皆同窗，可謂緣份不淺。），義不容辭，利用寒暑假前往協助，導覽淡水的名勝古蹟及小吃，遂認識了一群任職高中、國中、國小的老師，結成莫逆之交，至今二十年仍不時聯絡往來。又由此間接輾轉認識了許多老師，時任教板橋高中的國文教師林繼生兄即是其中一位（今也貴為武陵高中校長），本來與我不識，透過友人的熱情推薦，邀我在其主編的台北縣救國團刊物《青年世紀》寫篇文章，介紹台北縣的古蹟，我初試啼聲，蒙其青睞，連續寫來，居然寫出了一個專欄〈古蹟探源〉，連載了十餘年。

　　當時構想將台北縣的歷史古蹟，按著二十一個鄉鎮市別依次一一寫來，計劃最後結集出書，書名暫定為《細說台北縣古蹟史話》。不料 2000 年的意外中風，個人一時無法再寫作下去，專

欄憂乎中斷，成為殘稿。

　　或許〈古蹟探源〉頗受台北縣青年學子的肯定與歡迎，繼生兄接著又囑我開闢另一個專欄〈風土民俗〉，一時之間我在救國團刊物，同一本刊物中負責兩個專欄，頗以專欄作家自許，身子頓時輕飄飄起來，又因為同時擁有兩個專欄，為遮人耳目，我分別用了兩個筆名應對，一是「卓彥頁」一是「拙緣」，「彥頁」者顏也，是為紀念一位姓顏的無緣女子，「拙緣」者乃從我的別號「拙誠」而來，「緣」者，心中尚有所期待。〈風土民俗〉專欄一寫也寫了八、九年。從「歲時節慶」一路寫到「生命禮俗」時，原本構思由一個人的出生、成長、成家、立業（含食、衣、住、行、娛樂、職業等等）到終老、喪葬，也計畫寫成一本《台灣人的一生》，卻不料寫到成婚後〈居家篇〉中的飲食部份時，居然跑起野馬，脫韁而出，一路介紹台灣各地古今的飲食特產與典故，幾乎寫成了《台灣飲食文化典》，心想也好，就將錯就錯寫下去吧！而這個專欄同樣也因我個人 2000 年的意外中風而中斷，成為一部殘稿。

　　在寫作這兩個專欄時，在我心中筆下是有些想法，有些期許的：

　　其一、在今日台灣高度發達的現代化工商業文化下，過去的生活禮俗已遠逝，成為一種懷舊，懷舊是一種情調，一種文化，又帶點感喟，懷舊是需要歷史的碎片，重新拼圖組合，探尋過去的生活踪影。簡單地說，歷史記憶與歷史文化，需要從新包裝，從新詮釋、從新消費，使得歷史文化具有開放性、世俗性、享樂性、時尚性和消費性。從「消費」、「行銷」這核心觀念出發，歷史才能活用，才有新的價值觀，從而增加其深度與廣度，才會

成為真正的「文化資產」。

　其二、歷史文化的記憶，這種經驗性總是讓我們對過往懷舊，感到親切，於是乎我們常在這種懷舊感性的激盪下，對傳統作了太多的讚美，不知不覺形成一種保守態度。我希望寫出來的作品充份具有通俗性、學術性、趣味性、可讀性，並可以拓展社會生活史的研究領域，寫成一本具有「本土知識體系」的書，但我雖然強調「本土」，卻不忘華夏本源，更不忽略世界文化的視野，這並非「台獨式」的本土主義，而是全方位的傳統文化系統，只有把眼光放遠，格局拉開，去掉統獨迷障，尋找現實中台灣真正的「本土價值」所在，才是我的終極關懷。過去台灣文化有長期被忽視而失落的隱痛，近十年則是過度揄揚膨風的「險學」，如何從嶄新的局面去追尋、挖掘、整理、研究，進而「利用」這些行將消逝或散落在台灣民間各地的文化遺產，一直是我三十年來念茲在茲的一個念頭與關懷。因此希望透過這些作品，多培一坏土，以報答生我養我之台灣。

　職是之故，我終極想法是要寫成一部供現代人、年輕人閱讀的《台灣庶民文化史》。然而事與願違，2000年的中風，斷了一切計畫，這些作品剪貼稿，我束之高閣，置之不顧。承蒙蘭台出版社盧瑞琴女士之雅意，願意出版，向我索稿，早在二年前便已打字好，我卻反悔，逡巡再三、再四，不敢出版，因為它是殘缺的，未完成的書稿，我一直不肯校對，拖拖拉拉，一拖二年。直到最近盧女士一再催我，用話激我，「你不能生活在陰影下，因殘缺而否定其他已寫出的」，這一殘而不「廢」的話，激勵了我，讓我願意出版，示諸世人，讓世人品頭論足。幸好這些作品，合之可以成篇章，分之亦可單獨成文，屬隨筆之類，於是利用今夏

二個月的暑假展開校對，並增補了些同類型的相關作品，原本以
為，分成〈歲時節慶篇〉、〈生命禮俗篇〉、〈飲食文化篇〉、
〈古蹟探源篇〉即可湊成一本書，卻不料字數高達三十萬字，若
再加上我發表在《民俗曲藝》的專欄稿〈傳統工藝篇〉，成了一
龐然怪物，不得不斷然分成三本小書，分別訂名為《台灣舊慣生
活與飲食文化》、《台北古蹟探源》、《台灣傳統工藝志略》，
並增補了一些歷年來在其他刊物所寫的相關同類的文章，出書在
即，隨手寫了篇〈後記〉，雖曰隨手，我心中實有下筆之難之痛，
雖然出書在即，還是猶豫再三，希望愛護我的讀者不棄。若有識
者謂我不是，亦謹受教。

卓克華　寫于三書樓

2007.10.13

國家圖書館出版品預行編目資料

台灣舊慣生活與飲食文化／卓克華著. -- 初版. -- 台北市：
　蘭臺, 2008[民 97]
　　面：　公分. --（台灣地域與社會叢刊：L004）
　參考書目：面

　ISBN 978-986-7626-76-9

　1. 風俗　2. 社會生活　3. 飲食風俗　4. 台灣

538.833　　　　　　　　　　　　　　　　　97023819

台灣地域與社會叢刊 L004

台灣舊慣生活與飲食文化

作　　　者：卓克華
出　版　者：蘭臺出版社 (博客思)
地　　　址：台北市中正區開封街一段 20 號 4 樓
電　　　話：(02)2331-1675　傳真：(02)2382-6225
總　經　銷：蘭臺網路出版商務股份有限公司　劃撥帳號：18995335
經　　　銷：成信文化事業有限公司
網 路 書 店：http://www.5w.com.tw　E-Mail：lt5w.lu@msa.hinet.net
　　　　　　　　　　　　　　　　　　books5w@gmail.com
網 路 書 店：博客來網路書店　http://www.books.com.tw
香港總代理：香港聯合零售有限公司
地　　　址：香港新界大蒲汀麗路 36 號中華商務印刷大樓
　　　　　　C&C　Building, 36, Ting　Lai　Road, Tai Po,New Territories
電　　　話：(852)2150-2100　　傳真：(852)2356-0735
出 版 日 期：2008 年 12 月初版
定　　　價：新台幣 350 元整

ISBN 978-986-7626-76-9